行政文秘全能一本通

商务办公全能一本通系列

孙兆刚 编著

化学工业出版社

·北京·

内容简介

《行政文秘商务办公全能一本通》从行政文秘商务办公管理的工作事项出发，详细介绍了行政办公管理的4大任务和10项具体工作，有体系，有设计，有方法，有工具，对行政办公管理工作的执行具有很强的实用性和可操作性。

《行政文秘商务办公全能一本通》包括接待事务处理、会议事务处理、商务事务处理、办公室事务处理、文书事务处理、信息与档案事务处理、公共关系事务处理、提案事务处理、后勤事务处理、行政文秘商务办公规范化运营共10项行政事务处理工作。

本书适合行政管理从业人员、综合管理人员、企业管理人员、管理咨询人员、培训师以及高校相关专业师生使用。

图书在版编目（CIP）数据

行政文秘商务办公全能一本通/孙兆刚编著．—北京：化学工业出版社，2021.7（2022.7重印）
（全能一本通系列）
ISBN 978-7-122-39048-6

Ⅰ.①行⋯ Ⅱ.①孙⋯ Ⅲ.①秘书学 Ⅳ.①C931.46

中国版本图书馆CIP数据核字（2021）第079567号

责任编辑：王淑燕

责任校对：边　涛　　　　　　　　　装帧设计：张　辉

出版发行：化学工业出版社（北京市东城区青年湖南街13号　邮政编码100011）
印　　装：涿州市般润文化传播有限公司
787mm×1092mm　1/16　印张15¼　字数365千字　2022年7月北京第1版第2次印刷

购书咨询：010-64518888　　　　　　　售后服务：010-64518899
网　　址：http://www.cip.com.cn
凡购买本书，如有缺损质量问题，本社销售中心负责调换。

定　价：69.00元　　　　　　　　　　　　　　　　　　　版权所有　违者必究

前　言

　　行政、文秘、商务、办公事务是行政管理、综合管理、后勤管理、办公室管理、信息管理、公关管理的常项事务。如何将这些事务性工作做好？如何将这些事务性工作管理好？如何将这些事务性工作规范好？如何将这些事务性工作整理好？如何将这些事务性工作处理好？本书提供了一体化的解决方案。

　　行政、文秘、商务、办公，这些事务处理需要标准化、制度化、流程化、模板化和方案化的操作方法，需要做实、做细、做对的操作要求，需要规范化、合规化、精细化、精进化、精益化的操作水平。

　　本书从行政、文秘、商务、办公4大具体事务的执行出发，提供了一套从体系设计到方法给予，从工具示范到案例实操，从任务执行到实施方案，基于工作事项和工作任务的解决方案。

　　对于行政、文秘、商务、办公这些具体工作而言，体系设计、方法工具、标准规范、运营执行都是非常重要的。

　　本书从行政、文秘、商务、办公的4大模块出发，对每一项工作一一讲解和示范，试图提供一套操作性、示范性和案例性的解决方案。

　　本书包括接待事务处理、会议事务处理、商务事务处理、办公室事务处理、文书事务处理、信息与档案事务处理、公共关系事务处理、提案事务处理、后勤事务处理、行政文秘商务办公规范化运营共10项行政事务处理工作。

　　本书具有如下3大特点。

　　1. 有体系、有设计、有任务

　　本书从行政、文秘、商务、办公工作出发，从事务处理体系设计、任务模块、具体工作出发，让事务管理者对事务处理建立体系、设计模块、明确任务。

　　2. 有方法、有工具、有案例

　　本书对行政、文秘、商务、办公的具体工作给方法、给工具、给案例，让事务管理者操作起来有方法可依，有工具可用，有案例可看，从而提高行政事务处理的工作效率、效益和效度，让行政事务处理工作事半功倍。

　　3. 标准化、模板化、方案化

　　本书将10大事务处理工作通过标准设计、模板提供、方案设计，都给出了相应的示范，促使行政、文秘、商务、办公事务处理工作标准化、模板化和方案化。

　　本书适合行政管理从业人员、综合管理人员、企业管理人员、管理咨询人员、培训师以及高校相关专业师生使用。

　　本书在编写的过程中难免有不妥之处，望广大读者批评指正。

编著者

2021年4月

目 录

第1章 接待事务处理 ... 1

1.1 接待筹划 ... 1
1.1.1 制订接待方案 ... 1
1.1.2 做好接待前的准备工作 ... 2

1.2 接待实施 ... 4
1.2.1 迎接来宾 ... 4
1.2.2 安排宴请 ... 5

1.3 接待礼仪 ... 6
1.3.1 仪容仪貌礼仪 ... 6
1.3.2 服饰礼仪 ... 7
1.3.3 交谈礼仪 ... 8
1.3.4 举止礼仪 ... 8

1.4 团体接待 ... 10
1.4.1 基本礼节 ... 10
1.4.2 迎送来访团体 ... 11
1.4.3 注意的细节 ... 12

1.5 涉外接待 ... 12
1.5.1 涉外礼仪 ... 12
1.5.2 馈赠礼品 ... 12
1.5.3 涉外招待 ... 14

第2章 会议事务处理 ... 15

2.1 会前筹划 ... 15
2.1.1 拟定会议议程与日程 ... 15

2.1.2	选择合适的会议地点	15
2.1.3	布置会场和安排座次	16
2.1.4	发布会议信息	17
2.1.5	邀请会议嘉宾	18
2.1.6	准备会议资料及用品	18

2.2 会议实施 19
- 2.2.1 引导与会人员入座 19
- 2.2.2 分发会议文件 19
- 2.2.3 控制会议进程 20
- 2.2.4 做好会议记录 21
- 2.2.5 会场清理 22

2.3 会后落实 22
- 2.3.1 会议文件资料的收集 22
- 2.3.2 印发会议纪要 23
- 2.3.3 督促会议决议的落实 25
- 2.3.4 结算会议经费 25

2.4 会议评估管理 25
- 2.4.1 会议评估的内容 25
- 2.4.2 评估表格的设计 26
- 2.4.3 评估方法与程序 29

第3章 商务事务处理 30

3.1 商务活动 30
- 3.1.1 参观活动 30
- 3.1.2 展览活动 31
- 3.1.3 商务谈判 35
- 3.1.4 招商活动 39

3.2 商务沟通 42
- 3.2.1 口头沟通 42
- 3.2.2 非口头沟通 43
- 3.2.3 单向沟通 46
- 3.2.4 双向沟通 50
- 3.2.5 上行沟通 54
- 3.2.6 下行沟通 57
- 3.2.7 平行沟通 62
- 3.2.8 客户沟通 65
- 3.2.9 团队沟通 66

3.3 商务礼仪 70
3.3.1 时间礼仪 70
3.3.2 介绍礼仪 70
3.3.3 称呼礼仪 71

第4章 办公室事务处理 72
4.1 办公环境管理 72
4.1.1 办公布局管理 72
4.1.2 办公环境布置 73
4.2 办公用品与设备 74
4.2.1 办公用品管理 74
4.2.2 办公设备管理 76
4.3 办公印章证照 77
4.3.1 印章管理 77
4.3.2 证照管理 79
4.4 办公经费 82
4.4.1 办公经费预算 82
4.4.2 办公费用控制 82
4.5 差旅安排 84
4.5.1 制订差旅计划 84
4.5.2 酒店/票务预订 84
4.5.3 国外出差管理 85
4.5.4 差旅费用管理 86

第5章 文书事务处理 88
5.1 文书写作 88
5.1.1 公文文书写作 88
5.1.2 事务文书写作 94
5.1.3 礼仪文书的写作 99
5.2 文书处理 102
5.2.1 收文处理 102
5.2.2 发文处理 106
5.2.3 文书清退 109
5.2.4 文书立卷 109
5.2.5 文书归档 112
5.2.6 文书销毁 114

第6章　信息与档案事务处理 · 115

6.1　信息管理 · 115
- 6.1.1　信息收集 · 115
- 6.1.2　信息筛选 · 116
- 6.1.3　信息分类 · 117
- 6.1.4　信息校核 · 119
- 6.1.5　信息存储 · 120
- 6.1.6　信息传递 · 121

6.2　档案管理 · 124
- 6.2.1　档案收集 · 124
- 6.2.2　档案整理 · 126
- 6.2.3　档案鉴定 · 127
- 6.2.4　档案保管 · 128
- 6.2.5　档案使用 · 129

6.3　保密管理 · 132
- 6.3.1　保密范围和密级确定 · 132
- 6.3.2　保密措施 · 133

第7章　公共关系事务处理 · 135

7.1　专题活动 · 135
- 7.1.1　新闻发布会 · 135
- 7.1.2　典礼仪式 · 139
- 7.1.3　签字仪式 · 141

7.2　危机公关 · 143
- 7.2.1　危机公关预案 · 143
- 7.2.2　危机公关处理 · 144

7.3　媒体关系处理 · 146
- 7.3.1　政府关系处理 · 146
- 7.3.2　传统媒体关系处理 · 147
- 7.3.3　新媒体关系处理 · 148

第8章　提案事务处理 · 150

8.1　提案发起 · 150
- 8.1.1　提案目标制订 · 150
- 8.1.2　制订提案活动方案 · 151

8.2 提案评估与实施管理 ... 155
8.2.1 提案评估 ... 155
8.2.2 提案实施 ... 156
8.3 提案成果与激励管理 ... 156
8.3.1 提案成果管理 ... 156
8.3.2 提案激励管理 ... 159

第9章 后勤事务处理 ... 161
9.1 车辆管理 ... 161
9.1.1 车辆定编购入管理 ... 161
9.1.2 车辆使用管理 ... 164
9.1.3 车辆油耗管理 ... 166
9.1.4 车辆维修保养管理 ... 169
9.1.5 司机安全教育管理 ... 174
9.1.6 车辆肇事管理 ... 175
9.1.7 车辆保险缴纳管理 ... 177
9.2 食宿管理 ... 179
9.2.1 食堂管理 ... 179
9.2.2 宿舍管理 ... 181
9.3 环卫管理 ... 185
9.3.1 环境绿化管理 ... 185
9.3.2 卫生清洁管理 ... 190
9.4 安全管理 ... 192
9.4.1 安保人员管理 ... 192
9.4.2 人员出入管理 ... 194
9.4.3 车辆出入管理 ... 194
9.4.4 消防安全管理 ... 195
9.4.5 防盗安全管理 ... 195

第10章 行政文秘商务办公规范化运营 ... 197
10.1 行政文秘商务办公管理制度 ... 197
10.1.1 来访接待管理制度 ... 197
10.1.2 会议组织管理制度 ... 198
10.1.3 员工出差管理制度 ... 200
10.1.4 保密管理制度 ... 202

10.2 行政文秘商务办公管理流程 ···················· 207
10.2.1 客户接待管理流程 ························· 207
10.2.2 会议组织实施流程 ························· 208
10.2.3 印章使用管理流程 ························· 209
10.2.4 档案保密管理流程 ························· 210
10.2.5 危机公关处理流程 ························· 211
10.2.6 新闻发布管理流程 ························· 212
10.2.7 员工提案管理流程 ························· 213
10.2.8 车辆费用管理流程 ························· 214
10.2.9 安全检查管理流程 ························· 215

10.3 行政文秘商务办公管理方案 ···················· 216
10.3.1 接待费用控制方案 ························· 216
10.3.2 会务接待策划方案 ························· 217
10.3.3 会议实施方案 ····························· 220
10.3.4 会议实施质量控制方案 ····················· 222
10.3.5 办公费用管理方案 ························· 225
10.3.6 提案奖励方案 ····························· 226
10.3.7 车辆费用控制方案 ························· 228
10.3.8 重大事故预防方案 ························· 231

参考文献 ·· 234

第1章 接待事务处理

1.1 接待筹划

1.1.1 制订接待方案

(1) 制订接待方案时需考虑的要素

只有制订出科学完备的接待方案,才能稳妥有序地开展接待工作。企事业单位行政文秘人员在制订接待方案时,需考虑如图1-1所示的6个方面的要素。

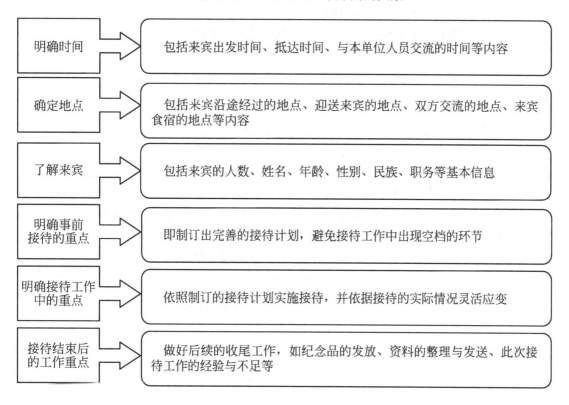

图1-1 制订接待方案时需考虑的因素

(2) 确定接待方案的内容

制订出的接待方案应包括接待规格、接待日程安排、接待经费开支等信息。

① 确定接待规格。接待规格是指主陪人与主要来宾职位高低比较的规格,针对不同的来宾采用不同的接待规格。

② 拟定日程安排。接待日程安排是接待计划的重点内容之一，行政文秘人员在拟定接待日程安排过程中需注意3个要点，如图1-2所示。

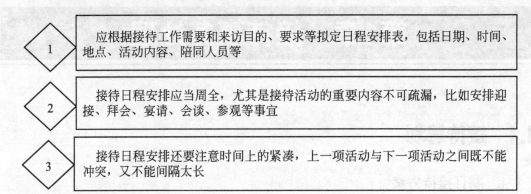

图1-2 拟定日程安排需注意的3个要点

③ 拟定接待经费开支。接待经费开支的项目主要有工作经费、住宿费、餐饮费等。

(3) 接待方案制订时应注意的问题

接待方案的制订工作应注意4个问题，具体如图1-3所示。

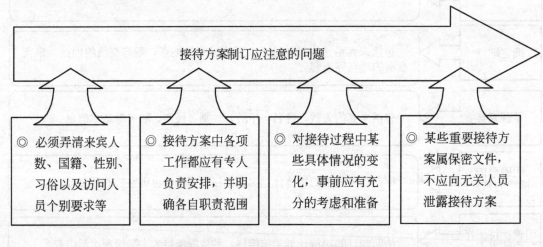

图1-3 接待方案制订应注意的问题

1.1.2 做好接待前的准备工作

接待前的准备工作很重要。行政文秘人员在准备接待工作时，应遵循一定的要求，具体内容如下。

(1) 布置接待环境

来宾到来前，行政文秘人员应对洽谈或接待场所的环境进行布置，以使接待室整洁、雅致，给来宾舒适、温馨的感觉。接待环境布置的具体内容如图1-4所示。

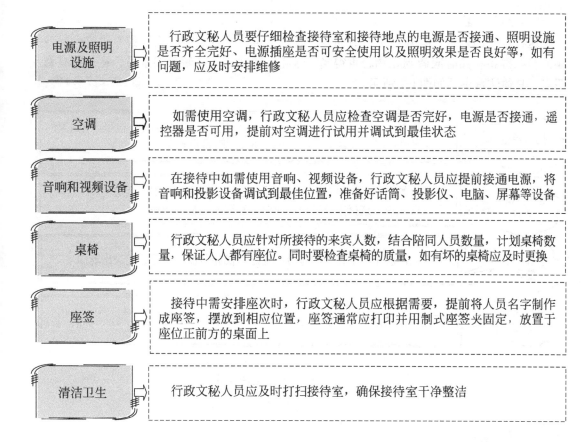

图1-4 接待环境布置工作内容

（2）准备接待用品

接待用品是指接待工作必不可少的餐饮用品或文件资料等，行政文秘人员应在接待前准备好接待用品。通常，需准备的接待用品包括茶水、饮料、水果、文件资料、报纸杂志等，具体准备内容如表1-1所示。

表1-1 接待用品准备说明

准备项目	主要内容
茶水、饮料	茶杯应整齐摆放于每个座位右前侧适当的位置
	确保饮用水的温度适宜
	接待中需放置饮料的，应将饮料整齐摆放于每个座位右前侧的桌面上
水果	如果是长方形桌子，应将各类水果混合摆放，分盘放置；如果是茶几等分散桌子，则应将水果分为小盘，每桌放置
文件资料	接待中如需准备文件资料，应提前备好，最好是装袋，放置于座位正前方、座签外侧的桌面上，文件封面向上，文件下部对向座位
报纸杂志	应在接待室内准备一些报纸杂志或介绍本企业概况方面的资料，供来宾等待时阅读

（3）准备礼品

送礼是一门艺术，有其约定俗成的规矩，送给谁、送什么、怎么送都有讲究，行政文秘人员在准备礼品时应做到礼物轻重得当、送礼间隔适宜、了解风俗禁忌、礼品要有意义四点，具体注意事项如图1-5所示。

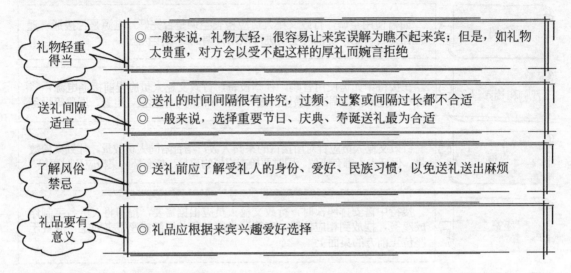

图1-5 准备礼品的注意事项

1.2 接待实施

1.2.1 迎接来宾

将接待工作的重点确定后，就应从重点着手，确定接待工作的细节，具体可以从以下细节着手。

迎接来宾工作以接站、接机和安排主宾见面为主，具体如表1-2所示。

表1-2 迎接来宾细节实施办法

迎宾的细节	迎宾具体步骤和要求
接站、接机工作	➢ 知晓来宾身份、到达的车次、航班，安排相应职务人员接待
	➢ 预先电话询问来宾是否准时，迎接人员提前到达车站或机场
	➢ 提前为来宾准备交通工具并安排入住
	➢ 如是第一次见面，准备醒目的接站牌，必要时写上来宾的姓名
与来宾见面	➢ 问候来宾要得体，热情大方，不卑不亢
	➢ 献花时要提前安排好献花仪式，鲜花要新鲜，确切表达花语
	➢ 初次见面会送上见面礼，礼品要有地域代表性或特殊意义

续表

迎宾的细节	迎宾具体步骤和要求
安排主宾见面	➢ 行政文秘人员与来宾初次见面时，通常要进行彼此介绍，职位要从高到低，由主宾依次介绍来访人员
	➢ 在欢迎仪式上，要安排主宾与主人做简短讲话，或做书面讲话
来宾的陪同工作	➢ 坐车的位次为"右为上、左为下；后为上、前为下"，来宾坐在轿车的后排右位，文秘坐在副驾驶，陪同领导坐在后排左位
	➢ 行政文秘人员应当陪同来宾乘车前往住处或举行欢迎仪式的现场
	➢ 帮来宾办理入住手续，介绍相关的服务和设施，并将活动的日程安排或是相关资料送给来宾
	➢ 到住地后不要马上离开，与来宾热情交谈，让来宾感受关切与温暖，进而熟悉当地的风土人情、名胜古迹、景观和特产等
	➢ 离开时，应将下次来访的时间、地点和方式告诉来宾

1.2.2 安排宴请

宴请是为了表示对来宾的欢迎、答谢和祝贺而进行的餐饮招待，这有利于增进双方的了解、融洽双方的感情，进而加强合作的基础，具体如表1-3所示。

表1-3 宴会安排参照表

宴请的要项		主要内容及要求
宴会前的准备工作	宴会的目的及邀请	➢ 确定宴会的目的，确定以何人的名义邀请，一般以单位或领导人的个人名义举行宴会 ➢ 确定邀请范围，充分考虑主宾的身份、双方关系以及国际惯例，减少陪同人员 ➢ 确定邀请形式，正式宴请都发请柬，也可电话邀请和当面邀请
	宴会的时间和地点	➢ 宴会的时间 ➢ 宴会的地点
	布置宴会场所	➢ 气氛要庄重、大方，茶话会、致辞、酒会则可轻松活泼 ➢ 大型宴会如有讲话和致辞，提前调试好音响和扩音设备 ➢ 中餐常用圆桌，主桌要重点装饰布置，西餐可用长桌、方桌或"T"字形桌，中间预留一定距离，以便敬酒 ➢ 餐桌高低次序的安排，主要依据礼宾的次序安排，必要时放置指示牌
	菜品菜系安排	➢ 按招待规格和标准，在预算范围内安排酒席规格 ➢ 充分考虑主宾的喜好和禁忌 ➢ 菜式要有地方特色，精致而不奢华 ➢ 文秘开列菜单要经领导批准后再具体安排

续表

宴请的要项		主要内容及要求
确定宴会的类型	便宴	➢ 非正式宴会,主人和主宾坐在一起,其他人不分座次,不安排讲话,气氛融和,适用于日常交往和工作招待
	茶会	➢ 请客人品茶是一种很常见的招待方式,对茶叶和茶具有讲究,有时用咖啡代替,也叫茶话会
	酒会	➢ 又称鸡尾酒会,形式活泼,以酒水为主,不设座椅,可随处走动,便于沟通,适用于各种开幕、开张、签字和其他庆典
	客饭	➢ 国内各机关、企事业单位普遍采用的宴请形式,以简朴为主
	自助餐	➢ 大型会议和招待时采用,以冷餐为主,可随意取食食物与酒水等
	工作进餐	➢ 分早餐、午餐和晚餐,边进餐边谈工作,在一些紧张的谈判活动中因时间安排不开而采取的形式
迎接来宾	提前做好检查工作	➢ 要提前到达宴会厅,检查卫生状况 ➢ 检查空调、音像是否正常,餐具是否摆放整齐
	等候来宾	➢ 至少提前10分钟在宴会厅门口或休息室迎接来宾 ➢ 也可引领主宾到达宴会厅或到休息室小坐,此间可介绍主宾相互认识
	引领入席	➢ 引领来宾按指示牌或宾主次序入座

1.3 接待礼仪

1.3.1 仪容仪貌礼仪

仪容是个人仪表的重要组成部分,是指头、脸等直接裸露在外的身体表面,个人的仪容体现着个人的素质和修养,具体的仪容要求如表1-4所示。

表1-4 仪容要求说明表

部位名称		仪容的具体要求
发式	女士	➢ 若是短发,不宜超过肩部 ➢ 如果是长发,可将其挽起,不可梳披肩发
	男士	➢ 前部的头发不要遮住眉毛 ➢ 侧发不要盖住耳朵,不能留过长或过厚的鬓角 ➢ 后面的头发不要长过西装衬衣领子的上部
面容	面部	➢ 保持面部干净清爽,无污渍、油污等不洁之物 ➢ 脸部应清洁,女士可以化淡妆
	鼻毛	➢ 保持鼻腔干净,经常修剪鼻毛

续表

部位名称		仪容的具体要求
面容	胡须	➢ 男士应每天刮净胡须 ➢ 女士如有因内分泌等原因造成的类似胡须的汗毛也应及时清除 ➢ 有特殊的职业需要、宗教信仰或民族习惯的男士留胡须的除外
	口腔	➢ 保持口腔洁净无异味，每天最好早、中、晚刷三次牙，饭后漱口，保持牙齿洁白 ➢ 不要在重要的应酬前吃刺激性的食物，餐后可以咀嚼口香糖或喷口腔清洁剂除异味
手部		➢ 常剪指甲，常洗手 ➢ 适时、适度地进行保护与美化手部

1.3.2 服饰礼仪

穿着得体不仅可以增强文秘人员的自信心，也能展示行政文秘人员良好的文化修养，对外传播企业的形象，具体的服饰礼仪如表1-5所示。

表1-5 服饰礼仪表

礼仪分项			礼仪的具体要求
着装	肤色与色彩的搭配		➢ 皮肤偏黑的人尽量少穿深色的衣服 ➢ 不能穿太过鲜艳的服饰，不能出现红色配绿色等犯忌讳的搭配
	搭配方法	统一法	➢ 使用同一色系，根据其明暗、深浅不同来搭配 ➢ 如天蓝色衬衣配深蓝色或藏青色裤子
		调和法	➢ 用相近的颜色搭配，如红与橙、绿与蓝 ➢ 在搭配上，明度、纯度要有所区别，可以一种颜色深一些，也可以一种颜色浅一些
		对比法	➢ 用对比色来搭配 ➢ 如黄与蓝、黑与白
质料的选择	质料与款式		➢ 质料的选择要与服装的穿着用途和格调品位相适应 ➢ 正装宜选择高档的天然纤维面料 ➢ 日常的服装宜选择中低档纯棉面料或易洗易干的化学纤维面料
	面料的组配		➢ 主要考虑面料的厚薄、质地和加工精度 ➢ 冬季要厚重些，春秋应中厚 ➢ 面料组配应依据厚重与厚重、粗糙与粗糙、光滑与光滑的原则搭配 ➢ 要注意装束的配件，如帽子、围巾、手套、鞋袜质料的整体组配
着装礼仪	个性化展示		➢ 不要与同伴穿一模一样的衣服，以免引起别人去比较谁好谁差 ➢ 不要与同伴穿反差太大的衣服 ➢ 与到场的领导和来宾的衣服相协调，不可太突出，不可喧宾夺主 ➢ 穿与自己体形相协调的衣服，才能充满自信，充分展示自己的身材

续表

礼仪分项		礼仪的具体要求
着装礼仪	简洁大方	➢ 简洁的服饰给人明快干练的感觉，有利于人际沟通，因此服饰不可过于烦琐
	整体和谐	➢ 穿着要适体，不可过紧、过肥或过大、过小，避免高跟鞋过高 ➢ 穿着要入时，冬天的衣服应当厚实保暖性好，春秋的衣服要薄一些 ➢ 穿着要随俗，要体现新时代的新风貌，要体现各民族的习俗和特色，与场合的气氛和特点相符

1.3.3 交谈礼仪

行政文秘人员必须强化语言方面的修养和学习，并掌握运用好交谈礼仪，交谈礼仪如表1-6所示。

表1-6 交谈礼仪

礼仪分项		礼仪的具体要求
交谈的态度	表情要自然	➢ 要目光专注，视线与对方相平注视对方，不可漫不经心或斜视 ➢ 运用表情上的变化，给对方以明确的态度，对对方所言表示赞同、理解或惊讶，从而表明自己的专注之情 ➢ 表情要和交谈的内容相配合
	举止要得体	➢ 适度的动作是必要的，但要避免过分多余的动作
	遵守惯例	➢ 注意倾听对方的陈述 ➢ 谨慎地插话，发表自己的看法 ➢ 礼貌进退 ➢ 掌握交流的尺度，促进互动式交流
交谈的语言	文明礼貌	➢ 把握交谈的气氛 ➢ 切忌意气用事、对他人冷嘲热讽 ➢ 尽量避免使用不文雅的语句和说法 ➢ 使用约定俗成的礼貌用语
	简洁明确	➢ 简洁明快，言简意赅地表达自己的观点和看法 ➢ 发音标准，吐字清晰，讲普通话 ➢ 说话含义明确，不可产生歧义，产生不必要的误会
交谈的内容		➢ 选择适合谈话的时间、地点、场合，符合谈话者的身份 ➢ 选择高雅的谈话内容，营造轻松活跃的现场气氛 ➢ 选择自己擅长的内容，回避交谈者忌讳的内容

1.3.4 举止礼仪

举止礼仪分为坐姿、站姿和走姿，举止礼仪的具体要求如表1-7所示。

表1-7 举止礼仪的具体要求

礼仪分项		礼仪的具体要求
坐姿	常用的坐姿	➢ 标准式 ➢ 侧点式 ➢ 屈直式 ➢ 重叠式 ➢ 交叉式
	正确的坐姿	➢ 无论哪种坐姿，都不能弯腰驼背 ➢ 女士坐下不可叉开双腿，起立时可一只脚向后收半步而后站起
	避免的坐姿	➢ 双手置于膝上或椅腿上 ➢ 把脚藏在座椅下，勾住椅腿或双腿分开伸得老远 ➢ "4"字形叠腿，并用双手扣腿，晃脚尖 ➢ 猛起猛坐，桌椅有响动或上身不直，左右晃动
站姿	头正	➢ 两眼平视前方，嘴微闭，收颌梗颈，精神饱满，面带笑容
	肩平	➢ 两望平正，微微放松，稍向后下沉
	臂垂	➢ 两肩自然下垂，手指自然弯曲，肘部略向外张 ➢ 男性必要时可以单手或双手背于背后 ➢ 两肩平整，两臂自然下垂，中指对准裤缝
	直立	➢ 挺胸、抬头、收腹、略微收臀
	躯挺	➢ 胸部挺起，腹部往里收，腰部正直，臀部向内向上收紧
	腿并	➢ 两腿要直，膝盖放松，大腿稍收紧上提，身体重心落于前脚掌，两脚夹角呈60度 ➢ 男士站立时，双脚可微微张开，但不过肩 ➢ 女士站立时，脚呈"V"字形，膝盖和脚后跟应靠紧，身体重心尽量提高
走姿	目光、表情	➢ 两眼平视、挺胸收腹、表情平和、精神饱满、面带微笑
	双肩、双臂双手	➢ 两肩平稳，防止上下前后摇摆。双臂前后自然摆动，摆幅在30～40度，两手自然弯曲，在摆动中离开双腿不超过一拳的距离 ➢ 两臂自然下垂，前后自然协调摆动，前摆稍向里折，手臂与身体的夹角一般在10～15度
	步伐、步幅步速	➢ 步伐稳健，步履自然，要有节奏感 ➢ 步幅适当，两脚之间相距约一只脚或一只半脚的距离 ➢ 步速平稳
	其他	➢ 上下楼梯时脚步要轻 ➢ 遇到尊者，主动避让，将扶手让给尊者 ➢ 遇到领导、贵宾、女士时，主动礼让，站立一旁，以手示意，请其先行

1.4 团体接待

1.4.1 基本礼节

（1）团体见面礼节

在机场或车站迎接来访团体时，主人一方应先进行自我介绍，一般由主陪人或主人方的行政事务人员为客人介绍自己方面的人，从主人方身份最高者开始依次介绍，然后客人一方的行政事务人员或主宾把自己一方的人介绍给主人。

主人一方见到客人后，应该主动伸手握手，向客人表示欢迎。主人一方的司机或行政文秘人员应该立刻接过客人的行李放在车上，一般而言，客人随身携带的皮包除外。客人初到，一般比较拘谨，主人一方宜主动与客人寒暄。

（2）用车的基本礼节

行政文秘人员应该根据来访者的人数和接待规格来确定用车标准，其中，接待规格高且人数较少的用小轿车，而人数较多的团体可以使用大轿车，也可以大小轿车都用。

在乘坐小轿车时首先应明确驾驶者的身份，驾驶者的身份不同决定了车上座位的高低，然后再根据乘车者的身份安排小轿车上的座次。

① 驾驶者是主人。当驾驶者是主人时，双排五座轿车的最上座应该是副驾驶座，其他依次为后排右座、后排左座和后排中座。其中，主宾应该与主人并排而坐，坐在副驾驶座上，如图1-6（a）所示。

当驾驶者是主人时，三排七座轿车上的其余六个座位中，最上座是副驾驶座，其他依次为后排右座、后排左座、后排中座、中排右座和中排左座，如图1-6（b）所示。

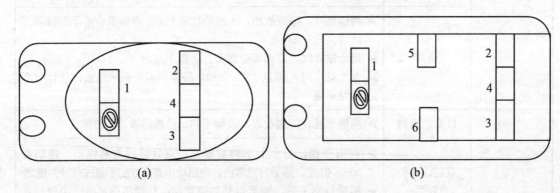

图1-6 主人驾驶时驾车的座次
(a)双排五座轿车座次　(b)三排七座轿车座次

② 驾驶者是专职司机。接待工作中，当驾驶者是专职司机时，最上座就不属于副驾驶座了，在这种情境中，副驾驶座安全系数最低，一般由行政事务人员、翻译、警卫等人员坐，该座位又称为随员座。

当驾驶者是专职司机时，双排五座的小轿车上座次依次为：后排右座、后排左座、后排中座和前排副驾驶座，如图1-7（a）所示。

当驾驶者是专职司机时，三排七座的轿车上座次依次为后排右座、后排左座、后排中座、中排右座、中排左座和前排副驾驶座，如图1-7（b）所示。

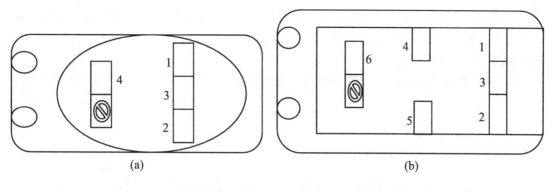

图 1-7 司机驾驶时轿车座次安排
(a) 双排五座轿车座次 　(b) 三排七座轿车座次

1.4.2 迎送来访团体

（1）迎接来访团体的方法

如果接待人与来访者从未谋面，在接待来访者前就需要事先制作一面牌子，写明来访者的单位名称或姓名等，牌子上的字迹要工整、要大，能让来访者在远处看清楚。如安排献花，须用鲜花，并注意保持花束整洁、鲜艳。

一般而言，迎接来访团体的安排有两种方法。

① 主陪人员在宾馆或工作地点等候，派副职或办公室人员等到机场或车站迎接来访团体，这样不仅可以为主陪人员节省一些等候时间，也避免了让来宾认为对自己不恭敬的误会。

② 主陪人员亲自到机场或车站迎接来访团体，这表达了对来访团体的重视。

（2）送别来访团体的方法

送别来访团体时一般有以下方法。

① 如果来访团体在上午离开，那么在前一天晚上，主人一方的陪同人员应到来访者下榻的酒店去话别，话别时间一般控制在半个小时之内。如果来访团体在下午或晚上离开，主人一方的陪同人员应在当天的上午去话别。

② 有礼物要送给来访者时，应在话别时将礼物送出，这样来访者可以有时间将其放在行李里面，如果在临上机场或车站时将礼物赠予来访者时，来访者只能将其提在手中，很不方便。

③ 在话别时，应告诉来访者送行的人员、车辆及时间等方面的安排，让来访者心中有数。如果主陪人员工作繁忙时，可以请副职代替自己到机场或车站送别来访者。

（3）迎送工作中的其他技巧

迎送工作中还应该掌握以下 4 项技巧。

① 迎送身份高的客人，事先在机场或车站安排贵宾休息室，准备饮料。

② 安排汽车，预定住房。如有条件，在来访者到达之前将住房和乘车号码通知客人。如果做不到，可印好住房、乘车表，或打好卡片，在来访者刚到达时，及时发到每个人手中，或通过对方的联络行政事务人员转达。这既可避免混乱，又可以使来访者心中有数，主动配合。

③ 指派专人协助办理入出境手续及机票（车、船票）和行李提取或托运手续等事宜。重要来访团体，人数众多，行李也多，应将主要客人的行李先取出，最好请对方派人配合，及时送往住地，以便更衣。

④ 来访者抵达住处后，一般不要马上安排活动，应稍做休息，起码给对方留下更衣时间。

1.4.3 注意的细节

（1）介绍环节

在机场或车站迎接来访团体时，主人一方应先进行自我介绍，一般由主陪人或主人方的秘书为客人介绍自己方面的人，从主人方身份最高者开始依次介绍，然后客人一方的秘书或主宾把自己一方的人介绍给主人。

（2）用车环节

行政文秘人员应该根据来访者的人数和接待规格来确定用车标准，其中，接待规格高且人数较少的用小轿车，而人数较多的团体可以使用大轿车，也可以大小轿车都用，其中，小轿车接主宾，其他人则乘坐大轿车。

1.5 涉外接待

1.5.1 涉外礼仪

（1）总体要求

热情友好，求同存异、不卑不亢、谦虚谨慎、落落大方。

（2）乘车礼宾次序

在迎接外宾安排座次时，应以"突出重要人士，方便重要人士""以座位的舒适和上下车的方便"为原则，根据宾客的意愿灵活安排。乘车的礼宾次序除了体现在座位上，还应注意上下车顺序。表1-8为上下车顺序礼仪。

表1-8 上下车顺序礼仪

车辆类型	顺序说明
轿车	地位较高者先上后下，地位较低者后上先下
公共汽车、火车或地铁	地位较高者后上先下

1.5.2 馈赠礼品

（1）馈赠礼品的要求

在涉外性的各种友好交往中，为了向对方表示慰问、祝贺或感谢，往往需要赠送一些纪念性的礼品。在选择礼品时，应考虑对方的爱好、习惯和忌讳，还要考虑礼品的意义、特色和价值。总体来说，礼品需符合如下5点要求。

① 注重纪念性。

② 突出对象性。
③ 体现民族性。
④ 考虑时效性。
⑤ 兼顾便携性。
（2）掌握礼品馈赠技巧

涉外接待时，适当馈赠礼节性的礼品能有效巩固双方业务关系。因此，在选择礼品类型和选择送礼时机时，要避开外宾所在国的禁忌，按其国度的礼品馈赠惯例馈赠礼品。各国的馈赠惯例可参照表1-9进行。

表1-9　各国商务礼品馈赠习惯

国家	内容	惯例
日本	适宜类型	➤ 注重礼品的外在包装和知名度，不太注重其实用度
	禁忌	➤ 包装纸颜色以花色为宜，避免送白色、玄色、红色、绿色等颜色包装的礼物 ➤ 忌送梳子 ➤ 避免装饰中出现狐狸和獾的图案 ➤ 避开数字"4"和"9"，防止送4和4的倍数的礼物数
	送礼时机	➤ 一般在会面结束后送礼；向个人赠礼，不宜当众送出，应在私下里赠送，拿出礼物之前应委婉告知对方要送礼的想法
韩国	内容	➤ 注重礼品的实用价值，包装应精美、简约，不过分奢华
	禁忌	➤ 忌讳数字"4"，避免赠送双数礼品
英国	内容	➤ 送较轻的小礼品，避免送过于贵重的礼品，以避免被误会成贿赂 ➤ 可选具有民族特色的民间工艺美术品，或高级巧克力、酒、鲜花等作为礼品
	禁忌	➤ 避免送标有单位标记的礼品
	送礼时机	➤ 可选择在晚餐或者活动结束后送礼
法国	内容	➤ 可送体现文化艺术修养的礼品，如画片、艺术相册或小工艺品等
	禁忌	➤ 忌送刀、剑、餐具等，避免送带有仙鹤图案的礼物
	送礼时机	➤ 适宜在重逢时送礼，一般初次见面时送礼不恰当
德国	内容	➤ 可送经济实用的礼品，如书籍、家庭装饰品等
	禁忌	➤ 注重包装，切勿使用黑色、白色或棕色的包装纸或丝带包扎 ➤ 避免送外表尖锐的礼物
美国	内容	➤ 可送实用价值高或奇特的礼品，如具有独特风格或民族特色的小礼品
	禁忌	➤ 切忌使用黑色作为包装颜色
	送礼时机	➤ 可选在交谈结束时馈赠

1.5.3 涉外招待

（1）明确礼宾次序的要求

在涉外招待的具体实践中，礼宾次序有以下5种常见的排列方法。

① 按照来宾的具体身份与职务的高低来排列其次序。

② 依照来宾抵达现场的具体时间早晚来排列其先后次序。

③ 依照来宾告知东道主自己到访时间的先后来排列次序。

④ 依照来宾所在国或地区的名称的阿拉伯字母的先后顺序来排列其次序。

⑤ 不排序即不分先后。所谓不排序其实也是一种特殊的排列方法，当上述几种方法难以应用时，便可以采用不排序的方法。

（2）涉外会见、会谈的要求

安排会见和会谈时，要求行政事务人员做到以下3点。

① 充分了解双方的情况。如双方会见、会谈的事项，会见和会谈的时间、地点、规格、目的等情况。

② 准备工作落实到位。准备工作主要是了解外宾的背景资料，会见和会谈的地点选择、布置与检查等。

③ 会见和会谈时要做好记录，对客人提出的或领导许诺的问题，会后应负责落实，以做好后续工作。

（3）涉外宴请的基本要求

宴请是国际交往中最常见的交际活动之一。在涉外宴请中，需遵守国际惯例和一定的礼节，下面列举了基本的要求。

① 宴请环境十分重要，应该选择雅致、安静、整洁、卫生的环境。

② 点菜时要考虑外宾饮食习惯的差别。

③ 菜肴要有地方特色，可以精致、丰盛，但不必豪华、奢侈。

第2章 会议事务处理

2.1 会前筹划

2.1.1 拟定会议议程与日程

制订会议议程和日程是会议筹备阶段的重要工作之一,是会议取得成功和达到预期目标的前提和条件。规模较大、内容较多、会期较长的会议一般需要同时制订会议议程和日程。

(1) 会议议程

会议议程是对会议议题的顺序安排,一般情况下由会议的领导者或主办者确定。在编排议程时,应遵循以下3项原则。

① 要按照议题的轻重缓急编排处理的先后次序。
② 对每一个议题应预估所需的时间,并明确标示出来。
③ 应事先通知与会者,以使其做好准备。

在编制会议议程时,还应根据参加会议的主要领导,确定会议的主持人;根据会议的主题,确定会议发言人;根据会议的内容和规模,确定讨论形式。

(2) 会议日程

会议日程是指会议议程的具体时间安排,它细化了围绕会议议题的全部活动内容。

会议日程多采用表格的形式,将会议议程安排在每日的上午、下午和晚上3个时间区间内,让与会者清晰地了解日程安排,以便准时有序地参加会议活动。日程的安排必须包括时间、内容和地点3个要素,如表2-1所示。

表2-1　××大会日程安排表

时间		活动名称	内容	地点	参加对象	主持人
3月2日上午	8:00～9:00	预备会议	(略)	大礼堂	正式代表	×××
	9:00～11:30	第一次全体会议	(略)	大礼堂	正式代表 列席代表	×××
…						

2.1.2 选择合适的会议地点

会议地点的选择对会议的成功举办极为重要,有些组织者在会议规划时,都以方便作为开会地点的依据,其实这样做并不妥当,因为方便只是选择开会地点诸多考虑要素之一,会议地点的选择还要顾及其他一些要素,具体如图2-1所示。

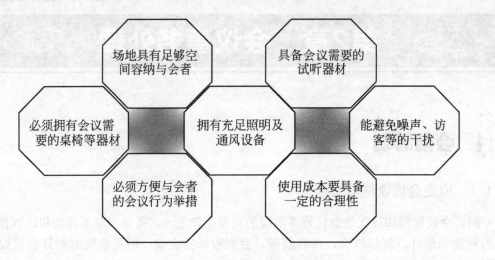

图2-1 会场选择具备的条件

2.1.3 布置会场和安排座次

会场布置和座次安排是一项有明确目的的会务工作,其根本目的在于创造一个与会议主题、性质相适应的会场气氛,从而有利于实现会议的目标。

(1) 布置会场

① 会场布置的总体要求。会场布置包括主席台设置、座位排列、会场内花卉陈设等许多方面,要保证会议的质量,会场的整体布局应做到以下内容。

a. 会场整体要庄重、美观、舒适,体现会议的主题和气氛,同时要考虑会议的性质、规格、规模等因素。

b. 会场的整体格局要和谐,符合会议的性质和形式。

② 布置装饰。装饰性布置包括会标、标语、会徽、灯光、色调、旗帜、花卉等。

a. 会标。会标的作用一是增强会议的庄重性;二是揭示会议的主题和性质。会标的制作格调要与会议的主题相一致。

b. 标语。根据会议主题制作适当的标语,以渲染会场气氛。会议标语应简洁明了,具有号召力,可张贴于会场周围的墙壁等处。

c. 会徽。会徽是体现或象征会议精神的图案性标志,一般悬挂在主席台背幕上或天幕中央,形成会场的视觉中心,具有较强的感染力和激励作用。

d. 灯光。灯光的强、弱、明、暗及颜色,会给会场营造不同的气氛,带来不同的效果。一般性会议以白炽灯和日光灯做照明即可,但要有足够的亮度,尤其是照射在会标、会徽、主席台区域和桌面上的灯光要均匀柔和,不能直射与会者的眼睛。主席台上的灯光要比会场内的灯光强一些,但要注意亮度比例要适当。

e. 色调。选择色调是指会场内色彩的搭配与会场装饰的整体基调,包括主席台、天幕、台布、桌椅、花卉及其他装饰物。选择与会议内容相协调的色调,可以给与会者的感官形成一定的刺激,产生积极的心理与生理上的影响。

例如，红、橙、黄等色彩比较亮丽明快，给人以热烈、辉煌、兴奋的感觉，比较适合庆典、表彰性的会议，天蓝、绿、米黄等色彩庄重、典雅，给人以清爽、娴静的感觉，比较适合于严肃的工作会议。

f. 旗帜。重要会议可以在主席台及会场内外插一些彩色的旗帜，以增加会场的气氛。旗帜的插放以不影响人们的视线为宜。

g. 花卉。适当布置花卉，能点缀会场的气氛，给人一种清新、活泼的感觉，特别是时间较长的会议，能起到减轻与会者开会疲劳的作用。布置花卉时应符合两项要求，具体如图2-2所示。

摆放花卉应不影响与会者的视线，特别是讲台上摆放的花卉不要遮住发言人与台下与会者的交流视线

根据会议的主题选择花卉的品种、颜色等，如庆典性、表彰性会议，花卉的品种适当多些，颜色鲜艳些，以烘托气氛。较严肃的会议，花卉品种不宜过多，颜色以绿色为主

图2-2 布置花卉的要求

（2）安排座位布局应考虑的因素

会场座位布局要根据会议的规模、性质和实际需要来确定。不同的会场座位布局体现不同的意义、气氛和效果，适应不同的会议目的。

① 会场大小和与会人数的多少。会场大小和与会人数的多少是制约会场座位布局的两个重要因素。要根据主席台就座的人数、与会人数、会场内必须的活动空间和安全性因素，确定座位布局。

② 会议的性质和形式。会场座位的布局体现着会议的性质，如"圆桌会议"代表各方平等对话、协商交流类会议。

③ 会议的气氛和效果。不同的座位布局的形式所形成的会议气氛和产生的心理效应是不同的，如座谈会、讨论会采取围坐的格局，不设主席台，使会议气氛融洽；报告会则要设专门的讲台，以突出报告人的主导地位。

2.1.4　发布会议信息

任何性质或内容的会议，都是通过信息的交流和沟通，达到解决问题的目的。因此，发布会议信息工作对会议的召开有着重要的作用。

（1）会议信息的内容

会议信息的内容包括会议的报名时间、地点、费用及方法，会务联系电话与联系人，会议报到及会议议程、日程，与会者的信息，会议报送的交流信息，会议的记录和纪要内容，会议的宣传报道内容和会议的决议内容。

（2）发布会议信息的作用

① 传递会议信息。通过会议通知等形式，将会议的召开时间、地点、主要议题、会议形式等传达给与会者，使其提前了解会议的基本情况，做好开会的准备工作。

② 收集会议信息。与会者接收到会议召开的有关信息后，会对会议主题、议程、日程等安排提出意见和建议，或提交论文、报告及需要在会议上进行交流的文件，应及时做好收集工作。

③ 反馈会议信息。向会议组织者反馈与会者的基本信息、意见和建议。

2.1.5　邀请会议嘉宾

会议嘉宾是指对会议有重要作用或能对会议产生重要影响的各方面的代表。规模较大、规格较高的会议都要邀请会议嘉宾。

（1）会议嘉宾邀请的要求

① 根据会议的内容和规格确定邀请嘉宾的名单。

② 经领导批准后，向嘉宾发出正式邀请，重要会议除正式邀请外，还要通过电话等形式确认。

③ 了解被邀请嘉宾的背景，清楚每一位嘉宾的特点和可能给会议带来最大的积极影响。

④ 嘉宾人数不宜过多，要注意代表性。

⑤ 提前将会议的有关资料提供给嘉宾，使其了解会议的主要议题。

⑥ 在开会前，要再次与嘉宾联系，确认其是否出席会议，以便做好会议接待的准备。

（2）会议嘉宾的接待与服务

① 接站工作。根据嘉宾到达的信息，安排车辆和人员接站，对于重要嘉宾，领导要出面接站。

② 迎接工作。嘉宾到达会场时，领导应到门口迎接，并由专人陪同引领到休息室。

③ 会议期间的工作。要有专人负责嘉宾的生活服务，在允许的范围内尽量提供特殊的待遇。

2.1.6　准备会议资料及用品

（1）会议资料

会议资料可分为与会者使用的资料、会务性资料和沟通性资料，具体如图2-3所示。

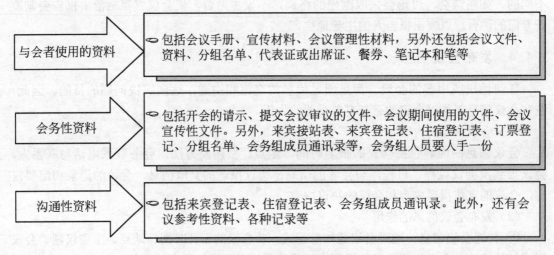

图2-3　会议资料的类型

(2)准备会议用品

根据会议规模和性质的不同,会议用品和设备大致分为必备用品和设备、特殊用品和设备两大类。

① 必备用品和设备。必备用品和设备是指无论什么性质的会议都必须使用的物品,如灯光、音响、空调、录音、录像设备等,准备会议工作经常用到的计算机、复印机、传真机等,另外黑板、粉笔、公告牌等也应准备到位。

② 特殊用品和设备。特殊用品和设备是指特殊类型的会议所需的用品和设备,如选举会议,要准备好选票、投票箱、计数器等;表彰会议,要准备好奖品、奖状、颁奖乐曲等;剪彩会议要准备好剪刀、托盘、红绸带等。

(3)会前准备检查

会前准备检查主要包括如下7个方面。

① 住宿客房检查,主要对房内的家具、电器、卫浴等硬件设施及卫生进行检查。

② 治安准备检查,主要对保安、警卫人员的数量和分布地点进行检查。

③ 饮食准备检查,主要对食品和饮料方面进行检查,采取定点集中采购,严把进货质量关,保证食品和饮品的安全卫生。

④ 会议设备检查,主要是对话筒、音响、投影仪、电子屏、网络设备、摄影设备的质量、效果和摆放位置进行检查。

⑤ 会场布置检查,包括条幅、标语、鲜花、桌椅、茶具的摆放,各种颜色的搭配和使用等进行检查。

⑥ 灯光室温检查,主要对灯光的明亮度、统一性、会议室内温度的控制进行检查。

⑦ 会场内外设施检查,主要包括消防设施、紧急通道、供电设施、供水设施、供暖设施、中央空调、交通疏导、停车位等进行检查。

2.2 会议实施

2.2.1 引导与会人员入座

会务人员要引导与会人员入座,引导参会者顺利地找到自己的座位,确保会议按时开始。

在会议开始前,会务人员要再一次清点会场人数。会议开始应安排专人及时提醒尚未到达会场的参会人员准时到会。若参会人员无法准时到会,应询问其无法按时到会的原因。

2.2.2 分发会议文件

会议中所需要的文件材料,会务人员应及时、准确地分发到每位参会者手中。

(1)会前分发的文件材料

可以在参会者进入会场时由会议工作人员在会场入口处分发给每位参会者,也可以在开会之前按要求在每位参会者的座位上摆放一份。

(2)会中分发的文件材料

可以将会议工作人员分派到各组,负责每组文件材料的分发和收回。需要收回的文件材料,一般应在文件的右上角写明收文人和收文时间,收文时要登记,以免漏收。

（3）做好会议服务协调

在会议进行时，要制止与会议无关的人员进入会场，保证会议顺利进行。如发生混乱，会议人员要及时制止和调停，特别是重要的密级较高的会议，要防止在混乱中发生意外情况。

（4）其他服务工作

负责会务的行政事务人员应及时准备好会议期间所需的物品，准备茶水，保证会场光线，保持会场清洁卫生，协助与会人员拍照或摄影留念，等等。

2.2.3 控制会议进程

在会议进行的过程中，存在着许多延迟或阻碍会议进展的因素。确定了会议的计划，并不代表着会议就一定能如期进行。因此，负责会议的行政事务人员不仅要注意议程设计上的细节，而且还要控制会议按计划进行。为了保证会议顺利进行，会议的行政文秘人员可以采取以下的方法控制会议的进程，具体如图2-4所示。

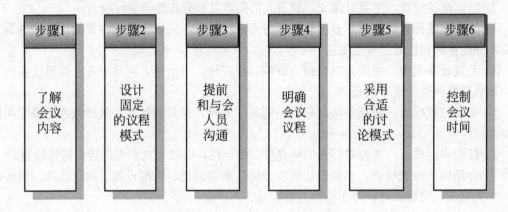

图2-4　控制会议进程的步骤

（1）了解会议内容

会议召开前，负责会议的行政事务人员须认真研读与会议议题相关的文件材料，了解会议的主题和议程。

（2）设计固定的议程模式

① 设计固定的议程模式，让每位与会人员了解自己在会议中的角色。

② 负责会议的行政文秘人员需要对常规议事会议的内容和参加人员非常熟悉，并根据实际情况的变化及时修改内容。

③ 负责会议的行政文秘人员应尽量使与会人员把握会议的议题和明确各自的分工，并帮助会议严格按照议程进行。

（3）提前和与会人员沟通

① 将议程提前通知与会人员可使与会人员及早了解议程安排，并在会议进行中遵守议程。会议议程表应当是条理明确、形式一致的，这样能够使负责会议的行政文秘人员更容易控制会议的进程，灵活性更大一些。

② 负责会议的行政文秘人员要掌握与会人员的构成情况及基本意见倾向。

（4）明确会议进程

负责会议的行政文秘人员需向与会人员说明会议开始和结束的时间，并准时安排开会和散会事宜。

（5）采用合适的讨论模式

讨论每个议程时，负责会议的行政文秘人员都要时刻引导与会人员着眼解决实际问题，不要因其他问题而疏忽了开会的真正目的。

（6）控制会议时间

会议的每个议题都应有时间限制。当会议持续的时间较长时，负责会议的行政文秘人员应建议安排短暂的休息。

2.2.4 做好会议记录

会议记录是对会议基本情况、发言内容和进程进行记载的原始性文字材料。会议记录是会议情况的真实反映，也是了解会议决定事项执行情况的依据。完成一份完整、简洁、条理清楚的会议记录是秘书在会议期间工作的重要内容。

（1）会议记录的内容

① 会议概况。

a. 会议名称，要求写出全称。

b. 会议开始时间，具体到时、分。如果有休会，应予以注明。

c. 会议地点，尽可能详细到会场名称或会议室名称。

d. 会议主持人，写明主持人姓名、职务，如果是联席会议、多边性会议应注明主持人所在单位、职务。

e. 会议出席人，写明出席人姓名或范围。

f. 会议列席人，写明列席人姓名或范围。

g. 会议缺席人，写明缺席人姓名。

h. 会议记录人，写明记录人姓名、职务、所在单位。

② 会议内容。

a. 会议议题，如果有多个议题，可以在议题前加序号。

b. 会议议程，清楚地记录会议议题性活动的顺序。

c. 发言人的发言内容，凡需详细记录的要有言必录，摘要记录的记要点。

d. 会议决定、决议，要分条列出。

e. 表决情况，包括表决事项的名称、表决方式和表决结果。

③ 会场的其他情况。

记录会场情况可以全面反映会场的气氛和与会者的情绪、态度。会场的其他情况是指会议期间会场内所发生的与会议进程有关的并具有记录价值的情况，包括与会者的鼓掌声、笑声，与会者迟到、早退、中途退场以示不满等情况。

（2）会议记录的方法

会议记录有详细记录法、摘要记录法、速记法和速录法四种。

① 详细记录法。要求有言必录，对会议的全过程、所有发言人的发言都要原原本本地记录下来，不得随意增减和取舍。一般来说，重要会议要详细记录。为完整准确地做好记录，如有必要可安排两个以上的人或使用录音机同时做记录，会后再核对整理。

② 摘要记录法。只摘取发言者的发言重点、要点，对会议主持人的讲话要点做记录。采取摘要记录法记录时，要求记录人员首先充分把握讨论的内容，掌握议题的轻重缓急程

度和发言人的发言宗旨、意图以及发言内容的价值。

摘要记录必须掌握以下原则：第一要精确，不能由于省略而删改和歪曲发言人的意愿；第二不能遗漏讲话者的主要观点；第三语句要通顺，前言后语正确连接。

采用详细记录还是摘要记录要根据具体情况而定。决定重大原则问题的会议需要采用详细记录法，一般事务性会议采用摘要记录法。有些临时性的碰头会、有讲话稿的群众性集会，没有必要做会议记录。

采用详细记录法还是摘要记录法做记录，也是相对而言的，有时两种方法可交叉使用，但记录人应明确哪些应做详细记录，哪些可做摘要记录。

③ 速记法。速记法是运用各种速记符号对语言进行记录。这种记录方法的效率比通常的文字记录高出四五倍，是秘书应当掌握的一种技能。

需要注意的是，用录音机记录并不能代替速记，因为录音机只能记录声音，而不能变成文字符号。有些场合不适合或不允许录音，只能采用速记。由此可见，速记作为使口头语言书面化的一种手写形式，是录音机所不能替代的。

采用速记法进行记录的，要在事后用标准文字整理出来，不允许用速记文字代替正式会议记录。

④ 速录法。这种方法通常采用专门速录机，使用专门的速录软件，经过专业培训后，几乎可以将每个人的发言完整地记录下来，既快又准。

(3) 会议记录的要求

① 真实。会议记录要尊重会议过程的真实情况，不添加不遗漏，准确无误。

② 完整。会议记录需体现会议的整个过程，特别是会议的主要情况、主要意见的发言，不得遗漏。

③ 规范。会议记录是立卷归档的书面材料，一定要按照规范的体式书写。

④ 速度。快速是对会议记录的基本要求，记录时要精神集中，反应迅速，判断准确，提高记录的质量和效率。

2.2.5 会场清理

清理会场包括两部分内容：一是安排与会人员返程；二是会场的清理。

① 安排与会人员返程。会议结束后行政文秘人员应根据会议时间的长短、外地与会人数多少等情况，提早安排外地与会人员的返程事宜。

② 会场的清理。会议结束后，负责会务的行政文秘人员应与相关人员收拾整理放置在会场的茶杯、桌椅和其他用品。在清理会场时，还要注意检查与会人员有无遗失文件、物品，若有，则对其物品进行妥善处理。

2.3 会后落实

2.3.1 会议文件资料的收集

(1) 收集会议文件资料的范围

① 会前分发的文件资料，包括指导性文件、审议表决性文件、宣传交流性文件、参考说明性文件和会务管理性文件。

② 会议期间产生的文件，包括决议、决定、决策、提案、会议记录、会议简报、发言稿等。

③ 会后产生的文件，包括会议纪要、传达提纲、会议新闻报道等。

（2）收集文件资料的要求

① 确定会议文件资料的收集范围。会前分发的保密文件要按会议文件资料的清退目录和发文登记簿逐人、逐件、逐项检查核对。

② 收集会议文件资料要及时，确保文件资料在与会者离会前收集齐全。

③ 履行严格的登记手续，认真检查文件是否有缺件、缺页、缺损的情况，如出现此类情况，应尽快采取补救措施。

④ 运用不同的方式方法，可由秘书统一向与会者收集，也可按清退目录由与会者自己整理后上交等。

⑤ 收集整理过程中要注意保密。

（3）会议文件整理的注意事项

会议文件整理需注意以下3点。

① 会议文件责任要落实到人。

② 会议收集整理过程中行政文秘人员要注意保密。

③ 会议文件立卷归档工作要严格遵守档案制度。

2.3.2 印发会议纪要

会议纪要是记载和传达会议情况及议定事项的书面材料，是在会议记录的基础上分析、综合、提炼而成，用来概括反映会议成果的文件。

（1）会议纪要的种类

① 办公会议纪要。记载和传达领导办公会议的决定和决议事项，如果其中涉及有关部门的工作，可将会议纪要发给这些部门，并要求贯彻执行。

② 工作会议纪要。传达工作会议的主要精神和议定事项，有较强的指示性。

③ 协调会议纪要。记载会议所取得的共识及议定事项，对与会各方有一定的约束力。

④ 研讨会议纪要。记载会议讨论的各主要观点，要求全面客观，各方意见都应整理归纳，记入纪要中。

（2）会议纪要的拟写要求

会议纪要是经过领导人签发的正式会议文件，应当简明扼要，观点鲜明，确切说明事项，不必发表议论和交代情况。

① 忠实于会议实际。纪要反映的会议概括和议定事项，必须是真实的，不能以偏概全、断章取义，更不能任意增减和掺进个人意见。

② 突出重点。纪要应了解会议意图，准确反映会议的中心议题。一般来说，有意见分歧和会议没有议及的，都不能写入。

③ 行文简要，条理清晰。纪要是要"纪"其"要"，择要而记，简明扼要，高度概括。

（3）会议纪要的内容

① 会议情况简述。其内容包括召开会议的依据、目的、时间、地点、参会人员、列席人员等。

② 会议主要精神的阐发。作为会议纪要的主体部分，包括会议讨论问题、会议成果或

结论，做出的决定、决议。

（4）会议纪要的写作方法

① 记录式写法。对于讨论问题比较单一的会议，对发言人的发言摘要整理。研究问题较多又比较具体的会议，可按议题顺序，在会议记录的基础上逐项整理、提炼和概括。

② 概述式写法。有些会议研究的问题比较集中，可把讨论的意见概括成几方面或几层意思，依次阐发。

③ 条款式写法。如果会议确定的事项比较多，不宜归并论述，可采取条款式写法，每个事项单列成文，分别冠以序号。

④ 归纳式写法。对涉及内容较广、讨论问题较多的会议，可按讨论的问题、议定事项分类整理，分别列出序号、标题来叙述，每个标题下，根据内容多少，或分段、分条来写。

（5）会议纪要的结构

会议纪要的结构一般包括标题、开头、主体和结尾四部分。

① 标题。由会议名称加上"纪要"两字组成，如"第六届人力资源管理问题学术研讨会议纪要"。

② 开头。介绍会议情况，包括召开会议的根据、目的、时间、地点、出席人员、列席人员、主要活动等。

③ 主体。对会议主要情况和议定事项及做出的结论的表述，可根据会议的性质采取不同的写作方式。

④ 结尾。一般应提出贯彻执行的意见和要求，或提出希望，或不写结尾。

会议纪要的示例如表2-2所示。

表2-2 ××××经理办公会议纪要

×××× 经理办公会议纪要
2014年3月27日下午，举行经理办公会议。经理×××主持会议，副经理××、×××和经理秘书×××出席会议，研发部、企划部负责同志列席会议。 1. 会议讨论通过了研发部提交的《关于新产品的研制和开发计划》，并决定由研发部具体实施。 2. 审查同意《××设计方案》，有关施工的筹备问题，另召开专题会议研究。 3. ××××××××××××××××××××××××××××。 ××××年××月××日 主题词：××、××、××、会议纪要 抄送：×××、×××、×××、××、×× ××经理办公室 ××年××月××日印发

（6）会议纪要的印发

印发会议纪要只限于日常工作会议，对于大型的会议和专业会议，因为都有正式文件和决议，一般不再印发会议纪要。

① 确定印发范围。应根据会议纪要的性质和纪要的内容确定会议纪要的印发范围。特别是会议决定事项涉及不同的部门时，要将会议纪要发给所有涉及的部门，也可以从会议纪要上摘录出有关内容后通知有关部门。

a. 绝密级会议纪要只印发与会领导。

b. 一般级会议纪要可印发与会人员，并视情况加发会议内容、决定涉及的部门。

c. 有些保密性强、不需部门知道纪要全部内容，只需他们知道有关会议决定事项的，印发会议决定事项通知，即决办通知。会议纪要、决办通知都要标明密级，进行编号。

② 确认接收者。应根据会议纪要的发放范围，确认相应的接收者，通过文件发放渠道将纪要发送到已确认的接收者手中，并由接收者签字，予以确认。有保密内容的会议纪要在印发过程中只发给允许发放的人员。

③ 签发会议执行。秘书在确认接收者后，将接收者签字确认的会议纪要加以校对，经由领导签字后统一印刷，盖章后发给会议决策执行人。如果会上取得一致的决策没有进一步的实施，就失去印发会议纪要的意义。

2.3.3 督促会议决议的落实

会议结束后，行政文秘人员应负责会议决议落实的催办和反馈。

（1）会议决议落实的催办

行政文秘人员应通过建立催办制度、发催办单、电话催办等方式对会议决定或决议需要有关部门实施的事项进行催办。

（2）会议决议落实的反馈

行政文秘人员应将会议决议在实际贯彻执行中的结果、所引起的反应等信息及时且准确地反馈给相关领导。

2.3.4 结算会议经费

会议经费的结算是会后一项十分重要的工作，要严格按照有关程序进行，确保经费开支明确，账目清楚，使用合理。

① 通知与会者结算时间和地点，以使需要结算的与会者提前做好准备。

② 汇总费用支出发票，会议一结束，应及时将各种支出发票进行汇总，避免遗漏。

③ 清点费用支出发票，对照会前经费预算，对账目逐笔核对清点。清点内容包括开支是否合理，票据是否符合报销要求。

④ 核实发票，发票是报销的凭证。

⑤ 按报销要求逐项填写好报销单据，并将发票进行分类、整理、粘贴。

⑥ 所有报销单据要经领导签字。

⑦ 财务部门核实无误后予以报销。

⑧ 与相关部门及人员结清费用。

2.4 会议评估管理

2.4.1 会议评估的内容

对会议工作进行评估，可从几方面进行，具体内容如表2-3所示。

表2-3　会议评估的内容

评估内容	内容说明
会议目标	各项会议目标的达成情况
会议主持评估	会议主持人的准备是否充分、是否依照议程进行等
会议发言评估	发言内容是否与会议主题紧密相关、发言时长是否恰当
会议组织评估	会议形式、地点是否合适；提供的用车状况是否让与会者满意
会议时间评估	会议目标是否在短时间内达成；会议时间及报告时间是否适当
会议服务评估	会议服务是否到位
会议成本评估	主要评估实际支出与效益的问题

2.4.2　评估表格的设计

（1）会议效果评估表格

① 对会议管理工作的总体评估。对会议管理工作的评估一般应包括会议方案、会议地点、时间、与会者范围、食宿安排、会议经费和各项活动内容。会议管理工作评估具体如表2-4所示。

表2-4　会议管理工作评估表

整体安排				
对从会议上得到的信息给出您的回答（1为"优秀"，4为"差"）				
➢ 会议计划	1	2	3	4
➢ 住宿设施	1	2	3	4
➢ 会议费用	1	2	3	4
➢ 预定安排	1	2	3	4
会议地点				
对下列会议地点提供的设施给出您的回答（1为"优秀"，4为"差"）				
➢ 会议室布置	1	2	3	4
➢ 住宿条件	1	2	3	4
➢ 提供的点心饮料	1	2	3	4
➢ 休闲设施	1	2	3	4
➢ 商务中心可用的设施	1	2	3	4
会议的内容				
➢ 会议的内容是否能达成会议通知的目标？□是□否 　　如果否，给出原因 _____				
➢ 演讲中包括了计划列出的主题吗？□是□否 　　如果否，给出原因 _____				
➢ 研讨会对探讨报告中提出的问题有用吗？□是□否 　　如果否，给出原因 _____				

② 对会议主持人的评估。对会议主持人的评估包括对主持能力、业务水平、实现会议目标的能力、对会议进程控制能力的评估。对会议主持人的评估具体如表2-5所示。

表2-5　会议主持人表现评估表

行为	次数	引言或例句
组织、安排会议		
确定、检查目标		
遵守会议时间		
鼓励发表意见、提出建议		
检查理解程度和意见是否统一		
引入正题还是离题太远		
加快还是放慢会议速度		
控制过严还是过松		
处理冲突、解决事端		
调动与会者情绪和会场气氛		
行为礼仪		

③ 对会议工作人员的评估。对会议工作人员的评估包括工作人员的行为表现、工作态度、业务水平和工作效果。对会议工作人员的评估具体如表2-6所示。

表2-6　会议工作人员评估表

评估事项	评价		
会议工作中，精通业务，胜任工作	□好	□中	□差
具有公关意识，能自觉维护组织的形象	□好	□中	□差
具有良好的礼仪形象，举止得体，语言规范	□好	□中	□差
会议工作可靠，总能按时完成所布置的任务	□好	□中	□差
与同事合作协调，相处融洽	□好	□中	□差
脾气很好，从不与人争吵	□好	□中	□差
对领导的批评指导，能虚心接受	□好	□中	□差

④ 对与会者的评估。对与会者的评估包括发言方式、发言态度、遵守会场纪律等多方面。对与会者的评估具体如表2-7和表2-8所示。

表2-7　与会者发言方式测评表

发言方式	同意	不同意	没意见
提出新思路			
表示异议			
表示赞同			
主动提问			
解释别人的观点			
以与目前议题有关的幽默方式发言			
以与目前议题无关的幽默方式发言			
闭口不谈			

注："同意"和"不同意"两栏由与会者根据会议上个人的表现自己填写,"没意见"一栏由其他与会者根据与会者本人自我评估是否客观填写。

表2-8　与会者发言态度测评表

发言态度	同意	不同意	没意见
说得很清楚			
有说服力			
说得虽清楚但说服力不是很强			
没表达清楚也无较强的说服力			
通常还没怎么讲就被别人打断			
发言的次数不多			
想多发言几次但总是没有成功			
会上一般都让我讲话			
发言时态度不佳或几乎要发脾气			
发言时态度沮丧、冷嘲热讽			
发言时态度乐观、精力充沛			
每次发言都说得太少			

注："同意"和"不同意"两栏由与会者根据会议上个人的表现自己填写,"没意见"一栏由其他与会者根据与会者本人自我评估是否客观填写。

(2) 设计会议评估表格需考虑的因素

① 表格的长度。表格过长,很难完成;表格过短,提供的数据可能不够充足。

② 填写的难易程度。简单的表格会增加完成的可能性。

③ 所问的问题。问题决定设计表格的目的和要收集的信息,在提问之前应删去无关的

问题。

④ 提问的方式。根据会议评估的目的和形式，可以使用开放式或封闭式的提问形式。

⑤ 数据分析方式。如果会议人数较多，可使用计算机分析数据，封闭的问题更适合于计算机分析。

（3）会议效果评估的表格数据分析

① 数据类型。数据类型分为数量数据和质量数据。数量数据是指数值化处理的数据。质量数据是指人们关于活动质量的数据判断。

② 展示数据。应以适当的格式整理和展示会议评估表所获得的数据，以进一步分析会议效果，例如柱形图、饼形图、曲线图等，这样数据更易显示，并能用于活动的最终报告中。

③ 数据分析要求。

a. 应根据会议的类型和分析的目的获得分析数据并得出结论。

b. 分析结论可给举办类似的会议活动提供直截了当的信息。

c. 数据来源应包括与会者的真实数据的反馈和会议有关工作人员的回答。

d. 与会者可能以不同的方式解释提出的问题，为此应该仔细查看调查表，对问答题题目的叙述给予改进，以便收集更准确的数据。

e. 所有反馈数据的分析报告形成后，应递交领导，也可以是在非正式会议上的口头汇报、简短的非正式报告或备忘录。

f. 数据分析内容应总结到报告中，而统计数据和分析的结果可作为附录附加在后面。

2.4.3 评估方法与程序

（1）会议评估的方法

① 定性评估。定性评估是对会议活动效果进行质的评价，可从4个方面进行评估。

a. 与会者的发言、提问、讨论、留言的主要观点和倾向。

b. 与会者的知名度和代表性、会场气氛、新闻媒介报道的侧重面。

c. 会议进行期间是否出现了预想不到的问题，或没有做好工作的地方。

d. 会议决议的落实情况。

② 定量评估。定量评估是通过客观量化的因素评估会议效果，从而不断总结经验。

（2）会议效果评估的程序

会议效果评估一般按照以下程序进行。

① 分析影响因素。评价会议是否成功，首先要分析确定影响会议效果的因素有哪些。每次会议的情况不同，影响的因素也会千差万别，这就需要区分影响本次会议的主要因素有哪些。

② 设计评估表格。根据主导因素设计会议效果评估表，并将结果用图表形式进行汇总。

③ 汇总评估意见。通过收集对会议效果的评估意见，及时做出总结，以利于下次会议的成功召开。

第3章 商务事务处理

3.1 商务活动

3.1.1 参观活动

参观活动又称为开放日活动，是企事业单位将外部各界人士请进来，通过一天的各种活动来展示本单位的形象。由于开放参观活动形式新颖、效果显著，越来越受到各类组织单位的重视。

（1）参观活动的目的与类型

对活动举办者来说，举办参观活动的目的是为了扩大企事业单位的知名度、美誉度，促进单位的拓展，和谐单位与外部的关系，同时增强本单位员工的自豪感。

参观活动分为特殊参观和一般参观。特殊参观是指邀请特定的对象参加特定活动而进行的参观。一般参观是指无特殊目的或特殊公众，仅仅是为了社会各界增进对本单位的了解而组织的参观。

（2）参观活动的准备、安排接待工作

① 了解接待对象。单位组织的一般性接待经常会邀请员工、员工家属及一般市民参加，单位组织的特殊性参观活动经常会邀请与本单位有利害关系的团体或公众来参加，如政府官员、媒体记者等。

② 熟悉参观的项目。参观活动中参观的项目主要包括单位的展览室、生产设备和工艺流程、厂区环境、员工的教育设施、员工的生活环境、组织的服务、娱乐及卫生设施等。

③ 实施参观活动的操作流程。安排实施参观活动的操作流流程包括准备宣传小册子、放映试听材料、观看模型、引导观摩实物、中途休息服务、赠送纪念品和征求意见等，各流程中的工作要领如图3-1所示。

（3）组织参观活动应注意的问题

组织参观活动应该注意以下5项问题。

① 主题突出、目标明确。单位组织的整个开放参观活动，都要围绕着事先确定的主题和目标进行策划、组织。

② 选择合适的时机。一般情况下，开放参观活动应该在春末或秋初举办，不应在雨天、酷暑或寒冬季节举办，最好是在有纪念意义的日子来组织开放参观活动。

③ 合理处理公开与保密关系。单位中的行政文秘人员应提前规定好参观路线、参观地点，做到既给公众留下坦诚的印象，又不会使组织的机密外泄。

④ 做好细节安排。参观活动从策划、组织、实施到结束的全过程都应做好细节方面的考虑，因此单位应拟定详尽的参观活动方案，方案中包括人员的具体安排、食宿的安排、

准备宣传小册子		行政文秘人员应在参观活动开始前将小册子发给来宾，使他们对参观内容有大致的了解，可以针对性地观看。小册子应用简单、通俗、精练的语言介绍参观的内容，并以图文并茂的形式来展现
放映视听材料		在参观者观摩实物前，行政文秘人员应放映与参观主题相关的录像片、幻灯片或电视片，并随着片子的播放做简短介绍
观看模型		行政文秘人员可以利用预先制作的组织全景模型，向参观者介绍单位全貌，如此一来，参观者可以针对性地进行参观，既省时又省力
引导观摩实物		行政文秘人员要沿着既定的参观路线，引导参观者进行参观，并对重要的实物给予讲解，讲解时语言要精练、通俗、简洁，切忌长篇大论
中途休息服务		行政文秘人员应准备好休息室、茶水、毛巾等，以供参观者在中途休息时使用
赠送纪念品		最好准备本单位制造的或刻制有本单位名称和logo的纪念品，如钥匙链、玩具、洗漱用具等，以达到宣传本单位的目的
征求意见		可以在参观的出口处设置留言薄或意见本，还可以在参观者参观完实物后，与其进行座谈，从而收集其意见和建议

图 3-1 参观活动的操作流程

资料和纪念品的发放安排、交通的安排、接待和陪同安排等。

⑤ 做好宣传与展示。相关行政文秘人员应精心做好参观活动的宣传与展示工作，包括场景布置、物品陈列、文字材料准备和人员准备等。

3.1.2 展览活动

展览活动是指企事业单位为了介绍本单位的业绩，推销本单位的产品，提升本单位的形象，展示本单位的成果，而通过集中陈列实物、模型、文字、影像资料等供人参观了解的一种宣传性活动，是一种常规性的公共关系活动。

（1）展览活动的目的与特点

对企事业单位来说，通过展览活动可以开拓新市场，提升组织的竞争力；显示组织的实力，获得新的成果或推出新的产品；同时有利于组织征询展览者的意见，完善组织的不足之处。

展览活动的特点主要有以下4个方面。

① 传播媒介的多样性。展览会采用的传播媒介包括声音媒介，如电话语音、讲解和交

谈；文字媒介，如报纸、杂志等介绍材料；图像媒介，如电视、各种图片。因此，展览会的沟通效果通常比较令人满意。

② 传播方式的直观性。展览会是一种直观、形象、生动的传播方式，展览活动一般以展出实物为主，这些实物都是观众看得见、摸得着的，又有专人当场进行示范、讲解。这种形象生动的传播方法，能够强化观众的记忆。

③ 双向沟通的直接性。展览会能够使组织和公众进行有效的双向沟通。展览会上，一般都有专人回答参观者的问题，并就他们感兴趣的东西进行深入讨论。这样一来，参展单位在让公众了解自己的同时，也在了解公众的需求和意见。

④ 传播过程的高效性。传播过程的高效性主要体现在两个方面：一方面，展览会上有很多组织和产品参展，是一种高度集中和高效率的沟通方式；另一方面，展览会是一种综合性的大型活动，常常能成为新闻界报道对象，成为新闻报道的题材，对公众的影响效果较大。

(2) 展览会的类型

① 根据展览会的性质分类。根据性质，展览会可分为贸易展览会和宣传展览会。其中，贸易展览会的展示产品以实物为主，实现以展促销的目的；宣传展览会则以宣传教育为目的，通过实物、图片、模型、文字材料等形式，向参展者宣传某种观念、思想或知识。

② 根据举办展览会的场地分类。根据举办的场地，展览会可以分为室内展览会和露天展览会。其中，室内展览会显得比较隆重，举办时间可以延长，大多数展览会均在室内举行，室内展览会能够根据产品特点进行设计、装修布局，不受天气的影响，但室内展览会布展较为复杂，所需费用较多。露天展览会布置工作较为简单，但一般受天气条件的限制，不宜持续时间过长。

③ 根据展出商品的种类分类。根据展出商品的种类，展览会可分为单一商品展览和混合商品展览。其中，单一商品展览会通常由企业或行业性组织，围绕某一特定专题举办，它的内容集中、规模较小，但展示的商品品种比较单一，如全国书展、最新电子产品展示会等。单一商品展览会往往竞争比较激烈。混合商品展览会参展项目繁多、内容全面，如广州商品出口交易会，这种展览会通常由专门性的组织机构或单位负责筹办，规模一般很大。

(3) 展览会的工作程序

展览活动的工作程序包括准备阶段、展览阶段和结束阶段，行政文秘人员要对每个阶段的工作内容都有所了解。

① 准备阶段。

a. 明确主题和目的。任何展览活动都必须首先明确主题和目的。明确的展览活动主题能够使所有的展品得到有机的排列和组合。只有明确了主题和目的，对于展览展销活动的组织者来说才便于组织参展商，也便于策划本次展览的方方面面。对于参展企业来说，才便于选择展览展销活动，确定是否参展。其中，展览活动的主题决定了展览活动中将使用的特殊沟通方式和接待形式。在实践中，行政文秘人员要根据展览会的主题和目的策划展览会的参展企业、沟通方式、接待形式等，它是后面所有活动的基础。

b. 确定参展单位、参展项目和展览类型。根据展览活动的主题和目的确定展览的类型、参展单位和参展项目。商务人员可以采用投放广告和发放邀请函的办法来吸引目标参展商。所谓目标参展商是指办展机构认为可能会来参加展出的企业或其他单位，目标参展商是展会招揽展出者的目标范围。需要注意的是，行政文秘人员在制作广告和邀请函时，应该清楚说明该展览的宗旨、展出类型、展出项目、估计参观者的类型和人数、展览的要求及费用预算等。

　　c. 选择展览场地。展会选择在什么地点举办，与展会的展览题材、展会性质和展会定位分不开。因此，行政文秘人员在选择展览场地时应综合考虑以下因素：交通是否方便，是否方便参观者参加；周围的环境是否与展览主题相得益彰；辅助服务设施是否容易配备和安置；安全保卫系统是否有效；是否容易放置和保护展品等。

　　我国的展览一般选在闹市区的展览馆或露天场所，国际性的展览一般应在对外交通和海关比较便利的地方举办，这样可以方便海外企业参展和观众参观。

　　d. 培训工作人员。展览会工作人员的素质和能力直接影响着展览效果。因此，行政文秘人员必须对展览会的工作人员，如讲解员、接待员、服务员等进行与展览有关的专业知识培训，进行传播沟通能力和礼仪礼貌等方面的公关培训。尤其是大型展览会，对工作人员的要求比较高，不仅要求工作人员具备良好的公关技能，而且还必须熟悉和掌握展出项目的内容，参展单位的概况甚至详细情况，以便回答参观者提出的各种询问。总之，这些工作人员应从举止、语言、服饰、态度到专业知识，都能使参观者感到满意。

　　e. 布置展览大厅。行政文秘人员要准备展览会的有关文字资料、图片资料、音像资料、模型及宣传材料等，并进行合理布置。由于展览会所需要的资料很多，所以相关人员应提前将其准备好，尤其是领导的致辞、前言、结束语及解说词等都应该进行认真准备。

　　在布置展厅时，应围绕展会主题来选择展品，对展品进行精心布置、陈列，以吸引参观者的注意。应该在适当的位置贴出展览厅的平面图，在展厅的入口处设置咨询台、签到处、意见登记处、服务处等，同时还应准备好展览会的徽志和纪念品。

　　f. 做好与新闻媒介的联络工作。行政文秘人员一定要做好与新闻媒介的联络工作，而且该工作必须在展会之前、期间和之后连续进行。通常，展会组办方都会在展会期间设有专门的对外发布新闻的机构，该机构要利用一切能够调动的传播媒介，使参观者通过多种渠道获得组织的相关信息，并及时将展览会中发生的、有新闻价值的材料写成新闻稿发表，以扩大展览会的影响力。

　　g. 做好展览活动的经费预算。展览活动的预算费用一般包括场地租赁费、设计施工费、展品运输费、宣传公关费、电费、工作人员的劳务费、交际费、保险费等。行政文秘人员要对展览活动的经费进行细致周密的预算，这是提升工作质量和效益的重要方法，也可以作为绩效评估的重要标准。通常，经费预算应体现厉行节约、留有余地的原则。

　　h. 运用展览技巧使展览会新颖别致。为了使展览活动新颖别致、生动活泼，行政文秘人员要设法邀请一些知名人士出席，为参观者签名留念。如果单位分到不好的展览位置时更应该想出一些别出心裁的方法来吸引参观者。

　　i. 准备展览会的辅助设备和相关服务。展览会的辅助设备和相关服务主要包括文书业务、交通运输、安全保卫、停车场、餐饮场所、邮电通信和业务洽谈室等。这些活动琐细但也颇为重要，行政文秘人员要注意提前了解和掌握。

　　② 展览阶段。

　　a. 做好接待和解说工作，热心、细致、耐心地解决参观者提出的问题，并向参观者发放相关的宣传材料或纪念品。

　　b. 利用新闻媒体扩大展览会的影响。制订详细的新闻发布计划，确定有代表性的发布内容，明确发布时间和发布形式。

c. 做好安全保卫工作。展览会的组办方要主动将展览会的举办详情向当地公安部门通报，以获得其理解、支持和合作。

③ 结束阶段。

a. 收集新闻媒体等各方面对展览会的报道与评价，同时向出席招待会、展览会的记者发感谢信，向所有的记者邮寄新闻工作报告。

b. 迅速、充分地回答新闻报道引起的读者来信。

c. 分析反馈信息，总结经验教训。

d. 写出书面报告，提交给相关领导，并及时存档、以备查考。

（4）展览会布置工作的要点

行政文秘人员要了解展览会的布置工作，其要点如下。

① 布展的内容。

布展的内容具体如图3-2所示。

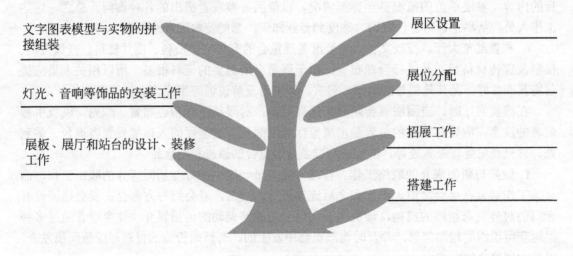

图3-2 布展的内容

② 布展的基本要求。

a. 展馆布展形式与展出的物品合理搭配，互相衬托，有效地烘托展览会的主题。

b. 布展色彩、灯光运用合理，既充分体现展项的内涵，激发公众对展项的浓厚兴趣和良好情绪，又给公众创造一个良好的参展环境。

c. 布展设计要充分考虑参观人流的疏密程度，还要考虑展项的稳固、安全并便于操作。

③ 展台及展品布置规范。

a. 在规定的时间内将道具、展品、说明等摆放在展台内的最合适位置。

b. 展台布置应以参观者的感受为根本出发点，从参观者的角度去构思展台的安排和布局。

c. 在具体布置展台时应仔细考虑色彩、照明和造型等特殊视觉效果。

d. 展台的搭建是整个展台设计流程中最为重要的一部分。现场施工的好坏决定了项目设计是否得到了实现。为了场馆方便管理各搭建商和参展商，有效控制展馆人数，搭建商必须在规定时间内办理搭建手续。

展台搭建主要有两种形式：一是直接装卸式展台，即根据搭建日期把卡车开到展厅中，由展览会搬运商负责搭台、卸货，但这种方式需要在时间上留有一定的余地；二是参展商利用会场现有的展台，在自行卸货时可以租用现场的机械，如叉式装卸机和手动小起重车，完成展台搭建。

e. 对展品的要求。展品外观精美，尽力做到完美无瑕，质量上乘，做到优中选优，陈列整齐、美观、讲究主次。

f. 展品的布置要突出主题。通过位置、布置、灯光等手段突出重点展品及展会主题，如以聚光灯烘托高档产品、使产品处于工作状态等。

3.1.3 商务谈判

商务谈判是双方或多方为了促进买卖成交、项目合作或解决双方争议与争端，以取得各自经济利益而进行的磋商活动。商务谈判中应坚持合作互利、利益均沾的原则，该原则既是商务谈判的出发点，也是商务谈判的归宿。

（1）商务谈判的模式

商务谈判模式可以分为合作型谈判和竞争型谈判两种。

① 合作型谈判。合作型谈判是指双方都竭力建立活跃、认真、诚挚与合作的气氛，都愿意为对方的利益做出让步，都采取合作的态度，谋求共同利益的协议。合作型谈判模式通常可以获得圆满结局。

② 竞争型谈判。竞争型谈判是指双方都对相同目标有共同的需要，为了满足这一需要而不惜做出其他方面的牺牲。竞争型谈判，要么处于僵持阶段，要么一方以其他方面的代价来换取这一方面的需求，否则，谈判就不能取得成功。

（2）商务谈判的准备工作

商务谈判要想取得成效，前期准备工作非常关键，行政文秘人员尤其要注意以下几个方面。

① 收集信息，提供资料。谈判信息是指与谈判活动有密切联系的各种情况、情报、资料信息。谈判开始前和过程中的任何情况的出现、变化等都会通过信息反映出来，能否及时、准确地掌握这些与主旨有关的信息，便决定了谈判者能否拥有谈判的主动性和控制权。因此，谈判前行政文秘人员一定要详尽地了解双方的形势、目标、意图和退让的幅度，做到知己知彼。

a. 己方信息。了解己方的经济实力、技术实力、竞争实力，客观地了解自己。

b. 对方信息。

✪ 了解对方的法人资格、资信状况、法定地址、本人身份和经营范围，这是谈判的基础。对于以上情况应予审查或取得旁证。其中，外商必须出示法人资格、本人身份证，以及经中国银行认可的外国银行的资本和信誉证明。

✪ 要了解对方的谈判目的、心里底线等，还要了解对方公司经营情况、行业情况、对方公司的文化等。

✪ 了解主谈人的个人情况，如年龄、学历、资历、兴趣、价值观、习惯与禁忌等。

收集到对方的信息后可以将重点的内容绘制成表格（见表3-1），以方便日后使用。

表3-1 对方组织和人员情况表

分类	说明					
组织情况	公司类型		组织结构		职工人数	
	资金情况		生产情况		销售情况	
	目前面临的问题					
主谈人情况	年龄		学历		经历	
	爱好		个性		禁忌	
	态度	对公司的态度				
		对此次谈判的态度				
		对谈判对方的态度				

c. 行业和市场信息。在收集资料时还应仔细收集行业和市场信息，如合作生产或经营产品的销售渠道、产品档次、市场需求概况等。

② 拟定商务谈判计划。行政文秘人员应该协助上司拟定商务谈判计划，从而保证商务谈判能够围绕中心、有条不紊地进行，拟定商务谈判计划时应做好以下工作。

a. 确定谈判主题和目标。谈判主题就是此次谈判所要解决的问题和要达到的目的，谈判目标是谈判主题的具体化。谈判主题应该简洁、明确，一般用一句话加以概括和表述即可。谈判目标应该根据谈判主题来确定，谈判目标按照程度可以分为3个等级，具体内容如下。

● 第一级是必须达到的目标，该目标是谈判者在谈判中为己方确立的最低目标，此目标是必须要达到的目标，谈判者宁可使谈判破裂，也不能放弃此目标。

● 第二级是可以接受的目标，该目标是指己方在谈判中可以做出一定幅度、范围的让步或经努力争取可以达到的目标，此目标一般均具有一定的弹性，只有在万不得已的情况下才考虑予以放弃。

● 第三级是最高目标，该目标是指己方在谈判中所追求的最理想的目标，即最大期望值，在谈判的过程中在必要时可以予以放弃。

当谈判目标确定后，谈判人员的心中就有了一个明确的方向和"度"。

b. 设计谈判议程。谈判议程是谈判的程序，是影响谈判效率的重要因素。拟定谈判议程时应该兼顾双方的利益和习惯，谈判议程可视情况采取以下3种方案。

● 先易后难，即先讨论容易解决的问题，为困难问题的解决打下基础。

● 先难后易，即先集中精力讨论最重要、最困难的问题，以主带次，推动重要问题的解决。

● 混合型，即不分主次先后，把所有问题都先提出来讨论，再加以概括和归纳。

c. 确定谈判班子。谈判不是一个人能够胜任的，而是要组成谈判班子，这是谈判能否取得成功的关键。谈判班子要根据谈判的类型和内容来确定，必须少而精，班子中各人员分工协作，一般以5人左右为宜。其中，谈判班子中应该包括以下人员。

● 专业人员。一般是熟知谈判项目的专业技术人员或业务领导者，这是谈判的主力，是代表本方利益的主要发言人。

● 商务人员。这类人员须熟悉商品品种、规格、商品价格、风险的分担、谈判条件和财务情况等事宜。

● 法律人员。这是重要谈判项目的必选人员。律师或法律专业知识人员通常由特聘律师、企业法律顾问或熟悉有关法律规定的人员担任，以保证合同形式和内容的严密性、合法性以及合同条款不损害己方合法权益。

● 管理人员。由于外商有时派董事或董事长、社长来参加谈判，所以在有的项目中派有关管理者参加是必要的。

● 翻译人员。在国际商务谈判中，**翻译人员是谈判中实际的核心人员**。一个好的翻译，能洞察对方的心理和发言的实质，活跃谈判气氛，为主谈人提供重要信息和建议，同时可以为本方人员在谈判中出现的失误寻找改正的机会和借口。

● 其他人员。其他人员是指谈判必需的工作人员，如记录人员或打字员，具体职责是准确、完整、及时地记录谈判内容，一般由上述各类人员中的某人兼任，也可委派专人担任。

谈判班子要相对稳定，一般不得中途换人。通常情况下，在谈判中有1名技术主谈人、1名商务主谈人，有时也会指定1名总负责人。由于谈判班子中的人员主导整个谈判项目，所以各人员之间的配合程度会直接影响整个谈判班子的工作效果。

d. 确定谈判时间。确定谈判的时间，主要应确定的有谈判开始的时间、每次谈判的时长、谈判的次数、每次谈判中间休会的时间及谈判结束的时间等。一般确定谈判时间时应考虑以下因素。

● 谈判准备的程度。如果没有做好充分准备，不宜匆匆忙忙地开始谈判。

● 谈判人员的身体和情绪状况。参加谈判人员的身体、精神状态对谈判的影响很大，谈判者要注意自己的生理时钟和身体状况，避免在身心处于低潮和身体不适时进行谈判。

● 市场的紧迫程度。市场是瞬息万变的，如果所谈项目是季节产品或是时令产品应抓紧时间谈判，不允许稳坐钓鱼台式的长时间谈判。

● 气候、季节等自然因素，要力求与谈判内容相协调。

● 要尊重对方的意愿，在征求对方意见的基础上，选择双方都认可的时间进行谈判。

e. 确定谈判地点。最好选择在己方熟悉的环境谈判。当然，最后的确定还是要以双方都能接受的地点为准。

另外，谈判计划还应该包括谈判工作人员的分工和拟定日程表等。

③ 设计谈判方案。

a. 精心设计谈判方案。参加任何一次谈判，都必须事先精心设计出若干个谈判方案和谈判策略，以供备选。设计方案时应注意3点，如图3-3所示。

b. 严格注意保密。谈判方案制订出来后，全体谈判人员要谙熟方案内容，同时要严格注意做好保密工作，防止外泄。相关商务人员作为参与谈判方案的设计人员，又担任着方案的起草、打印、保管、下发的工作，更要严格保密，安全防范。

（3）商务谈判的程序

一轮正规的商务谈判应包括6个环节，即导入阶段、概说阶段、明示阶段、交锋阶段、妥协阶段和协议阶段。行政文秘人员要针对不同的阶段做好相应的服务工作。

① 导入阶段。导入阶段是双方熟悉的阶段，其目的是通过与谈判对手的见面相识，力

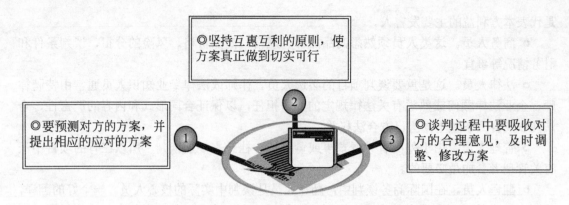

图 3-3　设计谈判方案时应注意的事项

求与对方建立密切、友好的人际关系，共同为谈判营造和谐、友善的氛围，这一阶段的时间不宜过长，以免冲淡谈判的心理准备。

② 概说阶段。以简明扼要的形式，让谈判对方了解自己谈判的目的、想法和意图，概说时间宜短，内容要简洁明了，语气要轻松，态度要坦诚。

③ 明示阶段。双方就分歧问题表明自己的态度、立场，还可以明确让步的条件和范围，谈判进入实质性问题的洽谈磋商。在这一阶段，双方的目标及分歧已摆在谈判桌上，双方应本着解决问题的诚意，进行心平气和地洽谈，共同寻找解决分歧的途径。除了坚持己方的立场和要求，努力维护自己的利益外，适当满足对方的需求和利益，是促使谈判最终达成协议的重要一环。

④ 交锋阶段。这是商务谈判中最关键、最紧张、最困难的阶段。双方的不同意见在此时明确展开，大家列举事实谋求对方的理解和协作，寻找统一的途径。有的问题可能通过一轮磋商就达成共识，有的可能要经过几轮，甚至多轮磋商才能形成基本一致的意见。

交锋阶段需要双方具有坚强的毅力，付出较大的精力，每一轮的交锋过程，实质上都是一次甚至多次信息双向沟通的过程，双方都要做好随时回答对方质问的思想准备，这就要求谈判人员具有能言善辩的口才和较强的应变能力。

⑤ 妥协阶段。妥协是谈判中必不可少的阶段，作出某些妥协让步，是合作诚意的表示，也是获得谈判成功的最好形式。在哪些方面让步，让步到什么程度，在让步的同时获得哪些回报等都要心中有数，切忌做盲目和草率的让步。

⑥ 协议阶段。这是谈判的最后阶段，即签约阶段，双方经过交锋和让步达成共识，用协议的形式予以认可。在签约时应该注意以下3个问题。

a. 应将谈判的一切结果见诸文字。

b. 谈判协议的文字要简洁，用字准确，切忌使用模棱两可的语句和多义词，以免日后产生歧义。

c. 对协议的草案要做认真、细致和谨慎的检查。

（4）行政文秘人员在商务谈判中的注意事项

在商务谈判中，行政文秘人员应该树立辅助意识和创造意识。辅助意识，即正确认识自己的角色定位是上司的参谋和助手，是为上司服务的。创造意识，即在充分领悟上司意图的基础上，大胆创新，敢于负责，在谈判中发挥积极性和创造性。

商务谈判是一项非常复杂的智力活动，行政文秘人员必须努力提高自身素质，不仅要通晓商务谈判的业务知识，具备基本的业务才干，还要特别注重提高心理素质、语言素质、人际交往素质等。

3.1.4 招商活动

招商活动是招商单位通过举办各种活动，向外介绍、宣传推广自身的投资环境、招商项目，促进沟通，以吸引客商前来投资。在国内外经济发达、市场经济活跃的今天，招商活动不仅是招商单位有效地开展招商引资的重要途径，而且是推销自身形象、扩大社会影响的积极举措。

（1）招商活动的基本形式

招商活动就其内容上讲，主要围绕合资、合作、产品研发、组织再造等目的进行。在招商活动中，行政文秘人员参与其中的工作都比较具体并有服务性。一般而言，招商活动的基本形式有以下几种。

① 链条式招商。链条式招商即在招商引资策略上突出重点，主攻大项目，引进一批产业链式化、关联度大的项目。如苏州昆山市的IT产业招商引资实践一样，他们在招来一批IT产业的企业之后，实施有针对性的招商，使IT产业的上下游企业之间环环相扣，形成产业集群、产品集群。

② 组团招商。组团招商即政府搭台、企业唱戏，该招商形式注重搭建起无障碍的投资平台，整合本区域的产业、资源、项目等，通过参加各种大型商务展览、产品推介会等形式实施主动招商战略，形成大的招商引资声势，吸引投资者的注意力。

参加这种形式的招商活动，企业可以省去很多精力和费用，但直接效果一般不是很理想。

③ 小分队招商。小分队招商即加强招商一线队伍建设，通过经常性地组织招商小分队，通过广泛联络、重点摸排，锁定目标区域、目标产业和目标企业，频繁地进行招商引资活动，待取得一定进展后，由领导出面与客商进行洽谈联系。

小分队招商可以有效解决组团招商参加单位多、人员多、签约多、项目落空多的现象，运行成本较低，而成功率比较高。

④ 拜访招商。拜访招商即叩门招商，公司领导通过积极组团拜访重点客商，实施主动上门招商、精心包装和推介项目，以高质量的推介吸引外商投资，通过有合作意向的大企业、大财团，从而推进项目的洽谈和引进。

⑤ 中介招商。中介招商是指政府（委托方）通过专业投资中介机构，将招商项目推向国内外相关投资市场，受托方按照公开、公平、公正的严格程序开展的一系列招商引资活动。中介机构包括但不限于银行、会计师事务所、律师事务所、评估师事务所、税务师事务所、外国公司的代表处以及其相应协会组织、商会等。

中介机构拥有丰富的资本市场运作经验，熟悉国内外企业的投资意向和策略，客户资源广泛，操作规范严谨。中介机构的专业化运作有利于提高招商引资活动的成功率，有利于政府专注于公共服务领域，还有助于企业扩大业务、延伸利润。

⑥ 以商引商。以商引商是指通过已经落户并取得比较快发展的企业，用他们的现身说法来吸引其亲戚、朋友、同学等进行投资合作，从而形成滚动发展的"葡萄串"效应。

⑦ 网络招商。网络招商是指政府或企业建立起辐射国内外的招商引资网络，打造科学规范的展示平台，功能完备的系统平台，方便快捷、优质高效的信息平台，通过网络招

平台，发布本地区或本企业在招商引资方面的政策优势、产业资源优势及其他各种招商信息，从而获得国内外投资商家的广泛关注。

在互联网迅速影响传统行业和社会生活的时代，网络招商是企业减少成本和快速有效的招商方式之一。通过网络平台可以进行网上对话、网上交流，有助于推进招商引资工作的高效实施。

⑧ 会展招商。会展招商就是通过举办或参加各种境内外的招商会、投资研讨论坛和文化交流活动等，进行招商宣传、发布招商信息、寻找投资机会和合作伙伴、进行招商洽谈等。一般情况下，参加这些活动的客商比较集中、层次比较高，并且双方都有合作的意向，招商工作具有较高的成功率和合作质量。会展招商经济、实惠、效果好，是有效的招商形式之一。

（2）招商活动的原则

招商活动应坚持4项原则，即互惠互利，共赢发展原则；产业关联，带动力强原则；营造氛围，诚实守信原则；热情接待，尊重礼节原则。

① 互惠互利，共赢发展原则。投资商投资的目的是追求效益最大化，实现可观的利润。招商组织招商的目的在于充分发挥本土的资源优势，加速本地的经济发展。一旦投资项目落成，不仅为地方培植了新的经济增长点，增加财源税源，还能提供大量就业机会，带动本地相关产业的发展。互惠互利，共赢发展原则的内容具体如图3-4所示。

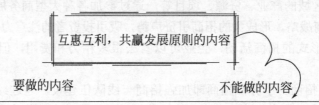

图3-4　互惠互利，共赢发展原则的内容

② 产业关联，带动力强原则。投资商在确定投资项目时，不仅要考察投资地区的人文环境，包括地理位置、政策环境、自然资源等，还要注重产业的关联程度、生产要素的整合效应，注重原辅材料和配件的供应链条等。

招商者在确定招商项目时，要立足于现有的资源优势，立足于现有产业和企业基础，以专业园区为依托，把招商引资的重点放在与当地优势产业关联度高、产业带动力强、聚集效应明显、资源消耗少的项目上，形成吸引同类企业、项目及人才落户的聚集效应，构筑低成本运行的经济环境。

③ 营造氛围，诚实守信原则。招商引资不但要有优势，更要善于"用势"和"造势"，要善于借助网络、电视、报纸、广播等媒体来宣传和推介自己，扬长避短，搞好服务，以

诚引商，以情安商，才能营造良好的招商氛围，引领更多客商投资创业。

招商单位要着力打造务实、高效、守信的形象，以信引商、以实稳商。招商单位对于不了解的情况不能随意答复，对于办不到的事情不能轻易许诺，不能为了留住项目而信口开河，对于自己做不到的事情应该根据实际情况讲明道理，以取得招商洽谈对方的理解。招商单位要避虚重实，实事求是，将招商引资工作的重心放在落实项目、资金到位上。

④ 热情接待，尊重礼节原则。对招商对象，要把尊重、礼貌、热情用恰到好处的形式规范地表达出来。在接待工作中，要努力为客商提供各种良好的服务，积极解决他们的实际困难，使其能有"家"的感觉。

由于国情、民族、文化背景、地理环境等不同，在招商交往中，实际上存在着"十里不同风，百里不同俗"的情况，对这一客观现象要有正确的认识并尊重他人的风俗习惯，切不可孤傲自大，以我划线，简单地否定他人的做法。同时，要注意客商的各种禁忌，不要说犯禁的话，不要做犯禁的事。

（3）行政文秘人员在招商活动中的工作

企业的各级领导者是招商活动的主体，行政文秘人员作为上司的参谋和助手，应该协助上司完成以下工作。

① 参与策划，制订招商活动预案。招商活动预案是对招商创意与招商行动方案的书面表达，预案是招商活动的操作文本。再优秀的招商项目，如果没有科学周密的活动预案，没有生动、准确、严谨的书面表达，是无法使招商活动得以有序进行的。秘书应该根据领导的意图，精心编制招商活动预案，将活动的每一个环节都能安排妥当。

招商活动预案应包括以下内容：招商活动的指导思想、主题与目的；参加招商活动的人员和组织；招商的方向、项目和重点；招商活动的内容、时间、地点、负责人；招商活动的日程安排、宣传形式及接待内容；招商活动所需的物品和场地；招商活动的经费预算等。

② 联系客商，确定协助单位。招商活动如果选择在国外或外省举行，还要选择好协助单位，协助单位的能力和影响力在一定程度上决定着招商活动的成败。因此，在举行招商活动时应该取得当地政府的支持，落实好协助单位。选择协助单位时应注意以下几点。

a. 协助单位在当地要有一定的影响力和号召力，能够在各方面提供服务与帮助。

b. 可选择当地政府的驻外办事机构，或当地工商联、贸易促进会和其他专业团体等。

c. 可邀请当地的知名人士、社会贤达作为嘉宾参加活动，以扩大影响、提升人气。

③ 落实项目，夯实活动基础。项目是招商的载体和落脚点，抓好招商载体的建设工作是招商活动取得成功的基础性工作。项目准备是非常严谨、细致的工作，必须全面考虑客商的需求，做到论证周密、资料齐备、内容全面和结论科学。拿出去进行招商的项目，一般都有项目建议书、项目可行性研究报告、项目评估报告和项目审批资料等。其中，项目可行性研究报告是重点。

在项目可行性研究报告中，应该论证技术的可行性和可持续性、市场的可持续性、投资的可持续性和赢利的可持续性，其中，技术的、市场的、投资的和赢利的可持续性是客商最看重的。

撰写一份高质量的项目可行性研究报告，必须坚持的写作原则如表3-2所示。

表3-2 项目可行性研究报告的写作原则

序号	原则	说明
1	实事求是原则	撰写可行性研究报告最基本的特点就是要尊重客观事实，用事实说话，不应该省略或故意隐藏所知道的事实。只有深入研究，力求弄清楚事实，才能真实反映报告的可行性和价值性
2	符合经济规律及有关政策的规定	经济活动具有特定的规律性，项目可行性研究报告是在一定的市场环境、经济和政治等环境下制订的，因此在编制报告时，应掌握市场规律的变化，研究其变化的原因，结合招商项目的内容，进行深入的分析，以保证可行性研究报告的真实性和准确性
3	观点和数字结合运用的原则	一个好的可行性研究报告必须以与招商项目有关的相关资料为依据，必须有数字、有情况、有分析，既要说明观点，又要有强有力的数据支撑观点，这两者是紧密结合、相互统一的
4	逻辑思维原则	可行性研究报告的目的在于分析某一项目是否有实现的价值，因此可行性研究报告的编写必须按照逻辑性思维的顺序，根据招商项目的相关内容，对其进行一一论证，给人循序渐进、眉目清晰的感觉

④ 周密安排，落实筹备工作。不同形式的招商活动，筹备工作的具体内容和要求有所不同。但无论是什么形式的招商活动，其基本程序大致如下。

a. 活动的请示。招商活动应提前报上级有关部门，得到批准后进行筹备工作。

b. 根据活动的内容、形式等做好项目准备工作：包括刻制光盘、印制宣传画册等，如果到国外招商还需要办理签证手续。

c. 根据活动的内容、形式等落实活动时间和地点。确定具体的时间还应该考虑当地的节假日、财政年度、经济社会状况和各地差距等。具体地点的落实应该选择在宽敞明亮、设施齐全的场所。

有时为了节省资金，还可以在协助单位的会议室举行招商活动，当资金允许时，最好选择在大饭店举行招商活动。另外，会场还应该有电脑、投影仪等设备，以便于将文字说明、口头宣传和视觉感受结合起来。

d. 组成筹备小组，明确职责，责任到人。一般应成立活动领导小组，由主要领导人担任组长，下设宣传组、活动调配组、后勤组和对外联络组等。各小组统一领导，协调运作，确保招商活动的顺利进行。

3.2 商务沟通

3.2.1 口头沟通

流畅的表达不一定能带来良好的效果，让对方真正了解沟通的内容，才算是达到了沟通的目的。因此，为了帮助听话者准确接收、正确理解沟通内容，在口头沟通中，行政文秘人员有必要采用一些手段帮助听话者梳理谈话的要点。提示谈话要点的手段如图3-5和图3-6所示。

□ 利用言语提示

① 提示语 ⟹ 你需要注意以下几点……

② 转折词 ⟹ 虽然/尽管……但更重要的是……

③ 疑问句 ⟹ 那么如何避免这种情况呢……

□ 利用重音提示

强调或突出某些关键的词、短语，甚至某个音节。

□ 利用重复提示

不断重复某个关键词、某个观点或某个问题，以强调其重要性。

□ 利用停顿提示

有意识地进行停顿，引起对方注意之后再陈述要点。

□ 利用眼神提示

通过眼神暗示说话者，如视线接触、日光专注等。

□ 利用动作手势提示

如点头、用手指点、做出数字手势，以拳击掌等。

图 3-5　提示要点的 6 种手段

Volume音量 ⟹ 在提示要点时放大说话的音量

Outputrate语速 ⟹ 在说到要点时放慢语速

Inflection转调 ⟹ 在说到要点时转变音调和音色

Clarity清晰 ⟹ 在说到要点时吐字清晰，发音标准

Emphasis强调 ⟹ 综合运用音量、语速、变形和节奏来强调信息的重点部分

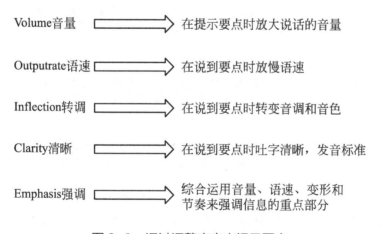

图 3-6　通过调整声音来提示要点

3.2.2　非口头沟通

（1）商务信函

商务信函是企业与企业之间在各种商务场合或商务往来过程中，用以传递信息、处理商务事宜以及联络和沟通关系的信函、电信文书。

商务信函的主要作用是在商务活动中用来建立经贸关系、传递商务信息、联系商务事宜、沟通和洽商产销；询问和答复问题、处理具体交易事项。

常用的商务信函主要有商洽函、询问函、答复函、请求函、告知函、确认函、联系函、推销函、订购函、索赔函等多种。在日常工作中,行政文秘人员要熟练掌握商务信函的写作,以备各种工作需要。

商务信函的合作标准如图3-7所示。

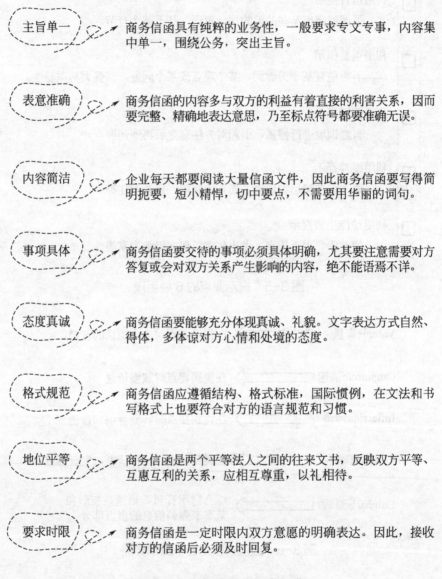

图3-7 商务信函的写作标准

（2）电子邮件函

电子邮件,又称电子函件或电子信函。它是利用电子计算机所组成的互联网络,向交往对象所发出的一种电子信件。使用电子邮件进行对外联络,不仅安全保密,节省时间,而且还可以大大降低通信费用。

如今，电子邮件已成为现代社会人与人之间沟通交流的一种重要方式。无论是在与同事、上司，还是在与客户的交流中，电子邮件都是必不可少的。

行政文秘人员在使用实务电子邮件对外进行联络时，应当遵守一定的礼仪规范，如图3-8所示。

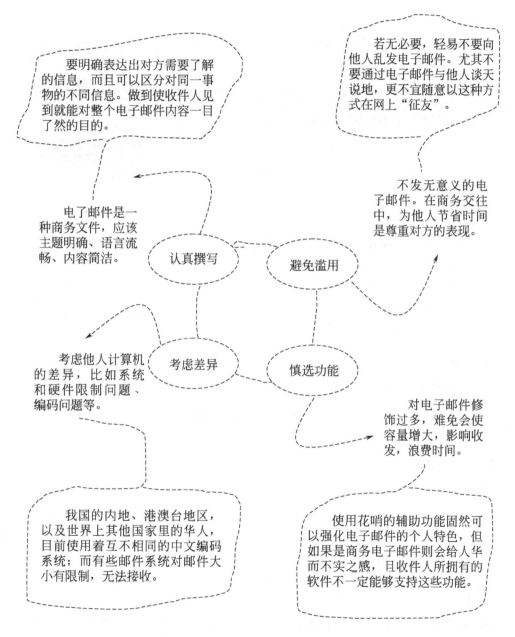

图 3-8　电子邮件的书写规范

一封完整的电子邮件主要包含如图3-9所示的几部分内容。

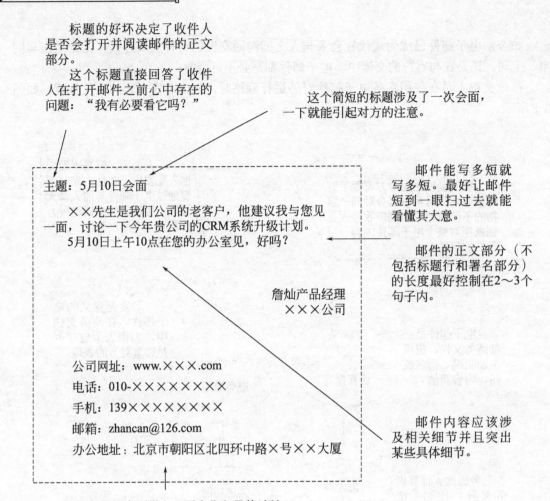

图3-9 电子邮件的格式

3.2.3 单向沟通

（1）准确表达

单向沟通因为没有回馈环节，为了避免发生错误，行政文秘人员在发送信息前必须将沟通内容作有条理性的编排，如图3-10所示。

在单向沟通的过程中，恰当地运用语言表达艺术是十分必要的。如果表意不当，则很容易使信息的接收者产生误解，把原本很简单的事情变得复杂，如图3-11所示。

（2）积极倾听

俗话说"说三分，听七分"，沟通，首先是倾听的艺术。在单向沟通中尤其是如此。

在单向沟通的过程中，如果接收者不能积极倾听，往往会导致信息接受不完整，进而导致整体理解出现偏差。如有选择性地听、心中存有偏见、根本不感兴趣等，都会导致沟通的效果大打折扣。

听的层次由低到高可分为五层，具体如图3-12所示。

要想在单向沟通中完整地接收信息，首先要有技巧地倾听对方所说的内容，最忌断章取义。

以下达指令的单向沟通为例，下达指令之前应做好整理，以便听者理解。

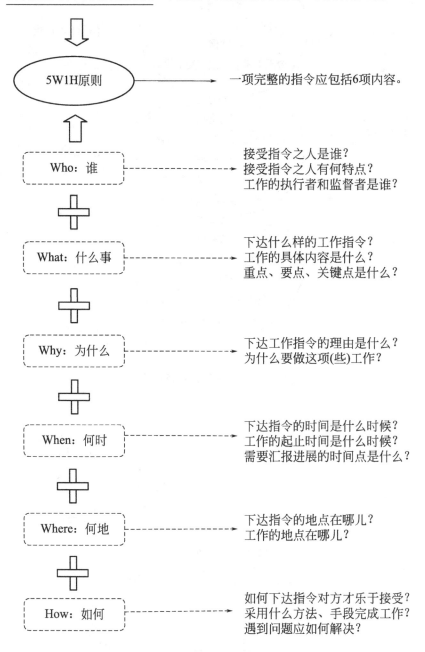

图 3-10　单向沟通在发送信息前对沟通内容作的条理性编排

断章取义的接收者通常是在没有听对方说完或不顾对方所说内容的真实含义的情况下，就孤立地提取其中一段或一句来进行主观理解，很容易导致信息的失真、失实。

避免断章取义的倾听往往涉及4个层面，具体如图3-13所示。

（3）主动接收

尽管单向沟通不需要接收方进行反馈，但是一个有效的单向沟通并不仅仅是发送者发出信息这么简单，它包含两个部分：发送者发出完整准确的信息；接收者能完整准确地接收信息。

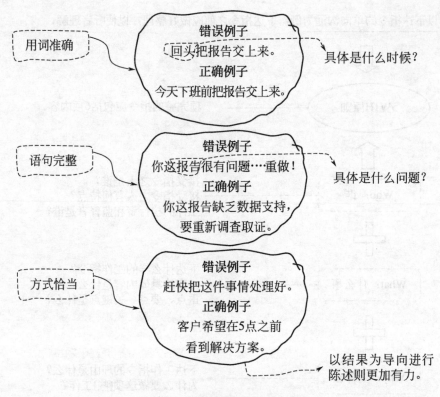

图 3-11 语言表达注意事项

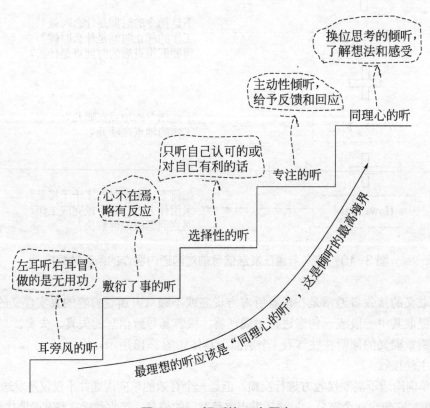

图 3-12 倾听的 5 个层次

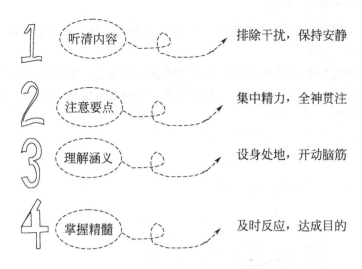

图 3-13 避免断章取义的倾听涉及的 4 个层面

也就是说,在单向沟通中,接收者对信息的主动接收也至关重要。接收者主动接收信息有 5 个要求,具体如图 3-14 所示。

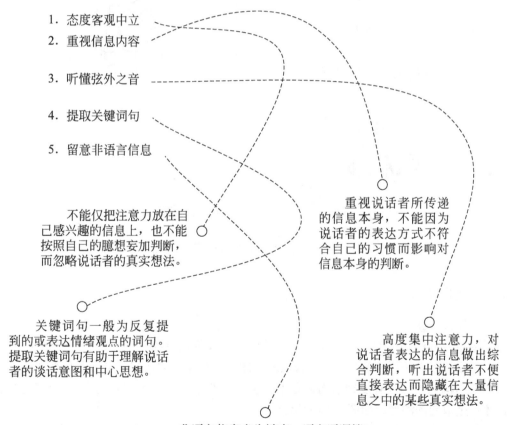

图 3-14 接收者主动接收信息的要求

由此可见，主动接收就意味着接收者主动接收完整信息，并能够正确理解这一信息。这样沟通的双方才能达成一致。

同时，单向沟通中的主动接收还意味着接收者愿意以恰当的形式按照传递过来的信息采取行动。也就是说，单向沟通中，正确地传达、准确地接收是手段，而接收之后的行动才是沟通的终极目的。

单向沟通中有无主动接收信息的区别如图3-15所示。

图3-15　是否主动接收信息的表现

3.2.4　双向沟通

（1）积极反馈

反馈是双向沟通过程的重要环节，是对他人所提供信息的一种反映。反馈是对信息的传送是否成功以及传送的信息是否符合原本意图进行核实，它用来确定信息是否被理解。

在双向沟通中，没有反馈的沟通是不完整的。有了反馈，沟通才完成了一个完整的闭环，才算是双向的沟通，如图3-16所示。

在双向沟通中，如果没有反馈，则会造成如图3-17所示的问题。

在实际工作中，除了一些为大家熟悉的例行公事、低层的命令传达等，大部分的沟通都属于双向沟通。如果工作中大家只是简单粗放地表达、倾诉、发泄，不能从中反馈获取有效信息，那么沟通环节就失去意义。

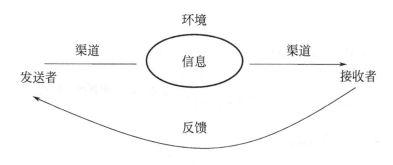

图 3-16 双向沟通的完整过程

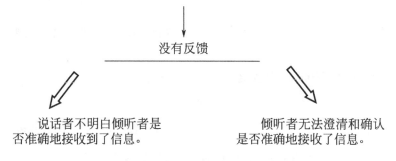

图 3-17 没有反馈的后果

在双向沟通中，行政文秘人员一定要确实"听到""听懂""听完"对方的谈话，并且在互动过程中要澄清自己所听到、所了解的与对方所表达的是否有偏差，同时注意利用以下8个技巧，如图3-18所示。

（2）换位思考

工作中出现沟通不畅多半是因为所处立场、环境不同所造成的，如果只注重充分表达自我，而忽视了解对方的真意，则双方很难彼此理解。如果能多站在对方的立场上换位思考，事情就会很快解决。

怎样才算是换位思考呢？俗话说："要想知道别人的鞋子合不合脚，穿上别人的鞋子走一英里❶。"感同身受是人际交往的基础，也是有效沟通的基石。因此，要想做到彼此认同，行政文秘人员需要在语言状态和心理情绪两个方面做到"同步"。

① 语言状态同步。语言状态的同步包括语调语速同步、语言文字同步和肢体语言同步。

a. 语调语速同步：根据对方的说话特点和心情好坏随时调整语调语速，容易让对方敞开心扉。

b. 语言文字同步：寻找双方的共同语言和说话特点，很容易引起对方的兴趣和好感。

c. 肢体语言同步：经常性、习惯性的肢体语言动作与对方一致时，很容易产生一种亲和力。

② 心理情绪同步。沟通时和对方保持同样的心理和情绪，才能更好地获得认同和好感，更加容易沟通（见图3-19），这就是心理情绪同步。

---

❶ 1英里=1.609344公里

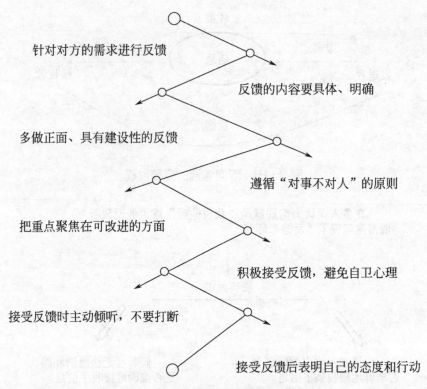

图 3-18　积极有效进行反馈的 8 个技巧

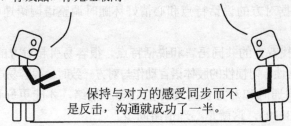

图 3-19　心理情绪同步

（3）处理异议

人的知识、经验、态度、观点、个性不同，对同一信息的看法和理解也可能不同。因此，沟通中产生异议实属必然。

异议一旦产生，就应该及时处理，寻找共同的目标和恰当的方法来消除分歧。否则，不仅会导致沟通破裂，而且很可能还会引发人际关系上的冲突和矛盾。行政文秘人员在工作中一定要注意这一点，及时消除异议，不能使其不断积累。

图3-20的案例说明了处理异议的4个步骤。

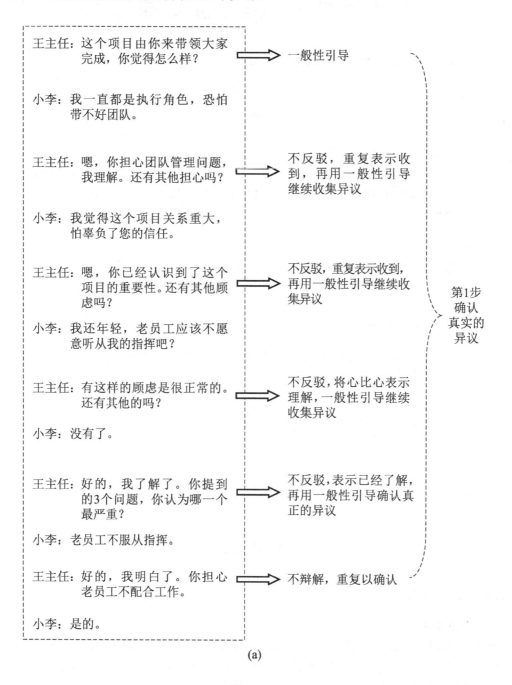

(a)

图 3-20

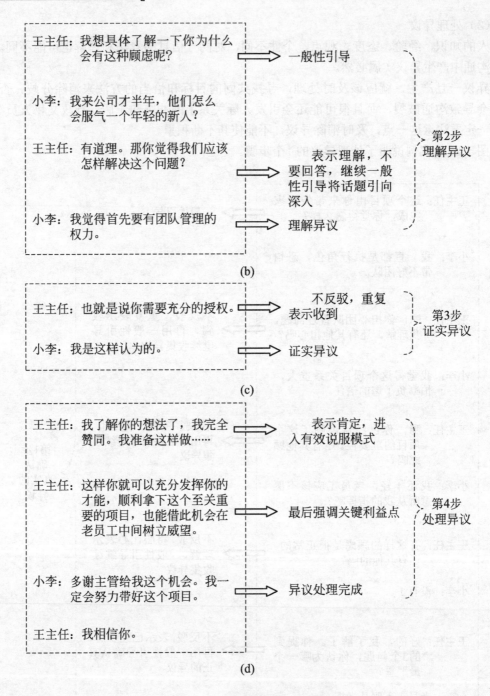

图 3-20 处理异议的 4 个步骤

3.2.5 上行沟通

(1) 适时汇报

汇报本身就是工作的一部分，下级做好详细的汇报工作，上级才会感到放心，才会对下级委以重任。但是，现实中很多行政文秘人员并不会汇报工作，或者说不能巧妙地汇报工作，主要表现在以下的行为上（见图3-21）。

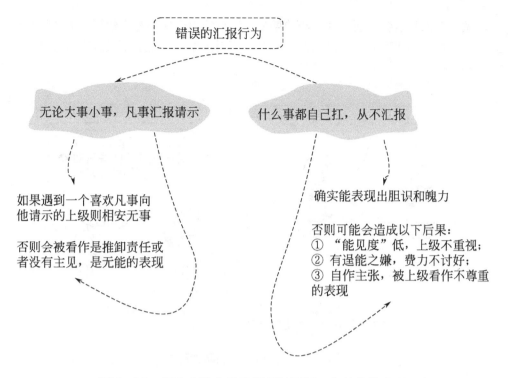

图 3-21　行政文秘人员不能巧妙汇报工作的行为表现

行政文秘人员一定要树立起"汇报意识"。要知道，汇报是一门技术活儿，一次好的工作汇报，可以让成绩得到肯定，使上级对自己另眼相看；相反，工作与成果很可能会被上级无情地否定，甚至工作能力也会遭到质疑。

① 汇报时机很重要。在工作开展过程中，最好将随时汇报与阶段汇报相结合，如图 3-22 所示。

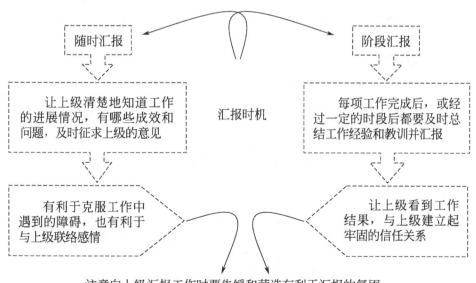

图 3-22　随时汇报与阶段汇报相结合

② 做足功课和准备。要关注上级的期望，汇报的内容应该与上级原定的计划和期望相对应。汇报前对可能存在的问题预先提出多种应对或解决方案，请上级协助判断和选择，如图3-23所示。

请示汇报不应抛"问答题"给上级，而应用"选择题"的方式列出解决选项供上级选择

图3-23　请示汇报的两种形式

（2）巧妙进谏

上级在作决策、订计划、实施指挥时，囿于各种限制，难免会出现失误。行政文秘人员如果因为害怕得罪上级而保持沉默，或为了讨上级欢心而违心迎合，不仅有损组织发展，还会祸及自身。

在指出和弥补上级的失误时，很多人都认为"忠言逆耳利于行，良药苦口利于病"。但是，如果能达到"治病"的目的，"忠言不逆耳""良药不苦口"效果会更好。

① 以迂为直。指出上级的失误，不一定要直言其弊，有时容易让上级心理上承受不了或下不来台。因此不妨采取"以迂为直"的战术，走迂回路线，如图3-24所示。

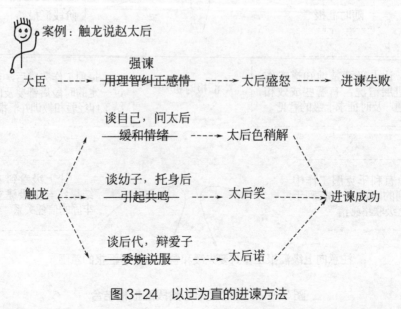

图3-24　以迂为直的进谏方法

② 积极"补台"。对于上级的失误,行政文秘人员应该及时站出来"补台",帮助上级弥补失误。

所谓"互相补台,好戏连台;互相拆台,一起垮台",消极的交往态度会使上下级关系变得更加紧张或冷漠,面对面沟通,公开、透明、坦诚地交换意见,善意地帮助上级改进工作才能提高整体工作效能。

③ 旁敲侧击。有时候,可以通过对一些经典的事例或生活中比较典型的事情进行一些评价,向上级暗示自己对公司某件事情的个人看法,或暗示自己的一些要求,即"旁敲侧击",如图3-25所示。

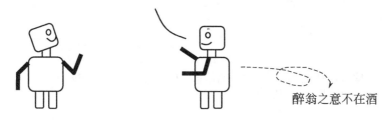

图3-25 旁敲侧击的进谏方法

④ 换位思考。向上级进谏时要设身处地从上级角度想问题,不要强上级所难。上级工作有上级的难处,要设身处地考虑上级在实际工作中遇到的情况,不能脱离现实主客观条件对上级提要求或进行"发难",如图3-26所示。

图3-26 脱离现实主客观条件对上级提要求或"发难"

⑤ 坚持不懈。向上级提建议时要有耐性。要取得上级的支持,必须有不怕挫折、不怕反复的精神,勇敢接受误会和指责,反复地向上级说明自己的观点,逐步使上级了解新建议的内容与好处,从而达到说服上级、取得上级支持的目的。

3.2.6 下行沟通

行政文秘人员走上领导岗位,也会面临下行沟通的问题,下行沟通要注意以下几个要点。

(1) 及时确认

为了保证下行沟通的有效性,保证自己传达或接收的信息是准确的,行政文秘人员就需要开口求证,引导下级做出沟通反馈,用确认取代猜测、猜疑和误解。

确认的3种形式如图3-27所示。

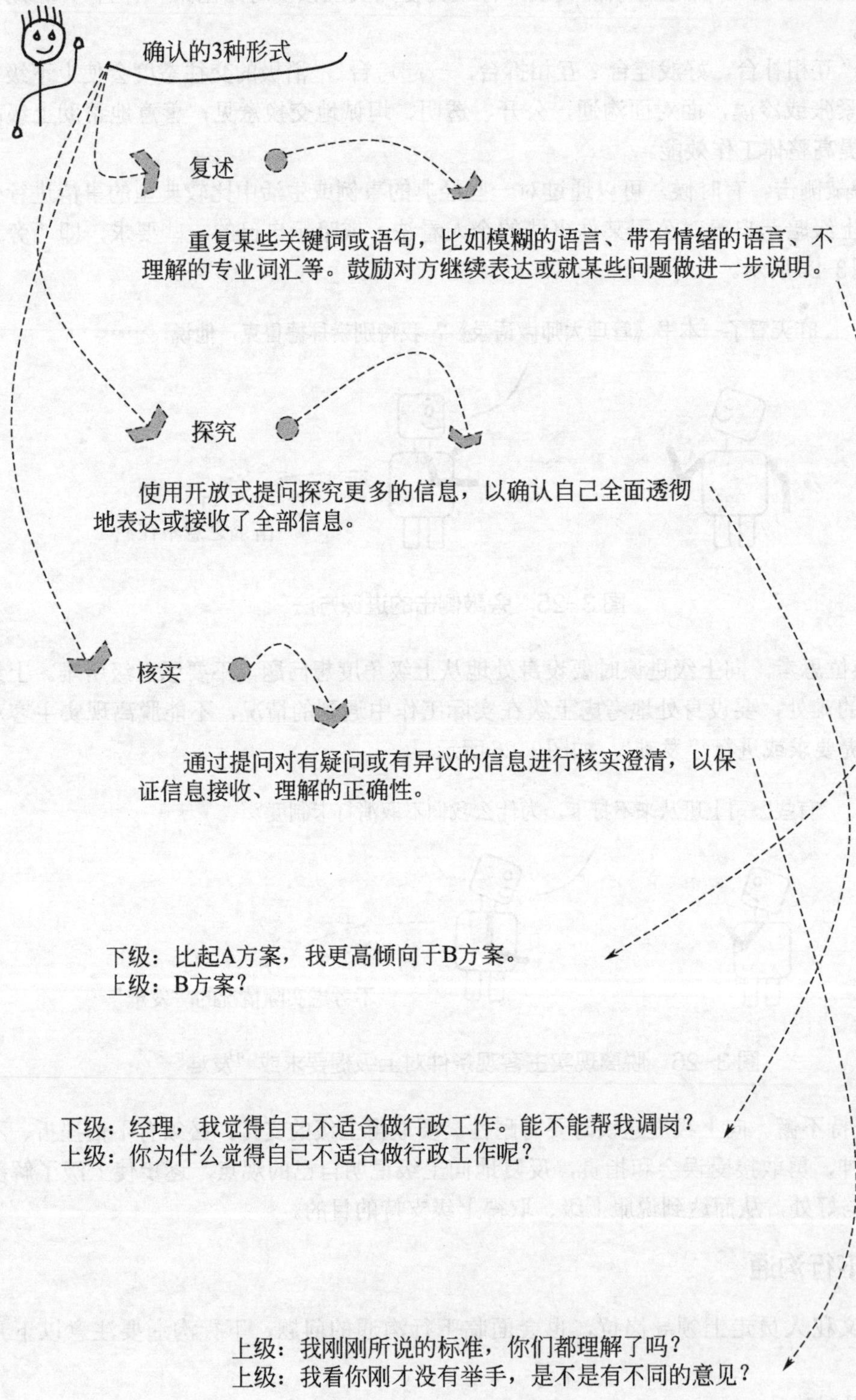

确认的3种形式

复述

重复某些关键词或语句，比如模糊的语言、带有情绪的语言、不理解的专业词汇等。鼓励对方继续表达或就某些问题做进一步说明。

探究

使用开放式提问探究更多的信息，以确认自己全面透彻地表达或接收了全部信息。

核实

通过提问对有疑问或有异议的信息进行核实澄清，以保证信息接收、理解的正确性。

下级：比起A方案，我更高倾向于B方案。
上级：B方案？

下级：经理，我觉得自己不适合做行政工作。能不能帮我调岗？
上级：你为什么觉得自己不适合做行政工作呢？

上级：我刚刚所说的标准，你们都理解了吗？
上级：我看你刚才没有举手，是不是有不同的意见？

图3-27　确认的3种形式

及时确认的注意事项如图3-28所示。

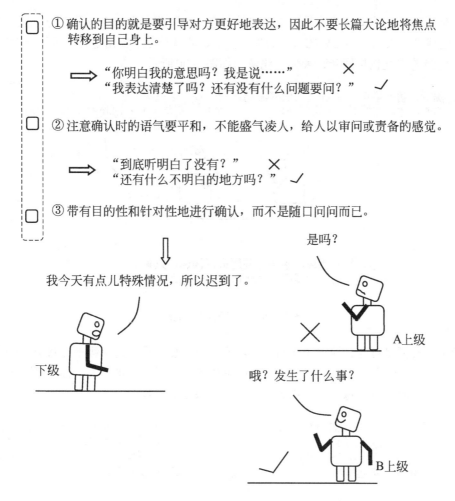

图 3-28　及时确认的注意事项

（2）安抚情绪

每位员工都是带有情感的普通人，都可能受到多种因素的影响，从而导致情绪的波动。可能引起员工情绪波动的因素如图 3-29 所示。

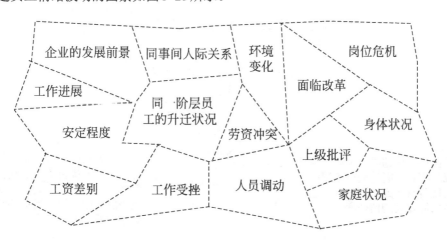

图 3-29　可能引起员工情绪波动的因素

一般来说,处于情绪低潮的员工的工作效率会大大下降,造成企业员工的内耗,严重的话甚至会造成企业大面积不必要的人才流失。因此,安抚员工的情绪是管理者的一大挑战。

员工情绪的安抚包括倾听、关怀、化解,如图3-30所示。

图 3-30　安抚员工情绪

尽管员工的情绪可能会导致企业的危机,但行政文秘人员作为上级不应将员工的情绪视为阻碍,而应该关心员工情绪的波动,正视员工的反应,了解背后的原因,进而安抚其情绪。

在安抚情绪时,要注意避免一些禁忌,具体如图3-31所示。

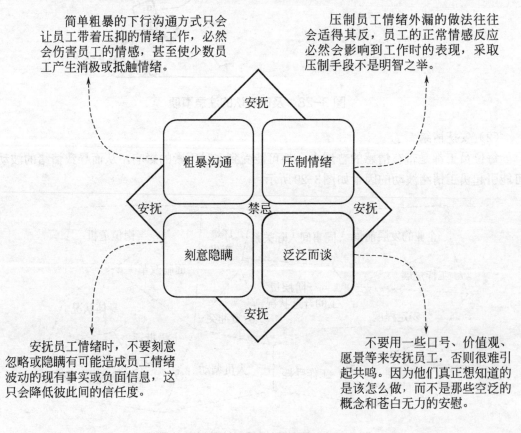

图 3-31　安抚情绪的禁忌

（3）避免冲突

由于上下级之间权力、职位的差距，下行沟通经常会产生误解，导致上下级之间的关系不协调。

所以，在下行沟通中，行政文秘人员应特别注意方式方法（见图3-32），以避免引起沟通冲突。

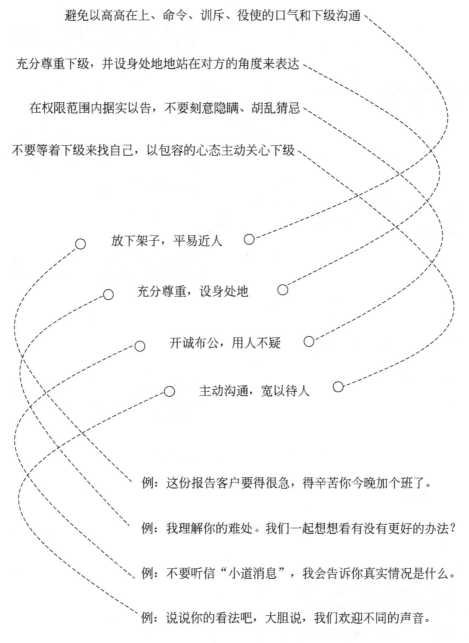

图 3-32　行政文秘人员在下行沟通中的方式方法

除了提前避免沟通冲突之外，一旦沟通冲突发生，无论是什么原因导致了冲突，上级都有责任和义务妥善处理冲突。一般来说，上级应及时通过沟通来消除误解，化解矛盾，以防扩大和蔓延。

化解冲突的技巧如图3-33所示。

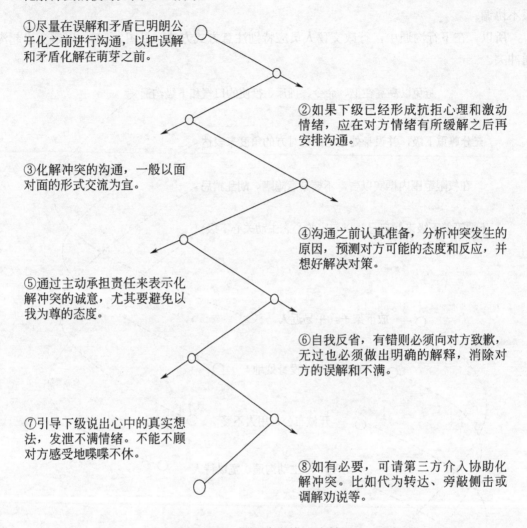

①尽量在误解和矛盾已明朗公开化之前进行沟通，以把误解和矛盾化解在萌芽之前。

②如果下级已经形成抗拒心理和激动情绪，应在对方情绪有所缓解之后再安排沟通。

③化解冲突的沟通，一般以面对面的形式交流为宜。

④沟通之前认真准备，分析冲突发生的原因，预测对方可能的态度和反应，并想好解决对策。

⑤通过主动承担责任来表示化解冲突的诚意，尤其要避免以我为尊的态度。

⑥自我反省，有错则必须向对方致歉，无过也必须做出明确的解释，消除对方的误解和不满。

⑦引导下级说出心中的真实想法，发泄不满情绪。不能不顾对方感受地喋喋不休。

⑧如有必要，可请第三方介入协助化解冲突。比如代为转达、旁敲侧击或调解劝说等。

图3-33 化解冲突的8个技巧

3.2.7 平行沟通

行政文秘人员之间的平行沟通主要是和同事之间的沟通，要注意以下几个方面的关键技巧。

（1）适度赞美

同事之间在某些情境下，应善于互相赞美对方，为对方巧妙带上一顶合适的"高帽子"。在赞美同事时，应把握一定的"度"。

① 频率保持适中（见图3-34）
② 态度保持温和（见图3-35）
③ 用词要力求准确

尽量少用程度副词，比如"太""很""最"等。赞美内容的用词上要做到准确、真实、自然等。

适度赞美的注意事项如图3-36所示。

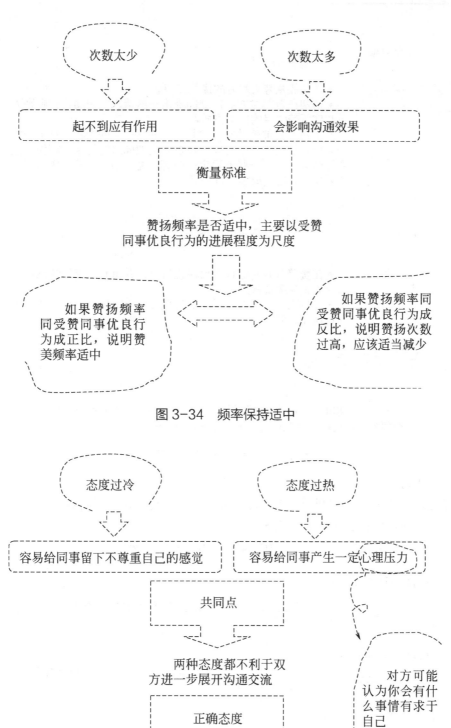

图 3-34 频率保持适中

图 3-35 态度保持温和

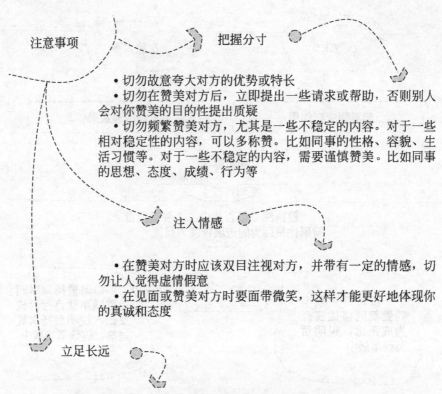

图 3-36　适度赞美的注意事项

（2）寻求协作

同事之间的沟通不仅有利于拉近彼此距离，让工作更有趣、更高效，而且还有利于形成互助协作关系，优势互补，实现多赢。

同事之间在沟通基础上寻求协作需满足以下几个条件（见图3-37）。

① 个性相符
⇒ 同事之间默契合作的最基本要求是两个人要个性相符，优势互补

② 志趣相投
⇒ 两个人志趣相投才能凝聚起力量朝相同的目标和方向，不断奋斗努力

③ 业务相关
⇒ 在工作中寻求合作，需要两个人的业务存在相关性，存在交叉的地方，这是在实际工作中有效协作的基础

④ 沟通顺畅
⇒ 同事之间沟通顺畅才能实现高效协作，如果双方沟通存在诸多障碍，常常鸡同鸭讲，互不理解，那么合作过程便会困难重重

图 3-37　寻求协作需满足的条件

同事之间在合作过程中应注意以下几个方面的内容（见图3-38）。

① 多沟通，常交流

② 不要恐惧工作中的"争吵"

③ 闲聊中出灵感

④ 善于倾听对方的话

⑤ 遇到问题巧协商

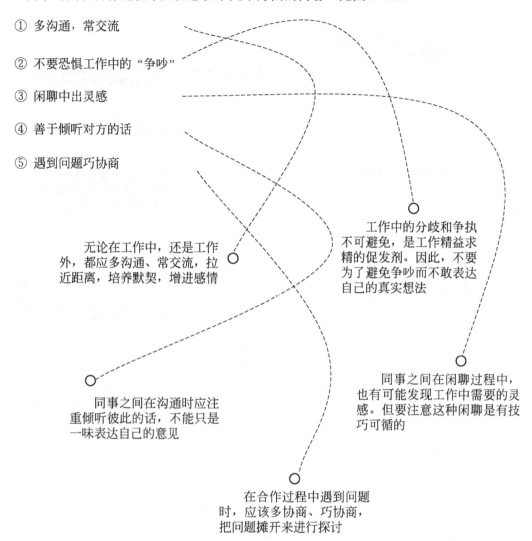

图 3-38　同事之间在合作过程中注意的内容

3.2.8　客户沟通

在一些商务活动场合，行政文秘人员可能要面临一些客户沟通问题，此时要注意以下几个沟通技巧。

（1）提出建议

在某些情况下，客户对自身的购买需求是比较模糊甚至不准确的——对自己需要什么没有明确概念，或者自己认为需要的却不一定真的适合自己。

对于这类需求不明确的客户，行政文秘人员应结合其实际情况进行认真分析，然后挑选恰当时机向其提出合理化建议。

在向客户提出建议时，不能随意而为，更不能不顾及客户的感受，一味将自己的想法强加于客户，应该着重注意以下几个方面（见图3-39）。

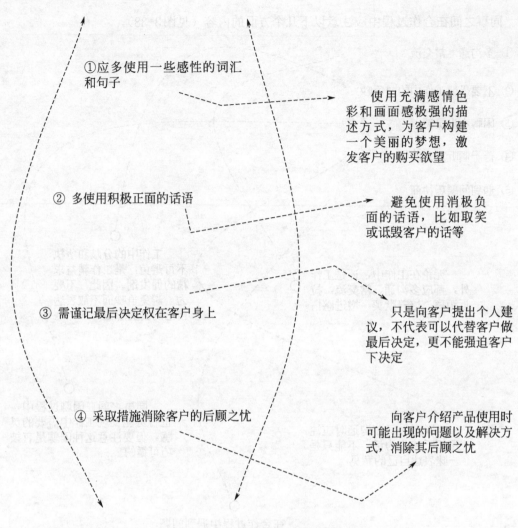

图 3-39 提出建议时注意的方面

（2）消除疑虑

在沟通过程中，无论行政文秘人员如何说明，有些客户始终会有这样那样的疑虑，小心谨慎，迟迟不肯做出决策。

面对这一类型客户时，切记不能慌张，更不能气急败坏，而应该做好足够的心理准备，根据实际情况谨慎对待。

行政文秘人员可以通过以下几个策略有效消除客户的疑虑。

① 提前设想客户有可能提出的疑虑，并准备有效答复。比如，提前设想客户是否会担心产品的安全性或者自己的支付能力，然后为可能存在的每种疑虑准备最恰当的回答和切实可行的解决方案。

② 邀请客户进行亲身体验。客户在亲身体验过程中，会不断进行自我暗示和自我说服，努力去认可产品本身，不知不觉中，疑虑便会彻底消除。

3.2.9 团队沟通

行政文秘人员作为团队的一员，也要注意以下几个团队沟通的技巧。

(1) 求同存异

一个团队总是由多个拥有不同个性、不同专长的人才所组成的，因此在团队沟通过程中，不能以某一个人的个性或想法为标准去要求其他人，而应该从整体上坚持求同存异原则。

求同存异是团队沟通必须遵守的准则。求同存异的内涵主要包括两个方面（见图3-40）。

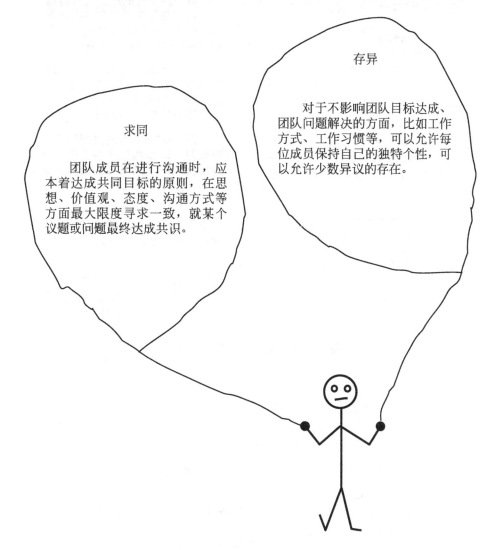

图3-40　求同存异的内涵

团队成员在沟通过程中可以通过几个方面实现求同存异（见图3-41）。

(2) 适当妥协

适当妥协在团队沟通中的作用如图3-42所示。

团队成员可以通过以下几个方法做到适度妥协。

① 交换妥协法。交换妥协法主要是用自己的妥协换取对方的妥协。交换妥协法的两种方式如图3-43所示。

② 现实妥协法。现实妥协法主要是基于实际情况而做出妥协。如：为了达成共识，为了加快进度，为了完成任务等。

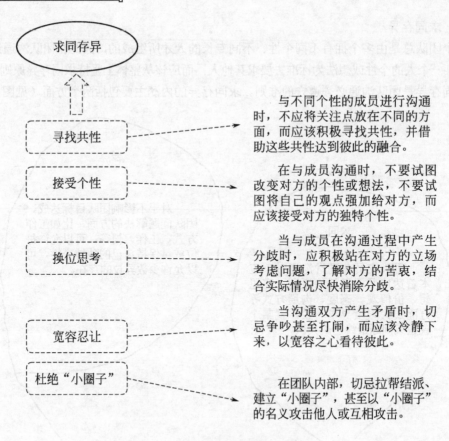

图 3-41　实现求同存异的方法

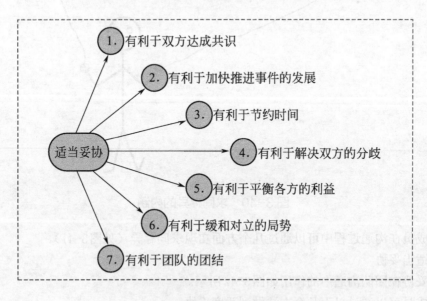

图 3-42　适当妥协在团队沟通中的作用

③ 部分妥协法。部分妥协法主要是对部分问题、事件、做法等做出妥协。部分妥协法的三种方式如图3-44所示。

在团队沟通中做出妥协时应该注意如图3-45所示的事项。

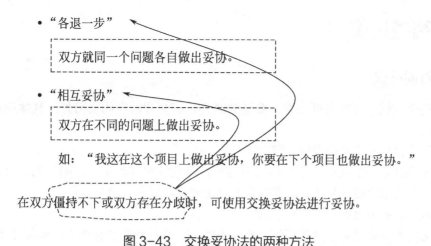

图 3-43　交换妥协法的两种方法

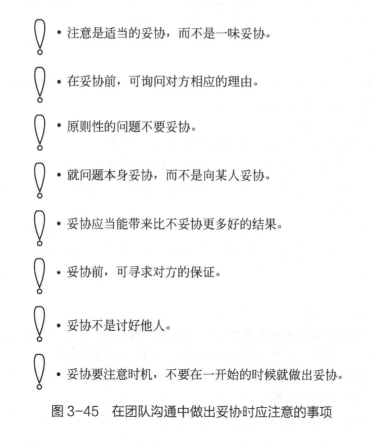

图 3-44　部分妥协法的三种方式

- 注意是适当的妥协，而不是一味妥协。

- 在妥协前，可询问对方相应的理由。

- 原则性的问题不要妥协。

- 就问题本身妥协，而不是向某人妥协。

- 妥协应当能带来比不妥协更多好的结果。

- 妥协前，可寻求对方的保证。

- 妥协不是讨好他人。

- 妥协要注意时机，不要在一开始的时候就做出妥协。

图 3-45　在团队沟通中做出妥协时应注意的事项

3.3 商务礼仪

3.3.1 时间礼仪

时间礼仪,就是在商务活动中,要遵守时间,即要守时守约。另外,具体还要注意以下4个具体事项。

(1) 拜访客户应选择合适的时间

拜访应选择适当的时间,事先和对方约好,以免扑空或扰乱对方的计划。拜访时要准时赴约,时间长短应根据拜访目的和对方的意愿而定,通常宜短不宜长。

(2) 尽量做到不迟到

行政文秘人员如果有紧急的事情,不得不晚到,必须通知要见的人。如果打不了电话,请别人代打电话通知一下。如果遇到交通阻塞,应通知对方要晚一点到。

(3) 充分利用客户晚到的时间

如果是对方要晚点到,那么行政文秘人员要充分利用客户晚到的时间。例如,坐在汽车里仔细想一想,整理一下文件,或问一问接待员是否可以在接待室里先休息一下,在等待时要安静,不要通过谈话来消磨时间,这样会打扰别人工作。如果等待时间过久,可向有关人员说明,并另定时间,不要显现出不耐烦的样子。

(4) 谈话要尽快进入正题

一般情况下对方都很忙,因此行政文秘人员要尽可能快地将谈话进入正题,而不要闲聊,浪费时间。清楚直接地表达自己要说的事情,不要讲无关紧要的事情。说完后,让对方发表意见,并要认真倾听,不要辩解或不停地打断对方讲话。

3.3.2 介绍礼仪

介绍是商务活动中相互了解的基本方式,它包括相互之间的自我介绍和居中为别人做介绍。在商务活动中,介绍也要注意礼仪。

(1) 居中为他人做介绍

行政文秘人员居中为他人做介绍,应注意以下3个事项。

① 基本原则。应该受到特别尊重的一方有了解的优先权。

② 为他人介绍时遵循的先后顺序。先向身份高者介绍身份低者;先向年长者介绍年幼者;先向女士介绍男士。

③ 介绍时的语言要求。在口头表达时,先称呼身份高者、年长者和女士等,再将被介绍者介绍出来,先提其名字是一种敬意。介绍时,可以姓名并提,也可以姓与职务并提,要特别注意职务、职称的介绍。当双方年龄相当,地位相当,又是同性时,可以先向在场者介绍后到者。

(2) 自我介绍

自我介绍是行政文秘人员较常使用的一种方式,就是指让对方了解自己。自我介绍一般包括姓名、职业、单位、籍贯、经历以及年龄、特长和兴趣等内容。

① 初次与对方见面,为使谈话很快进入主题,介绍姓名、职业、单位即可,以免啰唆,浪费时间,引起对方的反感。

② 在有些场合,如谈判休息时,行政文秘人员可多介绍一下自己,以加深对方对自己

的印象。

③ 从接近客户的技巧角度来讲，自我介绍的时间可在刚见面时，也可在交谈中间展开，视情况而定。

④ 自我介绍时要大方爽朗，不卑不亢。

3.3.3 称呼礼仪

商务交往中，称呼的礼节，行政文秘人员也应特别注意，切不可闹出笑话，影响工作的顺利进展，图3-46是行政文秘人员常会遇到的2种情况。

图3-46 称呼礼仪上应注意的2个事项

第4章 办公室事务处理

4.1 办公环境管理

4.1.1 办公布局管理

一个完整、统一而美观的办公室形象,代表着企事业单位的内在形象。行政文秘人员需要根据企事业单位的实际情况与要求对办公室进行合理的布置。

行政文秘人员设置办公布局的最大目标就是为办公人员创造一个舒适、方便、卫生、安全、高效的工作环境,更大限度地提高员工的工作效率。这一目标在当前商业竞争日益激烈的情况下显得尤其重要,它是合理设置办公布局的首要目标。

(1)确定设置办公布局的因素

① 办公人员的人数。

② 办公室的总体面积。

③ 机构的建制和办公空间的分类。

④ 企事业单位的工作性质或内容。如接待区一般安排离门较近,领导办公室一般不在大门旁边。

⑤ 部门间的工作联系。为了确保科学有效实施工作流程,减少或避免不必要浪费,行政文秘人员在设置办公布局时,要使各部门易于沟通。例如将业务相关联、相衔接的部门近邻安排,减少工作人员和文件流动性。

⑥ 办公室的间隔方式。办公室的间隔方式应符合实际工作和保密工作的需要,如开放式办公室可以增强人们的交流,而封闭式办公室的设计则易于保密。

⑦ 安排好公用区域。为了创建高效、安全的办公环境,行政文秘人员在设置办公布局时应考虑走廊、楼梯、通道的宽窄和畅通,并安排好公用区域。

⑧ 办公布局应具灵活性。办公室随组织发展变化的变更,要具有灵活性,如采用容易站立的间隔物,给办公室的设计和改变提供更大的选择。

(2)选择合理的办公布局

办公室布局一般可分为封闭式办公布局和开放式办公布局。行政文秘人员可根据具体要求对办公布局进行选择。

① 封闭式办公布局。封闭式办公室又称为传统办公室、网格式办公室。这种布局是将整个办公室分隔成若干带有门、窗独立的小房间,每个房间供一或几个人使用,带有办公桌等相应设备。

② 开放式办公布局。开放式办公室是大的空间包含众多单个工作位置的组合,每一个工作位置通常包括该员工的办公桌、文件和文具的存放空间、椅子、电话、计算机等设备。在这种布局里没有私人办公室。工作空间的位置通过安排可活动的物件来确定,比如办公

桌椅、活动屏风、档案架和活的植物等，不会改变固定的设施，比如光照装置、暖气管道、隔墙或地面覆盖物等。

　　a. 全开放式办公室。全开放式办公室完全敞开，没有任何隔板，可以直接见到所有员工的座位。

　　b. 半开放式办公室。根据工作位置的不同，可用高低不等的隔板分开，以吸收噪声和区分不同的工作部门。

4.1.2　办公环境布置

　　（1）布置办公室的要求

　　行政文秘人员应根据实际工作情况和对未来变化的预测，及时调整办公室的布置。一般而言有以下要求。

　　① 办公桌的排列应按照直线对称的原则和工作程序的顺序，办公桌的排列线路以最接近直线为佳，并防止逆流与交叉现象。

　　② 同一办公室的工作人员应朝同一个方向办公，不应该面面相对，以免在工作过程中相互干扰和闲谈。

　　③ 各办公桌座位间的通道要适宜，应该以事就人，不应以人就事，以免在协调工作时浪费时间。

　　④ 部门领导人应位于后方，以便监督员工的工作，同时员工也不会因领导者接洽工作而转移和分散工作视线和精力。

　　⑤ 光线应来自左方，以保护工作人员的视力。

　　⑥ 常用设备，如文件柜、复印机等，应放在使用者的附近。

　　⑦ 最好每5平方米空间范围内配置一部电话，以免接电话的员工离座位太远，从而影响其工作效率。

　　⑧ 办公室的用具设计要精美，坚固耐用，符合企事业单位的整体风格，办公用品和其他室内装饰物要经济实用，不要不切实际地一味追求豪华。

　　⑨ 办公桌应注意美观、适用。有条件的企事业单位可以采用自动升降办公桌椅，以适应员工身体高度的不同。同时，还可以根据工作性质的不同而设计不同风格的办公桌椅。

　　⑩ 可根据实际情况设置垂直式档案柜、旋转式卡片夹和来往式档槽，以方便储存工作中的资料、文件和卡片等。

　　⑪ 整个办公区标识的设计应选用统一的风格，标识牌的安装位置应合理。

　　（2）办公室布置的原则

　　办公室布置的根本目的是提高工作效率，所以在布置办公自然环境时应以利于员工之间的沟通、协调舒适、便于监督为原则。

　　① 有利于沟通的原则。沟通是员工之间思想、信息的传达和交换，通过沟通可以使员工在目标、意志、兴趣、感情等方面协调一致。办公室作为一个工作系统，必须保证员工之间的充分沟通，才能够实现办公信息的有效流转，办公系统内的各因子、各环节才能够协调地运行。

　　② 便于监督的原则。办公室的布置必须有利于监督，特别要有利于员工的自我监督与内部监督，如办公室的室温很高、光线不足、绿植很高等都不利于监督的有效执行。

　　办公室的布置要适应员工自我监督的需要。自我监督指的是员工进行自我约束和控制，自觉地遵守企事业单位的规章制度，自觉地调整自己的动机和行为，使之符合一定的道德规范和工作标准,从而实现预期的工作目标。

行政文秘人员要注意,办公室的布置还要适应内部监督的特点和需要。内部监督是一种日常的监督,监督的主要内容包括工作人员的工作行为,以及工作人员通过各种行为举止所反映出来的职业素养和道德品质等。通过内部监督,可以对员工就某段时间的表现进行整体的评价。

③ 协调、舒适的原则。协调是指办公室的布置和办公人员之间配合得当,舒适是指员工在布置合理的办公场所中工作时,没有不适感或不适感最小。其中协调是舒适的前提,协调和舒适办公室布置的一项基本准则。

4.2 办公用品与设备

4.2.1 办公用品管理

办公用品是指日常办公文具、打印纸、易耗及耐耗材等,其可分为一级消耗品、二级消耗品、管理消耗品和管理耐用品4种,如表4-1所示。行政文秘人员可以根据企事业单位具体情况对办公用品相应的范围界定并进行分类管理。行政文秘人员在企事业单位从事办公用品管理工作是主要负责办公用品的申购、采购、入库、保管、发放、使用等环节上的相应工作。

表4-1 办公用品分类表

类别	具体内容
一级消耗品	铅笔、胶水、胶带、订书钉、签字笔、圆珠笔、笔芯、软皮笔记本、复写纸、标签、橡皮、告示贴、档案袋、拉杆文件夹、修正液、荧光笔等
二级消耗品	名片册、高级笔记本、钢笔、笔筒等
管理消耗品	碳粉、墨盒、墨水、硒鼓、复印纸等
管理耐用品	剪刀、直尺、订书机、打孔器、印泥、计算器等

(1) 办公用品申购

各职能部门根据部门工作需要及办公用品的使用情况,向行政部提出办公用品需求申请。需求申请以办公用品申购表的形式提交,如表4-2所示。

表4-2 办公用品申购表

项次	品名	规格	单位	数量	单价	金额
1	复写纸					
2	拉杆文件夹					
3	签字笔					
4	签字笔替芯					
5	复印纸					

续表

项次	品名	规格	单位	数量	单价	金额		
6	笔记本							
7	名片册							
8	计算器							
…								
合计金额		保管员	管理部门		领用部门			
			主管	经办	主管	经办	点收	

（2）办公用品采购入库

行政文秘人员对其需求情况审核并制订办公用品的采购计划，采购实施前，相关人员对采购物品进行询价、比价，在考虑价格的前提下，还需考察供应商的信誉、产品质量、售后服务等因素，结合多方面的考察因素，行政文秘人员确定供应商，行政文秘人员根据采购计划进行采购，同时需注意对采购物品的验收工作。其详细流程如图4-1所示。

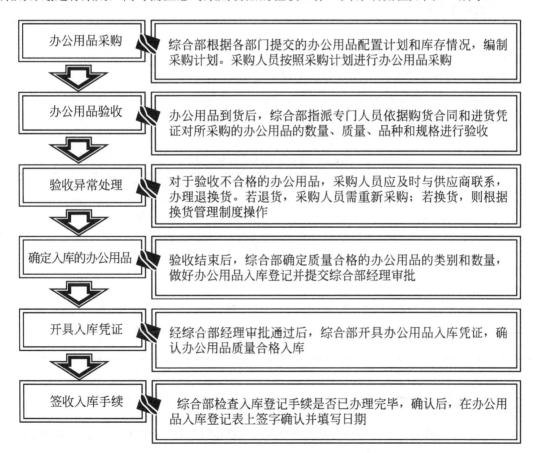

图 4-1　采购入库流程图

（3）办公用品的领用

① 行政文秘人员购买到办公用品后发布办公用品领取的通知，办公用品领取通知单如表4-3所示。

表4-3 办公用品领取通知单

需求部门		需求人		到货时间	
物品名称	规格	数量	单位	用途	单价
合计					
今物品已于 ____ 年 ____ 月 ____ 日到达本部门，请于 ____ 年 ____ 月 ____ 日之前领取					
接收人员（签字）：				主管领导确认（签字）：	

② 根据办公用品的需求，相关部门员工填写《办公用品领用单》并报相关领导审批，行政文秘人员根据审批后的领用单发放相应的办公用品。

③ 行政文秘人员对办公用品领用的相关信息进行登记，领用办公用品的部门在《办公用品领取登记表》（见表4-4）上签字确认。

表4-4 办公用品领取登记表

序号	领用时间	办公用品名称	规格	数量	单价	总价	部门	领用人	备注
1									
2									
3									
4									
5									
...									

4.2.2 办公设备管理

行政文秘人员在日常工作中所涉及的办公设备主要包括电脑、打印机、电话、投影仪等。

（1）办公设备的购买与调换

企事业单位各部门根据工作需要向行政部提出办公设备购买申请，并填写"办公设备购买申请表"。行政文秘人员审核通过后报相关领导进行审批。相关领导对上报的"办公设备购买申请表"进行核准审批，签字后交行政文秘人员进行购买。行政文秘人员根据企事业单位有关规定、流程，按照办公设备购买清单进行购买，购买时注意设备检验。行政文秘人员将购进的办公设备进行编号登记，以供日后查证。若办公设备在退换范围内出现质量问题，行政文秘人员应及时联系商家进行调换。

（2）办公设备的入库、保管和配发

行政文秘人员按照企事业单位规定将购进的办公设备分类、入库，入库时做好入库登记。行政文秘人员应妥善保管库存的办公设备，保证设备的安全，若发现设备异常应立即上报有关领导，并联系销售商家。行政文秘人员通知申请设备购买部门领取办公设备，领取人验收后填写"办公设备领取表"并签字。

（3）办公设备的使用和维护保养

行政文秘人员应仔细学习设备使用说明书，掌握使用方法，严格按照使用步骤进行使用，各部门负责人负责对设备使用情况进行检查。在使用过程中若出现设备异常，应立即停止使用并报相关领导处理。行政文秘人员应监督办公室设备使用人员妥善保管办公设备，定期对办公设备进行检查维护，保证办公设备的正常使用。

（4）办公设备的检查及维修保养

行政文秘人员及各部门负责人应定期或不定期地对办公设备进行检查，并填写"办公设备检查表"。若检查发现设备使用异常，应立即责问设备使用人员，查明设备异常原因，并作出设备维修和使用人处罚建议。

行政文秘人员应根据设备情况定期对办公设备进行维修保养。简单的维修保养由资产管理人员按照办公设备维修保养规定自行完成；复杂的维修保养则应联系销售商家人员进行维修保养。

办公设备的维修保养均须记录备案，涉及费用报销的必须经行政文秘人员审核、行政部负责人审批后方可进行。

4.3 办公印章证照

4.3.1 印章管理

印章具有权威、信誉和证明作用，印章的启用和停用一定要慎重。

（1）印章刻制

印章又称印信，是国家、企事业单位、社会组织或个人的特定标记，更是企事业单位必不可少的标记。企事业单位的文件、规定等，只有加盖了印章后才产生效力。印章在使用过程中会出现破损、丢失、作废等情况，同时企事业单位也会因业务的不断拓展需要新的印章，这时行政文秘人员就需要申请刻制新的印章。

印章刻制要求因企事业单位性质的不同而不同，但由于印章具有法定性、权威性和效用性的特点，所以，印章刻制必须满足合法、标准的要求。企事业单位行政文秘人员需了解这两项；第一需合法，行政文秘人员应到经企事业单位所在地公安机关批准的制章单位刻制印章，否则便不合法；第二需达标，刻制印章的质地、尺寸、字体、排列要合乎相关规定，要雕刻得端正、清晰、庄重、和谐，达到规定的标准。

行政文秘人员应根据印章管理规定及印章种类，填写印章刻制申请，并将其报相关主管领导审核审批。印章刻制申请应写明申请人、申请日期、申请章类、刻章状况、印章内容、印章形状、印章材质、印章尺寸、印章刻制原因、相关领导意见等信息。

印章刻制申请在内部审批后，行政文秘人员应根据需刻制的印章种类，编写印章刻制介绍信，并到所在地公安机关办理印章刻制许可证。

行政文秘人员在企事业单位所在地公安机关办理印章刻制许可证后，应持有效手续到公安机关指定的印章刻制单位刻制印章。刻制印章时，行政文秘人员应主动向刻制单位出具企事业单位印章刻制委托书、印刻制介绍信、印章草图、印章刻制许可证等内容。

印章刻制完毕后，行政文秘人员应到刻制单位将印章取回。取回时，行政文秘人员要仔细地对刻制好的印章进行检查、验收，确保印章的文字、材质、规格、形状、数量等符合本企事业单位的刻制要求。另外，行政文秘人员要对新印章进行登记，然后按照企事业单位规定的手续移交专门的人员负责保管，并做好移交登记。印章刻制完毕后，印章刻制申请单位及印章刻制单位均应留下印模，以备后查。另外，行政文秘人员还应该将印模交公安机关备案，同时，做好印章刻制戳记，留样保存，以便备查。

（2）印章启用

新刻制印章启用时，行政文秘人员应登记"新印章启用登记表"，并编写启用新印章的通知，报主管领导审核审批。"新印章启用登记表"的格式及内容如表4-5所示。

表4-5 新印章启用登记表

新印章的名称				
印章材料		印章尺寸		新印章留印处
启用日期		年　月　日		
启用部门				
保管人签署		启用部门负责人签署		

主管领导审核审批后，行政文秘人员应根据印章的使用范围，在企事业单位内部或企事业单位外部发布启用新印章的通知，并将通知立卷归档，永久保存。启用通知的印模应用蓝色印油，以示第一次使用。启用新印章的通知应包括启用日期、发布单位、使用范围、印模这4项内容。

（3）印章保管

保管印章的行政文秘人员应具备较强的责任意识、保密观念及原则性，另外，保管印章的行政文秘人员在出差、休假时，应将其交由其他人员临时保管，并将印章交接的相关事项向办公室主任报告。

印章一般放在办公室里存取方便且安全可靠的地方，保管印章的行政文秘人员应及时对存放印章的文件柜上锁，钥匙要随身携带，禁止外借。因特殊情况，印章需要拿出办公室时，保管印章的行政文秘人员应始终不离开印章。因工作变动等情况离开岗位时，保管印章的行政文秘人员应与接收人做好交接工作，并做好交接记录。

(4) 印章使用

① 印章使用手续。使用企事业单位印章或高级职员名章时应当填写"印章使用申请单"(见表4-6),写明申请事项,征得部门领导签字同意后,连同需盖章文件一并交给保管印章的行政文秘人员。需要使用部门印章时,应在申请单上写明使用印章的理由,然后送交所属部门负责人,获得签字认可后,连同需要用印章的文件一并交给保管印章的行政文秘人员。

表4–6　印章使用申请表

申请部门		申请人		申请日期:___年__月__日	
用印事由					
拟用印章		□公章　□合同章　□专用章　□钢印　□负责人名章			
批准人	部门主管:		行政主管:		总经理:

② 使用登记。填写印章使用登记时,保管印章的行政文秘人员应仔细核对使用人员填写的使用时间、使用部门、使用事由、使用数量、审批领导、是否外带等信息。归还后,保管印章的行政文秘人员也应仔细核对使用人员的实际归还时间、归还人。表4-7所示为某企事业单位"印章使用登记表"。

表4–7　印章使用登记表

序号	使用时间	使用部门	事由	数量	审批领导	是否外带	归还时间	归还人	实际归还时间	经办人	备注

(5) 印章停用

印章停用时,待所有用到旧章的善后工作处理完毕后,即可将旧印章收回,并编制印章停用通知单,根据印章的使用范围,依法在企事业内外公布,停用通知中应说明停用的原因、停用印章的印模和停用时间等信息。停用的旧应用红色印油印在印模栏内。

如果申请废止旧印章的同时还需要申请新印章的刻制使用,行政义秘人员应一并将新印章的名称、规格、管理权限等资料一并附上。

4.3.2　证照管理

(1) 证照使用申请与审批

企事业单位相关人员使用证照前,应根据企事业单位证照使用要求与范围,填写证照使用申请,并将其报主管领导审核审批。经主管领导审批后,相关人员方可到行政文秘人员处办理使用登记。

行政文秘人员应注意核对证照使用申请中申请部门、申请人、使用证照名称、使用事由、使用期限、原件份数、印件份数、审批人、审批意见等信息。

表4-8所示为某企事业单位"证照使用申请表"。

表4-8　证照使用申请表

使用证照名称		申请部门	
申请人		使用期限	
原件份数		印件份数	
使用事由			
部门经理意见		签字：　　　　年＿月＿日	
行政部意见		签字：　　　　年＿月＿日	
总经理审批		签字：　　　　年＿月＿日	

（2）证照使用登记

填写证照使用登记时，行政文秘人员应详细核对使用人员填写的日期、证照名称、使用用途、借用时间、借用人、归还时间等信息。归还后，行政文秘人员应详细核对使用人员填写的实际归还时间、归还人等信息。表4-9为某企事业单位"证照使用登记表"示例。

表4-9　证照使用登记表

编号：										

日期：＿＿＿年＿月＿日

序号	日期	证照名称	使用用途	借用时间	借用人	归还时间	归还人	实际归还时间	经手人	备注

（3）证照保管

证照包括营业执照正副本、企事业单位信息IC卡、税务登记证、银行开户许可证等。行政文秘人员应对证照进行妥善保管，保证其完好。

证照保管工作要点如图4-2所示。

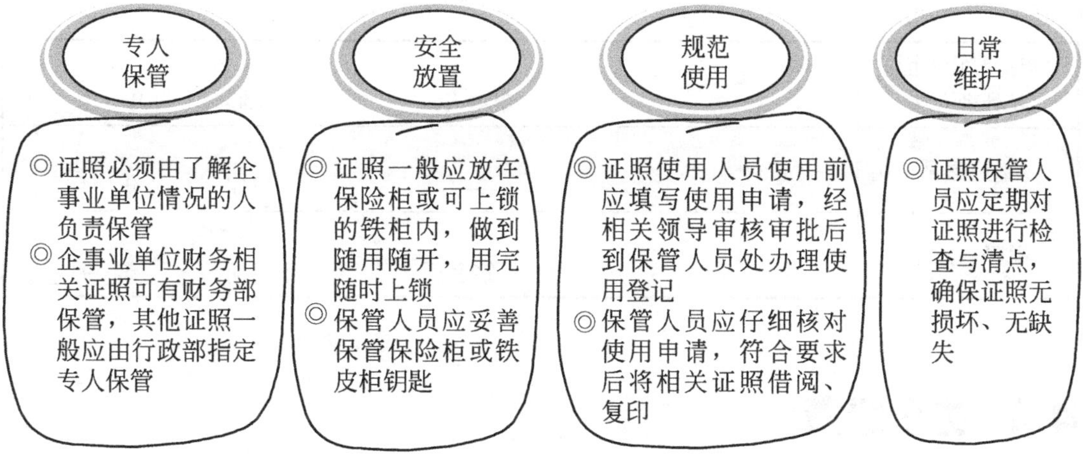

专人保管

◎ 证照必须由了解企事业单位情况的人负责保管
◎ 企事业单位财务相关证照可由财务部保管，其他证照一般应由行政部指定专人保管

安全放置

◎ 证照一般应放在保险柜或可上锁的铁柜内，做到随用随开，用完随时上锁
◎ 保管人员应妥善保管保险柜或铁皮柜钥匙

规范使用

◎ 证照使用人员使用前应填写使用申请，经相关领导审核审批后到保管人员处办理使用登记
◎ 保管人员应仔细核对使用申请，符合要求后将相关证照借阅、复印

日常维护

◎ 证照保管人员应定期对证照进行检查与清点，确保证照无损坏、无缺失

图 4-2　证照保管工作要点

（4）证照停用

证照均具有法律效力，当企事业出现以下情形时，证照应该停止使用，并及时收回封存或销毁，以免为企事业后期经营造成风险与损失。证照停用的具体情形如表4-10所示。

表4-10　证照停用情形

项目	具体情形说明
证照停用情形	企事业名称改变
	经上级主管部门审定，证照已损坏，无法使用
	证照遗失或被窃，声明作废
	企事业单位破产／改革

证照超出有效使用年限或因故停用，需要注销的，行政文秘人员应按照既定的流程予以注销，并做好注销登记。

（5）证照废止申请

证照废止前，行政文秘人员应提出证照废止申请，得到相关主管领导审核审批后，方可办理废止手续。废止申请应写明申请部门、申请类别、申请日期、申请废止原因、保管人等信息。

表4-11为某企事业单位"证照废止申请表"样例。

表4-11　证照废止申请表

申请部门		
申请类别	证照	（类别）
证照具体内容		

续表

申请废止原因及处理办法		申请人：	日期：____年__月__日
部门意见		签字：	日期：____年__月__日
总经理意见		签字：	日期：____年__月__日

4.4 办公经费

4.4.1 办公经费预算

办公经费包括办公及印刷费、水电费、邮寄费、交通费、差旅费、会议费、物业管理费、日常维（护）修费等。办公经费预算涉及企事业单位管理的各个方面，是集预测与决策为一体的综合性工作。

（1）办公经费预算编制原则

办公经费预算编制的原则主要有以下4个方面。

① 量入为出，收支平衡。办公经费预算要以收定支，在企事业单位财力可能的范围内，按轻重缓急来合理地安排支出，以确保预算收支平衡。

② 集中财力，突出重点。办公室预算要紧密结合办公室的中心工作，与企事业单位的各项事业发展规划相适应，在保证办公室正常运转开支的前提下，集中财力安排重大办公项目的支出。

③ 勤俭节约，注重绩效。从严从紧安排办公经费，从节约办公用纸开始，推行一系列节约办公资源的改革，如坚持纸张两面复印、餐厅不使用一次性筷子，办公区树木和绿地浇水从灌溉式改成了喷灌式等，切实控制和降低办公运行成本。

④ 强化经费预算论证和管理。对办公经费预算进行科学的论证，认真评价各项目的必要性、可行性和效益性，按照评价结果安排项目预算顺序，认真做好办公经费的管理，提高资金的使用效益。

（2）办公经费预算编制方法

办公经费的预算编制方法有很多，行政文秘人员需要掌握增量预算和零基预算两种。

增量预算是在上期办公经费预算的基础上根据预计的业务情况，再结合管理需求，调整有关费用项目。零基预算则开始于"零基础"，需要分析每个部门的需求和成本，无论最终预算比以前的预算高还是低，都应当根据未来的需求编制预算。增量预算和零基预算的优缺点如图4-3所示。

4.4.2 办公费用控制

为了控制办公成本，行政文秘人员应了解控制办公成本的措施，以严控办公费用的支出，为此需要掌握以下6点办公费用控制方法。

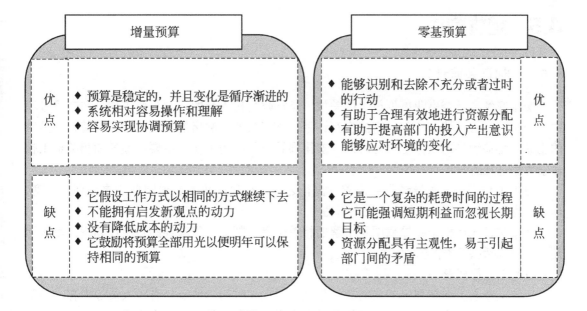

图 4-3 增量预算和零基预算的优缺点

(1) 大力缩减会议费开支

对确需召开的会议,应严格控制会议数量、会期和参会人数;没有实质内容或明确目的的会议,一律不开;相关人员能尽量通过电话或网络等召开会议。

(2) 合理使用电话,节约电话费支出

通话时务必做到言之有物、简明扼要,尽量一次性将办公内容说清楚,不要因为同一项内容而重复拨打电话。

(3) 控制发文数量,节约印刷费开支

运用电子化设备办公,减少纸质文件的印发,对于未定稿文件适宜采用电子文档传阅,纸张采用双面打印。

(4) 控制经费支出规模

严格执行调研、考察、出差等审批制度,控制经费支出规模。严格执行调研、考察、出差人员逐级报批制度及报销规定,严禁借考察、学习、培训、研讨、招商、参展等名义出国(境)旅游。

(5) 严格执行采购制度,节约办公费用

采取集中采购、集中管理,各部门无特殊原因时不得自行采购。优先选购节能产品,注重资源的循环利用。

(6) 控制公务用车油耗

严格执行车辆配备标准,选购节能环保型车辆,及时淘汰环保不达标、油耗不达标车辆,严格实行车辆定点定车加油、定点维修和定期保养,严禁公车私用。

4.5 差旅安排

4.5.1 制订差旅计划

安排好领导及企事业单位员工的差旅，是行政文秘人员的一项重要工作。在安排过程中，一定要细心谨慎，制订周密的出行计划，做好票务、酒店的预定工作，准备好要携带的物品，协调领导的工作与休息时间，安排领导出差后的工作，不要让领导和相关员工带着疲惫和牵挂出差。

由于工作需要，领导经常会出差，出行之前，行政文秘人员要制订差旅计划，年度、季度、月度差旅计划以及每次差旅的计划。

行政文秘人员根据领导意图及了解的相关信息，制订一份领导的差旅计划表。差旅计划表一般包括以下3个方面内容。

（1）差旅行程表

行政文秘人员详细列出差旅的关键事项、日期、时间、地点、有关人员等内容，并整合成表格，简便直观。差旅行程表经领导审定后，打印三份，一份由企事业单位保留，一份由领导及随行人员携带，一份由行政文秘人员保管。

（2）出行提示

出行提示主要是行程出发、到达、返回时间，送、接安排，乘坐交通工具，会见人员的先后顺序，出差地气候特点等出行有关事项。

（3）所需资料清单

资料清单包括领导需要携带纸质及电子资料、证件、车票等内容。

4.5.2 酒店/票务预订

（1）酒店预订工作的内容

为了保证出差人员工作与生活的需要，酒店预订工作尤为重要，这关系到出差人员的食宿问题，只有休息好才能更有效率地工作，预订酒店的工作包括以下两点。

① 地点选择。酒店需要工作方便、交通便利，环境整洁安静，费用经济且食宿配套、安全。

② 客房预订。行政文秘人员根据领导要求预订酒店，在预定时需要提供的信息有住宿者姓名、抵达时间与退房时间及对房间的要求。

（2）酒店预订的方法

预订酒店的方法有很多，行政文秘人员预订酒店时常用网络和电话两种预订方法。行政文秘人员可根据具体情况选择合适的方法。

（3）票务的预订与取消

行政文秘人员在准备预订票务之前，先要明确领导的目的地，还要与领导商定选择出行的交通工具，从而预订票务。如果因突发情况需要更改或取消票务，行政文秘人员也应及时进行票务的更换及取消。票务预定与取消的具体要求如图4-4所示。

（4）取票后的信息核对

行政文秘人员拿到所订的票后，要仔细核对，看是否与订票时提出的要求有出入。行政文秘人员需着重核对如下信息，如图4-5所示。

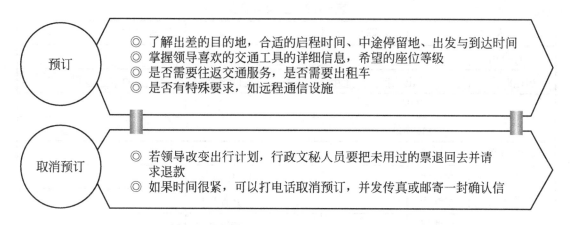

图 4-4　行政文秘人员需掌握的票务预订信息

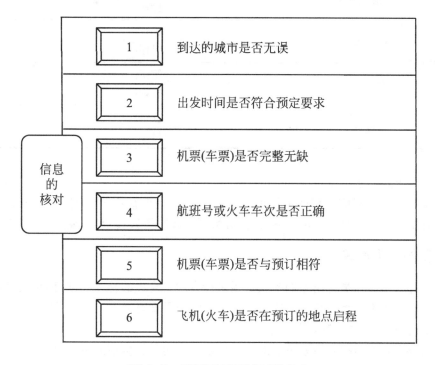

图 4-5　取票后需要核对的信息

4.5.3　国外出差管理

因接洽业务、培训、开会等原因，需要去其他国家的，属于国外出差。随着国际间的人员往来日益增多，国外出差成为员工工作的一个重要组成部分。

（1）出差申请与审批

出国人员在出国前需填写"出国申请表"（见表 4-12），详细注明出差事由、出差时间、出差地点、出差内容等。企事业单位人员填表后交由行政文秘人员。

表4-12 出国申请表

申请人		职位		日期	
出差事由					
出差时间	出差自_____年_____月_____日~_____年_____月_____日				
出差地点	国别			城市	
	具体路线				
出差内容					
出差费用	交通费			住宿费	
	餐饮费			其他费用	
	总费用			预支费用	
主管部门意见	上级领导	签章： 日期：			
	行政部	签章： 日期：			
	财务部	签章： 日期：			
	总经理	签章： 日期：			

(2) 做好出差准备工作

行政文秘人员应提醒企事业单位出差人员做好出差准备工作，应做好的准备工作包括体检、办理签证手续、办理"黄皮书"、检查机票（或车票）、领取差旅费、准备物品等。

4.5.4 差旅费用管理

行政文秘人员需对员工出差的差旅费用进行有效、合理的管理，以有效控制差旅费用，实现企事业单位成本最优。行政文秘人员进行差旅费用管理工作，需完成以下内容。

(1) 确定差旅费用报销范围

行政文秘人员需根据企事业单位的实际情况，确定差旅费用的报销范围。一般情况下，企事业单位中可以报销的差旅费用主要包括但不限于表4-13所示的4类。

表4-13 差旅费用报销范围

费用类别	费用说明
交通费	交通费主要包括以下两部分内容： ◎ 员工因公出差而乘坐长途交通工具而发生的费用，如车票费、船票费或飞机票费 ◎ 员工因公出差而乘坐短途交通工具而发生的费用，如公共汽车费、地铁费或出租车费
住宿费	住宿费是员工在出差期间因住宿而发生的费用

续表

费用类别	费用说明
餐饮费	出差期间的饮食相关费用
通信费	员工出差期间因打电话、发传真、发信函、汇款等产生的费用
出差补贴	因出差变换工作环境而远离亲人、乘车遭遇辛苦等而额外补贴的费用

（2）制订差旅费用标准

行政文秘人员在确定差旅费用的报销范围后，需根据图4-6所示的依据制订差旅费用标准。

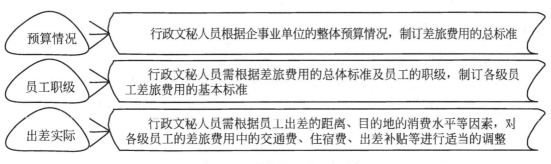

图4-6　差旅费用标准制订依据

（3）编制差旅费用管理制度

行政文秘人员需对员工出差的差旅费用进行管理，以有效控制差旅费用，实现企事业单位成本最优。行政文秘人员可根据企事业单位的实际情况编制差旅费用管理制度，以便对员工差旅费用进行有效管理。

差旅费是单位员工因公出差期间所产生的交通费用、住宿费用和杂运费等各项费用。差旅费控制的关键点如图4-7所示。

图4-7　差旅费控制的关键点

第5章 文书事务处理

5.1 文书写作

5.1.1 公文文书写作

（1）公告、通告、通知

① 公告。公告是指向国内外宣布重要事项或者法定事项的一种公文，具有广泛性、庄重性、慎重性、周知性的特点。公告一般由标题、正文及发文单位和日期组成，其各部分的写作要求如表5-1所示。

表5-1 公告的组成及写作要求

序号	组成	写作要求
1	标题	➢ 通常由发文单位、事由和文种组成，或者由发文单位和文种组成，或者只写文种，即以"公告"二字为标题
2	正文	正文通常由公告的根据、公告的事项和公告的结语组成。 ➢ 公告的根据。在公告的开头部分需要明确公告的原因、目的和依据，一般用简单明了的语言即可说明 ➢ 公告的事项。这是公告的主体部分，要写清事项的时间、地点和内容，根据公告的内容，采用灵活的写法，事项较多的情况下要分条列出 ➢ 公告的结语。一般多用"现予公告""特此公告"作为结语
3	发文单位和日期	➢ 发文单位和日期非所有公告都有 ➢ 若作为公文下发或在报刊上刊登，一般都写上发文单位和日期。若在标题中已写出，结尾可以省略

下面是一则范例，××公司董事会决议公告如表5-2所示。

表5-2 ××公司董事会决议公告

××公司董事会决议公告

第××届董事会于××××年××月××日召开临时会议，本次会议以通过表决方式进行，实际参与表决的董事9人，会议的召集程序及表决方式符合相关法规及《公司章程》的规定。

参与表决的董事审议并通过了如下议案：

1. 同意公司出资××万元收购××有限公司57%股权的议案。

表决结果：9票同意，0票反对，0票弃权。

2. 授权总经理××先生签署与本次收购相关法律文件的议案。 表决结果：9票同意，0票反对，0票弃权。 特此公告。 　　　　　　　　　　　　　　　　　　　　　　××公司董事会 　　　　　　　　　　　　　　　　　　　　　××××年××月××日

② 通告。通告是在一定范围内公布应当遵守或周知的事项时使用的一种公文，具有约束性、原则性、可行性和公开性的特点。通告一般由标题、正文、落款、主题词4部分组成，具体的写作要求如表5-3所示。

表5-3　通告的组成及写作要求

序号	组成	写作要求
1	标题	➢ 通常由发文单位、事由和文种组成，或者由发文单位和文种组成，或者由事由和文种组成，或者只写文种，即以"通告"二字为标题
2	正文	正文通常由通告的根据、通告的事项、通告的结语组成： ➢ 通告的根据。它主要阐明通告的依据，如政策根据、法律根据、理论根据、事实根据和批准根据等 ➢ 通告的事项。这是通告的主体部分。在写通告事项时，往往采取分条列项的写法，将事项或要求、规定等一一写明，有时还写上时间或地点；若内容较少，可一气呵成 ➢ 通告的结语。通告的结尾部分比较简单，常以"特此通告"来表示
3	落款	➢ 要写明发文单位名称、发文日期并加盖公章 ➢ 如果标题中已写明发文单位名称，落款处可省略。发文日期要写在发文单位的下面
4	主题词	➢ 主题词是从通告的中心内容中提取的中心概念 ➢ 一般的通告不写主题词，但作为正式公文发布的通告要有主题词，若张贴或在报刊上刊登，则不必写主题词

下面是一则范例，××关于《企业所得税征收管理办法》的通告如表5-4所示。

表5-4　××关于《企业所得税征收管理办法》的通告

××关于《企业所得税征收管理办法》的通告 　　为切实加强企业所得税征收管理工作，特通告如下： 　　1. 事业单位、社会团体、民办非企业单位以实行独立经济核算的单位（组织）为企业所得税纳税义务人。 　　2. 事业单位、社会团体、民办非企业单位的收入，除国务院或财政部、国家税务总局规定免征企业所得税的项目外，均应计入应纳税收入总额，依法计征企业所得税。 　　3. 事业单位、社会团体、民办非企业单位的下列收入免征企业所得税（略）。 　　4. 事业单位、社会团体、民办非企业单位对与取得应税收入有关的支出项目和与免税收入有关的支出项目应分别核算。

续表

> 5. 从事生产、经营和非专门从事生产、经营而有应税收入的事业单位、社会团体、民办非企业单位，应于本通告发布之日起15日内向主管税务机关办理税务登记，凡逾期不办税务登记的，依法处以3000元以下的罚款；情节严重的，依法处以3000元以上1万元以下的罚款。
>
> 6. 凡未按照规定的期限办理纳税申报的，由主管税务机关责令限期改正，并依法处以2000元以下的罚款；逾期不改正的，依法处以2000元以上1万元以下的罚款。
>
>   特此通告。
>
> ××××年××月××日

③ 通知。通知是批转下级单位的公文，转发上级单位和不相隶属单位的公文，发布规章，传达要求下级单位或有关单位办理和需要周知或者共同执行的事项，任免和聘用重要干部时所使用的一种公文。通知一般由标题、受文单位、正文、落款、主题词5部分组成，具体的写作要求如表5-5所示。

表5-5　通知的组成及写作要求

序号	组成	写作要求
1	标题	➢ 通常由发文单位、事由和文种组成，或者由发文单位和文种组成，或者只写文种，即以"通知"二字为标题
2	受文单位	➢ 受文单位可以是一个或多个，一般写在正文前一行，顶格
3	正文	正文通常由通知的缘由和目的、通知的事项、通知的执行要求组成： ➢ 通知的缘由和目的。通知的缘由和目的要写明为何发该通知，要求语言简洁明了。过渡语往往用"现通知如下""现将有关事项通知如下""现就有关问题通知如下""特作如下紧急通知"等 ➢ 通知的事项。通知的事项即是通知所要表述的内容 ➢ 通知的执行要求。通知的执行要求是通知要执行遵循的原则、事项等
4	落款	➢ 一般包括发文单位名称、发文日期和公章3项内容 ➢ 若带有文头的通知，可在落款省去发文单位名称 ➢ 落款一般位于正文末尾的右下方
5	主题词	➢ 主题词是从通知的中心内容中提取的中心概念 ➢ 主题词一般用规范化的名词或名词性词组表达

下面是一则范例，××市人民政府办公厅2019年春节放假通知如表5-6所示。

表5-6　××市人民政府办公厅2019年春节放假通知

> ××市人民政府办公厅2019年春节放假通知
>
> 根据省政府办公厅通知，本市人民政府办公厅对2019年春节放假时间及注意事项通知如下：
>
> 1. 2019年春节放假调休日期为：2月4日至10日放假调休，共7天。2月2日（星期六）、2月3日（星期日）上班。
>
> 2. 节假日期间，请各单位、各部门妥善安排好值班和安全、保卫等工作，遇有重大突发事件发生，要按规定及时报告并妥善处置，确保人民群众祥和平安度过节日假期。

续表

最后，祝愿全体员工新春快乐，万事如意！
××市人民政府办公厅
××××年××月××日

（2）请示、批复

① 请示。请示是向上级请求指示、批准时使用的一种公文，具有请求性、内容单一的特点。请示一般由标题、受文单位、正文、附件、落款5个部分构成，具体的写作要求如表5-7所示。

表5-7 请示的组成及写作要求

序号	组成	写作要求
1	标题	请示的标题形式分为完全式公文标题和不完全式公文标题： ➢ 完全式公文标题，即由发文单位、事由和文种组成 ➢ 不完全式标题，即由事由和文种组成
2	受文单位	➢ 受文单位指的是对请示事项给予答复或审批的单位。在标题之下，正文之前，顶格写明接受请示的单位
3	正文	请示的正文由请示的依据、请示的事项和请示的结语组成： ➢ 请示的依据。用陈述性语言准确、详细地说明请示的理由和原因。这是请示的基础，也是请示能否得到批复的重要条件。一般采用"请示如下"等语句承启下文 ➢ 请示的事项。这是请示正文的主体部分。明确阐明要求批准、答复或具体解决的事情和问题。要求语言简洁、条理清楚。如果请示的事项单位内有分歧，要分别陈述，并加以分析、比较，提出建设性意见，供上级参考 ➢ 请示的结语。要提出明确的、肯定性的要求。应写明请上级"批准""指示""批示""批转"等
4	附件	➢ 附件是对请示正文进行补充时所需要的图表、报表、照片以及其他文字材料。要求注明附件的名称和数量
5	落款	➢ 写明请示单位名称和日期，并加盖单位公章

下面是一则范例，××市审计局关于请求召开审计工作新闻发布会的请示如表5-8所示。

表5-8 ××市审计局关于请求召开审计工作新闻发布会的请示

××市审计局关于请求召开审计工作新闻发布会的请示
××市政府新闻办： 　　为认真贯彻落实市政府《关于做好重点领域政府信息公开新闻发布会工作的通知》精神，保障社会公众对于最新的审计动态、财政"同级审"工作情况、相关政府投资建设项目审计情况以及经济责任审计情况等方面的知情权和监督权，提高审计工作的透明度和公信力，打造"阳光审计"，我局拟于××月××日（本周×）上午10点整在市审计局六楼会议室召开审计工作新闻发布会。 　　妥否，请批示。 　　　　　　　　　　　　　　　　　　　　　　　　　　　　　　　　　　××市审计局 　　　　　　　　　　　　　　　　　　　　　　　　　　　　　　　××××年××月××日

② 批复。批复是上级单位答复下级单位的请示事项时使用的一种公文，具有针对性、明确性和及时性的特点。批复一般由标题、批复日期、正文及落款和日期4部分组成，具体的写作要求如表5-9所示。

表5-9 批复的组成及写作要求

序号	组成	写作要求
1	标题	➢ 通常由发文单位、请示单位、事由和文种组成，或者由发文单位、事由和文种组成，或者由发文单位、原件标题和文种组成
2	批复日期	➢ 批复日期一般在标题下面居正中位置，日期字号与正文相同
3	正文	批复的正文一般由批复依据、批复意见、批复结语构成： ➢ 批复依据。批复依据包括下级单位来文的标题、发文字号、发文日期和内容要点。批复依据的部分要简短明确，主要目的在于告知对方"请示"收到的情况 ➢ 批复意见。批复意见是针对请示的内容予以具体的指示或答复。批复意见要针对性强，答复要明确，表达无误，避免使用含糊不清的或产生歧义的词语 ➢ 批复结语。批复结语的内容文字要简洁，只要表达出批复的嘱咐和希望即可
4	落款和日期	➢ 如果批复的开头上已冠以批复日期，则在结尾处不必再写

下面是一则范例，关于××分公司配置轿车的批复如表5-10所示。

表5-10 关于××分公司配置轿车的批复

关于××分公司配置轿车的批复
××分公司： 　　你分公司于××××年××月××日请示收悉，由于以下原因配置轿车的申请不予批复。 　　（原因略） <div align="right">××总公司 ××××年××月××日</div>

（3）指示、决议

① 指示。指示是对下级单位布置工作、阐明工作活动的指导原则时使用的一种公文，具有依据性、指导性，针对性和及时性的特点。指示一般由标题、受文单位、正文、落款4部分组成，具体的写作要求如表5-11所示。

表5-11 指示的组成及写作要求

序号	组成	写作要求
1	标题	➢ 指示的标题要完整，包括发文单位、事由和文种
2	受文单位	➢ 受文单位即指示的主送单位。如果下达的指示只适用于一定的范围，则要写清受文单位名称；如果属于全局性问题，带有一定的普遍性和广泛性，也可不写受文单位

续表

序号	组成	写作要求
3	正文	指示的正文一般由指示的缘由、指示的内容和指示的结尾构成： ➢ 指示的缘由。交代下达指示的根据。依据可以是理论依据，也可以是实践依据，其目的是为了使受文单位明确指示的针对性与必要性，从而使之更好地执行 ➢ 指示的内容。指示的内容包括处理问题的原则和具体的办法。如果指示的内容比较复杂，可以分条逐项书写 ➢ 指示的结尾。常以"以上指示，望研究执行"之类结束语作结，也有的指示没有结束语
4	落款	➢ 一般包括发文单位名称、发文日期和公章3部分 ➢ 若在报刊上刊登，可以不写落款，但在标题下要加括号注明发布日期

下面是一则范例，××关于防御特大洪水的指示如表5-12所示。

表5-12　××关于防御特大洪水的指示

××关于防御特大洪水的指示 （××年××月××日） 　　今年进入7月以来，各地接连发生特大洪水灾害，给人民的生产和生活造成极大的危害。在各级党委、政府的领导下，领导广大人民群众积极投入抗洪抢险救灾工作，日夜奋战，已经取得了阶段性胜利。对此××向××表示亲切的慰问，希望××坚定信心，继续发扬艰苦奋斗的精神，夺取全胜。 　　1. 当前，险情未过，××要求做好防御特大洪水的充分准备，认真落实各项措施，做到有备无患。 　　2. 为了保障人民群众的生命财产安全，一切以大局为重，听从指挥。各有关地区要及时做好组织群众安全转移的各项工作。 　　3. 在防洪斗争中，要加强社会治安工作。对蓄意破坏防洪抢险设施，谣言惑众，破坏防洪救灾工作的犯罪分子，严惩不贷，绝不姑息，以确保防洪防汛工作顺利进行。

② 决议。决议是经过会议讨论通过并要求贯彻执行的事项时所使用的公文，具有比较强的法规性、制约性的特点。决议由标题、正文及落款和日期3部分组成，具体的写作要求如表5-13所示。

表5-13　决议的组成及写作要求

序号	组成	写作要求
1	标题	➢ 决议的标题一般完整地、标准式地写明发文单位、发文事由和文种
2	正文	决议的正文一般分为开头、主体和结尾3部分： ➢ 开头。写明会议时间、会议内容、通过决议的事项或工作 ➢ 主体。写明决议的内容。决议的内容应抓住要点，可分条目开列，其中包括表明态度、强调重点、要点等 ➢ 结尾。可写明对贯彻执行决议的要求、号召等
3	落款和日期	➢ 在正文的右下角，写明做出决议的会议名称 ➢ 在落款之下写明做出决议（或通过决议）的具体日期 ➢ 由于许多决议在标题下以括号写明了通过决议的时间和有关会议的名称，在正文之后就不再写落款和日期，这也是可以的

下面是一则范例，××公司职工代表大会决议如表5-14所示。

表5-14　××公司职工代表大会决议

××公司职工代表大会决议
××公司职工代表大会于××××年××月××日在公司举行。本次会议应到 ___ 人，实到 ___ 人，参加会议人数符合有关规定。 　　本次会议听取了×××就公司在企业改制过程中，转变企业经营战略、调整企业结构等方面所做的工作报告，会议对公司改制问题进行了认真的讨论，会议审议并通过了《××公司企业技改方案》《××公司上市方案》《××公司经营方案》等。 　　会议决议下： 　　1. 组建新一届董事会，选举××为公司董事长。 　　2. 坚定不移执行《××公司企业技改方案》等。 <div style="text-align:right">××公司 ××××年××月××日</div>

5.1.2　事务文书写作

（1）计划、总结

① 计划。计划是人们根据一定时期的方针政策、承担的任务，结合客观实际情况，对工作所作的预想性部署或安排的文件。计划具有明确的目的性、较强的预见性和措施的可行性。计划一般由标题、正文、附件、落款4部分组成，具体的写作要求如表5-15所示。

表5-15　计划的组成及写作要求

序号	组成	写作要求
1	标题	➢ 计划的标题一般由制订计划的单位名称、计划内容和文种组成；或者由制订计划的单位名称、时限和文种组成；或者由制订计划的单位名称、时限、计划内容和文种组成；或者根据计划本身成熟程度不同，在标题后加括号注明"初稿""草案""征求意见稿"等字样
2	正文	计划的正文包括前言、指标和任务、步骤和方法、检查措施、执行希望5部分 ➢ 前言。制订计划的缘由和依据，包括政策、法令、上级的指示精神等 ➢ 指标和任务。概括说明计划的最基本内容，明确完成的任务、达到的指标以及具体的要求 ➢ 步骤和方法。即实现计划的具体做法、步骤、如何分工等。要求条理清楚，利于执行，主要解决"怎么做"的问题 ➢ 检查措施。检查措施包括执行情况的检查和修订计划的办法 ➢ 执行希望。有的计划在正文末尾提出希望或号召，作为结语
3	附件	➢ 附件是计划的重要组成部分，是对计划中的事项加以解释和说明的内容，也可以图表的方式呈现，也可置于文末
4	落款	➢ 计划的落款包括署名和日期。如果标题中已写明单位，落款时可以不写 ➢ 日期写在计划正文的右下方

下面是一则范例,××酒店客房部2022年工作计划如表5-16所示。

表5-16 ××酒店客房部2022年工作计划

××酒店客房部 2022 年工作计划

一、呈送文

公司总经理:

为配合公司全面推进目标管理,提高公司服务质量,客房部依照公司××××年度的整体发展规划,以部门本年工作情况为基础,特制订出本部门 2022 年度工作计划。

现呈报公司总经理批阅,请予以审定。

客房部
××××年××月××日

二、具体工作计划

(一)建立并完善客房部规章制度

(略)

(二)有效控制部门成本费用

(略)

(三)大力开展岗位培训工作

(略)

(四)重视工资、月奖及考核评定工作

(略)

(五)打造"绿色客房"

(略)

三、结语

2022年即将到来,客房部一定会以更加饱满的工作热情、严格求实的工作态度、高效优质的服务理念,与酒店其他部门一起笑迎四方宾客,为实现2022年的经营目标不懈努力!

② 总结。总结是对前一个阶段或一定时期内的工作、生产、学习等进行全面、系统的回顾、检查、分析和研究,并从中找出经验教训,引出规律性的认识,以明确今后实践方向的书面材料。总结的结构一般由标题、正文和落款3部分组成,具体的写作要求如表5-17所示。

表5-17 总结的组成及写作要求

序号	组成	写作要求
1	标题	标题的写法可以有以下3种方案: ➢ 由单位名称、时间期限和文种组成 ➢ 由正副标题组成,即用正标题概括总结内容和基本观点,用副标题标明单位名称、时间期限、文种等 ➢ 由总结的主要内容或主要观点概括而成
2	正文	➢ 总结的事项因作者的不同,其具体内容和写法也不完全相同 ➢ 总结大体可以分为基本情况概括、总结成绩经验、总结失败经验、目前存在的问题和今后努力的方向5方面的内容
3	落款	➢ 落款中写总结的单位名称(或个人姓名)和时间。如果标题中写了单位,落款中可以省略,也有的署名写在标题下面。时间是指写总结的时间

下面是一则范例，××集团公司财务部2020年工作总结如表5-18所示。

表5-18　××集团公司财务部2020年工作总结

××集团公司财务部2020年工作总结

　　财务部2020年在紧紧围绕集团公司发展方向，为全公司提供服务的同时，认真组织会计核算，规范各项财务基础工作。坚持站在财务管理和战略管理的角度，以成本为中心、以资金为纽带，不断提高财务服务质量，现对财务部本年度工作情况进行总结。

　　一、严格遵守财务管理制度和税收法规，认真履行职责，组织会计核算
　　（略）
　　二、以实施ERP软件为契机，规范各项财务基础工作
　　（略）
　　三、制订财务成本核算体系，严格控制成本费用
　　（略）
　　四、加强财务管理制度建设，提高财务信息质量
　　（略）
　　五、组织财务人员培训，提高团队凝聚力
　　（略）
　　六、提出了全面预算管理方案，建立集团公司全面预算管理模式
　　（略）

财务部
××××年××月××日

（2）简报

简报就是有关情况的简要报道，是用来反映工作情况、沟通信息的一种短小精悍的公务文书。简报的结构包括报头、报核（或称版面）和报尾3部分，具体的写作要求如表5-19所示。

表5-19　简报的组成及写作要求

序号	组成	写作要求
1	报头	➢ 正中是几个醒目的大字，即简报的名称，名称下面是简报的顺序号 ➢ 左上角是编号，右上角是密级程度 ➢ 左下侧是编发简报的单位（一般写全称），右下侧是编发简报的日期 ➢ 报头与正文之间用横线隔开
2	报核	报核包括标题和正文： ➢ 标题。标题的字体要小于简报名称而大于正文，其写法与一般公文标题有所不同，多与新闻消息标题相似，要求简括正文内容 ➢ 正文。正文要用典型的、有说服力的材料把导语内容具体化，并用材料来说明观点。正文的内容可以是反映具体情况、介绍具体的做法、叙述取得的成绩和经验、指出存在的问题，亦可以是几项兼而有之，没有固定的框架
3	报尾	➢ 报尾下面有一条或两条粗线称为报尾线。报尾左端注明发送范围或单位，右端注明印发份数

下面是一则范例，安全生产简报如表5-20所示。

表5-20 安全生产简报

	安全生产简报 第八期
编号：××××	保密级别：秘密级
××县安全生产监督管理局	××××年××月××日

　　××县举办××××年全县工贸单位主要负责人和安全管理人员培训班
　　为进一步贯彻和执行《安全生产培训管理办法》精神，按照《安全生产培训管理办法》（第二十一条、第二十六条）的规定，于××月××日××县安监局委托××安全技术咨询服务有限公司组织开展了××人规模以上工贸单位主要负责人和安全管理人员培训，××县安监局副局长××出席此次培训并邀请××市技术中心专家授课，××家工贸单位主要负责人、安全管理人员共计××人参加培训。
　　市安全生产专家授课，培训内容主要包括：工贸单位安全生产形势分析、安全生产法律法规宣教、安全生产管理方式方法、安全生产事故案例分析、安全生产标准化建设、重大危险源和事故应急救援预案等。
　　县安监局副局长××在培训会上作了重要讲话并强调：一是充分认识安全生产培训工作的重要意义；二是抓实抓好工贸单位安全工作；三是学习培训内容要消化落实。
　　培训结束后，××县安监局还对本次参培学员进行了理论考试，对考核合格的人员将发放相应培训资格证书。

　　抄送：市安监局办公室，县委办公室，县政府办公室。

××县安全生产监督管理局办公室	××××年××月××日印（共印××份）

（3）规章制度

规章制度是企业为了加强对部门工作的管理和严格组织纪律，建立正常的工作、学习、生产秩序而制订的要求有关人员共同遵守的，具有法规性与约束力的规范性公文。规章制度的结构由标题、正文、发布或落款3部分组成，具体的写作要求如表5-21所示。

表5-21 规章制度的组成及写作要求

序号	组成	写作要求
1	标题	制度的标题包括完全式标题和不完全式标题： ➢ 完全式标题，即由单位名称、制度内容和文种组成 ➢ 不完全式标题，即由事由和文种组成，如"保密制度""值班制度"等
2	正文	制度的正文一般由总则、分则、附则组成，每一部分均可按内容的多少分列若干章或若干条： ➢ 总则。总则是关于制订制度的指导思想、目的、原则和适用范围等项内容的说明 ➢ 分则。分则是规范项目，是制度的实质性内容，是要求工作人员遵守的行为规范，应分条具体地写明其有关内容及项目 ➢ 附则。附则是用以说明制订权、修订权或解释权，以及适用对象和生效日期等事项的条款
3	发布或落款	➢ 对于发布或落款，可以在标题或正文下注明订立或发布制度的单位或时间

下面是一则范例，公司绩效考核制度如表5-22所示。

表5-22　公司绩效考核制度

公司绩效考核制度
第1章　总则

第1条　为规范绩效考核工作实施，提高员工的工作能力和工作绩效，特制订本制度。

第2条　本制度适用于公司全员。

第3条　公司的绩效考核本着公开、公平、公正的原则。

第2章　考核目标的设定

第4条　人力资源部应实施必要的组织现状分析工作，为考核目标的设定做准备，相关的职能部门应积极提供人力资源部所必须的资料和支持，做好配合工作。

第5条　绩效考核目标的设定，应符合公司的年度发展目标并分解至公司各职能部门。

第6条　年度的绩效考核目标应分解至公司所有的职能部门，在与部门经理交换意见后，由部门经理与公司总经理签定目标责任书。

第3章　考核标准的制订

第7条　人力资源部应制订各职能部门的工作一览表，内容包括：各部门的业务范围、工作内容、任务安排等，作为考核标准制订的依据。

第8条　基于工作一览表的基础上，人力资源部确定完成工作所需要的知识、技能、经验等，并组织进行测试，明确绩优标准，最总确定绩效考核的标准（或指标）。

第9条　人力资源部负责将所有部门的绩效考核标准整理，做到书面化、表格化，以便于使用及修订。

第4章　考核的实施

第10条　考核步骤。

1. 确认考核标准，确定并填写评分档次；
2. 综合若干评价要素，确定并填写最终评分档次；
3. 再对考核表进行一次全面回顾与检查，考察各项要素之间的评价结果是否具有内在统一性，清除相互矛盾的因素；
4. 进一步考察被考核者在同组内的相对位置，即名次排列是否合适；
5. 进行综合评定部分的考核评价，综合评定的评语，引入对人本身进行评价的综合因素，但切忌脱离事实，随意推测，甚至感情用事，力求客观公正。

第11条　部门经理通过面谈形式，把考核的结果，以及考核的评定内容与过程告诉被考核者本人，并指明今后努力方向，自我培养和发展的要点，以及相应的期待、目标和条件等。

第12条　员工若对考核结果有异议，可在考核结果公布后7个工作日内向人力资源部提出申诉，若超过申诉期，即视为认同人力资源部的考核结果。

第5章　考核结果运用

第13条　考核结果将作为计算员工考核工资、员工薪酬调整、员工晋升和评选先进以及淘汰的依据。

第14条　公司员工根据考核结果解决实际存在的问题改善工作。

第6章　附则

第15条　本制度自发布之日起开始执行。

第16条　本制度的解释权归人力资源部。

5.1.3 礼仪文书的写作

（1）感谢信、贺信

① 感谢信。感谢信是对对方的关怀、帮助、支援等表示感谢的书信。它不仅可以表达自己的感谢之意、感激之情，而且可以使被谢方受到鼓舞和鞭策。感谢信一般由标题、称谓、正文、结尾、落款5部分组成，具体的写作要求如表5-23所示。

表5-23　感谢信的组成及写作要求

序号	组成	写作要求
1	标题	标题的写法可以有以下3种方案： ➢ 由感谢双方和文种组成 ➢ 由感谢对象和文种组成 ➢ 只由文种组成
2	称谓	称谓应写在开头顶格处，要求写明被感谢的企业、单位、团体或个人的名称或姓名。称谓后要加上冒号。如果感谢对象比较多，可以把感谢对象放在正文中间提出
3	正文	正文主要写清两点：感谢的缘由、揭示的意义。 ➢ 感谢的缘由。另起一行，空两格，用精练的语言叙述事情的前因后果，叙述对方的好行为、好品德和好作风。叙述时务必交代清楚时间、地点、人物、事件、原因和结果，尤其要重点叙述关键时刻对方的关心和支持 ➢ 揭示的意义。在叙事的基础上指出对方行为的重要性以及体现出的可贵精神，同时要表示自己或所在单位向对方学习的态度和决心
4	结尾	➢ 结尾另起一行，空两格写上敬意的话、感谢的话。也可以紧接正文，写上"此致"，换一行顶格写上"敬礼"
5	落款	➢ 落款要署上发文单位名称或发文者的姓名，并且署上成文日期

下面是一则范例，感谢信如表5-24所示。

表5-24　感谢信

感谢信

尊敬的××公司外联部××经理：

　　我是××公司的××，已于昨日回到北京。我写这封信，是想向您表示感谢。

　　此次参加××博览会，有机会参观贵公司展位，并参加了贵公司举办的体验活动，从中学到了很多东西。贵公司的管理方式和全心全意为客户服务的意识，体现在体验活动中的每一个细节，给我留下了深刻的印象。我还要感谢贵公司的领导，通过跟他们的交谈，也让我有了不小的收获。

　　希望我们有机会再次见面，欢迎你们来我公司参观访问。

　　此致

敬礼！

×××

××××年××月××日

② 贺信。贺信是指单位、团体或个人向其他集体单位或个人表示祝贺的一种专用书信。贺信一般由标题、称谓、正文、结尾和落款5部分构成，具体的写作要求如表5-25所示。

表5-25　贺信的组成及写作要求

序号	组成	写作要求
1	标题	➢ 贺信的标题可以由文种名构成，如在第一行正中书写"贺信"二字 ➢ 也可由事由与文种组成，即在"贺信"前写上给谁的贺信以及被祝贺的事由
2	称谓	➢ 称谓应顶格写明被祝贺单位或个人的名称或姓名。写给个人的，要在姓名后加上相应的礼仪名称，如"同志"，称呼之后要用冒号
3	正文	贺信的正文要交代清楚以下几项内容： ➢ 简述当前的形势和工作发展情况，说明对方取得成绩的缘由，或者某个重要会议召开的历史条件 ➢ 概括说明对方都在哪些方面取得了成绩，分析其成功的主观、客观原因。这一部分是贺信的中心部分，一定要说明祝贺的原因 ➢ 表示热烈的祝贺和殷切的希望。要写出自己祝贺的心情，由衷地表达自己真诚的祝福。除了表示祝贺和希望外，还应该表示自己的决心和态度
4	结尾	➢ 结尾要写上祝愿的话，如"祝争取更大的胜利""祝您健康长寿"等 ➢ 若正文中"希望"的内容写得很详细具体，也可以不用祝愿词作为结尾
5	落款	➢ 落款应写明发文的单位或个人的姓名、名称，最后署上成文的时间

下面是一则范例，××公司总经理向合作单位发出的祝贺信如表5-26所示。

表5-26　××公司总经理向合作单位发出的祝贺信

××公司总经理向合作单位发出的祝贺信
××公司总经理及各位员工： 　　贵公司马上就要迎来公司成立十五周年的大喜日子，我谨代表我公司全体员工向贵公司表示最诚挚的祝贺！ 　　贵公司自成立以来，一直奉行"服务百姓、热情诚恳"的宗旨，通过全体员工的共同努力，从一家小公司成长为行业排名第一的企业，产品畅销全省，深受广大顾客的喜爱，实在可喜可贺，令人钦佩。 　　在与贵公司密切合作的九年时间里，我们互相协助、互相学习，建立了良好的伙伴关系。我们真诚地希望，在今后的日子里，双方能进一步扩大交流与合作，开拓更广阔的市场。 　　预祝贵公司取得更大的成就。 　　　　　　　　　　　　　　　　　　　　　　　　　　　　××公司总经理：××× 　　　　　　　　　　　　　　　　　　　　　　　　　　　　××××年××月××日

(2) 欢迎词、欢送词

① 欢迎词。欢迎词是指行政机关、企事业单位、社会团体或个人在公共场合欢迎友好团体或个人来访时致辞的讲话稿。欢迎词一般由标题、称谓、正文和落款4部分组成，具体写作要求如表5-27所示。

表5-27 欢迎词的组成及写作要求

序号	组成	写作要求
1	标题	➢ 通常由欢迎场合或对象、文种组成；或者由活动内容和文种组成；或者只写文种，如"欢迎词"
2	称谓	➢ 用尊称首行顶格加冒号称呼对象 ➢ 面对宾客，姓名前要加上职衔或表示亲切的词语，如"尊敬的""亲爱的""敬爱的"等；姓名后加"阁下""殿下""同志"等，如"尊敬的先生们、女士们""亲爱的××大学各位同仁"
3	正文	欢迎词的正文一般由开头、中间和结尾3个部分构成： ➢ 开头。开头通常应说明现场举行的是何种仪式，发言者代表什么，向哪些来宾表示欢迎 ➢ 中间。这部分一般要阐述和回顾宾主双方在共同的领域所持的共同的立场、观点、目标、原则等，较具体地介绍来宾在各方面的成就及在某些方面做出的突出贡献，指出来宾本次到访或光临对增加宾主友谊及合作交流所具有的现实意义和历史意义 ➢ 结尾。通常在结尾处再次向来宾表示欢迎，并表达自己对今后合作的良好祝愿
4	落款	➢ 欢迎词的落款要署上致辞单位名称、致辞者的身份和姓名，并署上成文日期 ➢ 用于讲话的欢迎词无须署名。若需刊载，则应在题目下面或文末署名

下面是一则范例，××公司30周年庆祝大会的欢迎词如表5-28所示。

表5-28 ××公司30周年庆祝大会的欢迎词

××公司30周年庆祝大会的欢迎词
尊敬的女士们、先生们： 　　在公司30周年大庆之际，请允许我代表本公司向远道而来的贵宾们表示热烈的欢迎。 　　"有朋自远方来，不亦乐乎"，你们的到来为我公司30周年大庆增添了一份喜庆和祥和，我由衷地感到高兴，对你们不顾路途遥远专程来贺喜表示诚挚的谢意！ 　　各位贵宾，我公司历经30年的发展，能取得今天的成绩，离不开你们的真诚合作和大力支持。对此，我表示由衷的钦佩和感谢。同时，我们也为有幸结识各位贵宾感到十分高兴。我再次向贵宾们表示热烈欢迎，希望能与你们密切协作，同舟共济，再创辉煌！ 　　在此新朋老友相会之际，我提议： 　　为今后我们之间的进一步合作， 　　为我们之间日益增进的友谊， 　　为朋友们的健康幸福， 　　干杯！ 　　　　　　　　　　　　　　　　　　　　　　　　　　　　　　　　××× 　　　　　　　　　　　　　　　　　　　　　　　　　　　　××××年××月××日

② 欢送词。欢送词是行政机关、企事业单位、社会团体或个人在公共场合欢送友好团体回归或亲友出行时致辞的讲话稿。欢送词由标题、称谓、正文和落款组成，具体写作要求如表5-29所示。

表5-29 欢送词的组成及写作要求

序号	组成	写作要求
1	标题	➢ 欢送词的标题写法通常可以由文种命名，如"欢送词"；或者由活动内容和文种组成
2	称谓	➢ 称谓要求写在开头顶格处。要写出宾客的姓名称谓。如"尊敬的各位先生们、女士们"或"亲爱的各位同仁"等
3	正文	欢送词的正文一般由开头、中间和结尾3个部分构成： ➢ 开头。开头通常应说明此时在举行何种欢送仪式，发言人是以什么身份代表哪些人向宾客表示欢送的 ➢ 中间。欢送词在这部分要回顾和阐述双方在合作或访问期间在哪些问题和项目上立场一致、取得了哪些有突破性的进展，陈述本次合作交流中双方的合作和交流给双方带来的益处，并阐述其深远的历史意义 ➢ 结尾。在结尾处再次向来宾表示真挚的欢送之情，并表达期待再次合作的心愿
4	落款	➢ 在落款处要署上致辞的单位名称、致辞者的身份、姓名，并署上成文日期

下面是一则范例，在××访问团欢送会上的欢送词如表5-30所示。

表5-30 在××访问团欢送会上的欢送词

在××访问团欢送会上的欢送词
尊敬的代表团全体成员、朋友们： 　　三天前，以×××先生带领的访问团来到我们公司参观，此次来访期间，访问团成员对我们公司各方面的工作提出了不少中肯、精辟的建议，对此，我代表公司×××对访问团表示衷心的感谢！ 　　现在我们双方的交流暂时结束。明天你们就要启程返回，在即将分别的时刻，我们的心情依依不舍。古语云："来日方长，后会有期"。我们欢迎各位女士、先生在方便的时候再次来我们公司做客，相信我们的友好合作会日益加强。 　　祝大家一路顺风！ 　　　　　　　　　　　　　　　　　　　　　　　　　　　　　　××× 　　　　　　　　　　　　　　　　　　　　　　　　　　××××年××月××日

5.2 文书处理

5.2.1 收文处理

收文处理的流程分为文件签收、登记、启封、分发、拟办、批办、传阅、承办、催办和查办以及办结答复。

（1）文书签收

文书签收是指行政文秘人员收到外部文件后在对方文件投递单或送文簿上签字或加盖公章，以示收到。签收的作用主要是明确交接双方的责任。行政文秘人员在签收文书时应严格执行以下三个手续，如表5-31所示。

表5-31 文书签收的手续

序号	手续	操作说明
1	核对	即认真核对信封上所写的收文单位和收文人是否与本单位一致，错投的应及时退回
2	检查	即所收文件同对方送文簿或发文通知单上的文件及其数量是否相符。如不符，应查明原因，确保文件及数量相符后再签字；检查信封是否有破损、开封等情况。如有破损和开封情况的，应及时查明原因
3	签字或盖章	即在核对、检查无误后，在对方的送文簿上或信封内夹寄的发文通知单上签署收件人姓名或加盖公章，并同时注明收件日期

（2）收文登记

凡属于正式往来的公文、组织内部文书和会议文书，行政文秘人员必须登记，即行政文秘人员对文件来源、去向、交接时间、密级、缓急程度、文书编号、内容和处理、运作过程等的情况进行记录。

① 收文登记的内容。收文登记的内容主要包括收文日期、收文编号、来文单位、来文字号、文件内容和主办单位等。

a. 收文日期。即该文件实际收到的时间，应具体到日期，急件还应当具体到时、分。

b. 收文编号。即按年度编写的收文顺序号。

c. 来文单位。即所收文件的发文单位。

d. 来文字号。即所收文件的发文字号。

e. 文件内容。即所收文件的标题，若无标题，应根据来文的内容拟填。

f. 主办单位。由行政文秘人员在分文环节根据领导的批示填写。事务性公文且承办对象和要求明确的公文，也可由行政文秘人员直接分文后填写。

② 收文登记的方法。行政文秘人员可采用以下两种方法进行收文登记。

a. 流水登记法。就是将收到的文件按照时间顺序不分种类依次登记，同时将文件办理过程和转送手续简要记载在同一登记簿上。

b. 分类登记法。就是根据本单位确定的文件分类标准分类进行登记，如可分为中央相关文件、省市各部门文件、上级单位文件、下级单位文件等。

③ 收文登记的注意事项。

a. 必须逐项登记，不得漏登或省略。

b. 登记时不得重复和跳号。

c. 字迹必须清楚、工整，并符合档案要求。

d. 登记后的文件必须加盖收文编号章，以示区分。

（3）文书启封

文书启封就是把收到的封闭的文件、信函拆开，取出封内材料的过程。文书在启封时应遵循以下规则。

① 行政文秘人员只可拆封授权范围内的文件。密件应交由机要人员启封。领导亲启件应直接呈交本人或其委托的人员启封。

② 急件应当先拆，以保证急件得到优先处理。

③ 拆封后如发现信封内的文件误送或发文手续不全，应及时退回；属于其他单位处理的要及时转出，并在随文送来的发文通知单上注明转送单位；如发现文件有缺页、错装等情况，应立即向对方查询。

④ 认真核对收到的文件及其数量与发文通知单上注明的项目是否相符，如不符，应查明原因。

（4）文书分发

文书分发是根据文书的性质、重要程度、涉密等级、办理时限，以及文书所涉及的职权范围、各职能部门和领导人的职责分工、有关程序规定等，将收文分门别类地分送给有关部门阅知办理的活动。文书分发应按照分发范围发送，做到准确及时、主次分明、手续齐全。

① 文书分发的工作程序。

a. 确定分发依据。分发应根据文书性质、重要程度、涉密程度、紧急程度、内容所涉及的职责范围、各职能部门或领导人的职责分工及其他人员分工、有关办文办事的程序、规定或惯例进行。

b. 明确分发原则。文书分发原则是主要的、重要的、紧急的、需要直接办理的收文应该优先处理。按照这一原则，分发应分类进行。

按收文分类，即分出主件和次件、急件与平件、阅件与办件、密件与非密件。电报、急件、挂号信或专递公文等优先于其他收文处理；按文件处理责任人分类，即按不同情况将待办收文优先分给本单位的主要负责人、主管负责人或主管部门阅处，使公文主次分明、缓急有序，尽快得到处理。

c. 递送文书。对于符合要求的文书，应先请主管负责人阅示，然后按照职能分工或负责人的批示转请有关部门处理；属于本单位或本部门职能范围内已有明确规定的或经领导授权的一般事务性事项的文书，可直接转请有关部门办理；属参阅、知照性质的文书，由文书处理工作部门分送处理；文书内容涉及几个部门，可将有关部门列表附于文上，送各部门传阅，或由持有公文原件的主办部门将主要问题转告其他有关部门处理；对一些内容重要、紧急、篇幅较长或表意不够清晰明了的文书进行加工编辑后再分发。

② 文书分发的注意事项。

a. 送给领导阅批的文书，应附带"文书处理单"，以便领导批阅。

b. 需登记便函、请柬、介绍信、启事等，可以直接提交有关人员。

（5）文书拟办

文书拟办是指负责办文的行政文秘人员对需要办理的文件，提出初步办理意见，以供领导或部门负责人批办时参考。拟办意见力求准确、及时、简洁。

提出拟办意见时，应注意以下事项。

① 拟办意见应言简意赅，便于执行。

② 应在拟办栏签具拟办单位名称、拟办人员姓名和拟办时间，必要时应拟制出承办的原则，紧急公文应明确办理时限。

③ 需要一定范围的部门或人员参考、了解的文件，应指明阅读传达的范围和方式。

④ 文件中的问题涉及其他相关文件或本单位以前的发件时，应将这些文件找出来，一并送领导批办。

（6）文书批办

文书批办是指领导或负责人对应办的公文提出由谁或哪一个部门办理并提出指示性意见。

文书批办要求拟写的意见明确具体，应指明处理原则、方法、具体措施，具体的承办部门和人员以及办文时限，并在批办栏签具批办人姓名和批办时间。涉及面较多的应实行会批，会批意见不一致的，应呈送主要领导人批示。

（7）文书传阅

行政文秘人员对参阅性文书应组织好传阅。传阅的依据一是来文中规定的传阅范围，二是领导批办意见中提出的阅读范围。文书传阅的要求有以下3点。

① 文书传阅由专人负责依次传递。负责传递文书的行政文秘人员应待上一位领导批阅后负责收回传阅件，再向下一位领导传阅，避免各领导人之间自行横向传阅文书，以防文书误压或丢失。

② 文书传阅顺序为：先主要领导后分管领导，由上级到下级。

③ 传阅文件时，行政文秘人员应随时掌握传阅文书的去向，避免漏传、误传或延误，并及时收回阅毕的文件。

（8）文书承办

文书承办是指承办人根据领导的批办意见，结合实际情况，具体处理文书的工作。它是文书处理的关键环节，是具体解决问题的阶段。文书承办工作具体要求如下。

① 有批办意见的文件，应根据批办意见办理；无批办意见的普发性文件，应根据文件精神、有关规定或以前的惯例办理。

② 文件承办应分清轻重缓急，确保紧急的、重要的文件优先办理。所有的文件都应按时限要求及时办理。

③ 承办文书时遇到涉及其他部门权限的事项时，主办部门应主动与有关部门协商。

④ 对不属于本单位职权范围或不宜由本单位办理的，应及时退回交办部门并说明理由。

（9）文书催办和查办

文书催办是指对需要办理的文件，根据轻重缓急程度和办理时限要求，适时查询、督促承办情况，以防积压和延误。文书催办一般有电话催办、发函催办、登门催办、约请承办部门来人汇报等催办方法。

文书查办是催办工作的继续和深入。行政文秘人员查办工作的目的就是对承办部门或承办人办文拖拉、落实领导批示不力，反馈信息迟缓、屡催不办的情况进行督查。行政文秘人员文书查办工作的重点有以下4项内容。

① 没有按规定期限办结的文件。

② 对领导交办落实不力的事项。

③ 屡催不办的部门或承办人。

④ 对重大决定事项追踪反馈不及时等。

为促进查办工作的顺利进行，行政文秘人员常常需要在查办的基础上，配合一些辅助性措施，如书面查办通知、提出警告、通报批评等。

（10）办结答复

文书办结是指文件承办完毕，由经办人在文件处理单上注明承办的结果、方式和日期。承办方式不同，办结的要求也有所不同，如表5-32所示。

表5-32 文书办结的要求

序号	承办方式	办结要求
1	以复文的方式办结	应注明拟稿部门、复文名义、复文字号、复文日期等
2	以电话或面谈的方式承办	应注明谈话人姓名、通话时间、地点、职务、谈话要点等
3	以传达、传阅的方式承办	应注明何时何地在何种范围以何种方式传阅
4	以专案的方式承办	应注明调查结论和处理结果，并将有关结论性材料一起留注
5	上级批示并查办	应向上级提交书面报告，说明承办结果

5.2.2 发文处理

发文处理由制文和制发两个阶段组成。

（1）制文阶段

制文阶段的处理程序如下。

① 拟稿。拟稿是起草文件的行为过程，是行政文秘人员发文的第一道程序，也是核稿、签发的基础。行政文秘人员拟稿主要有以下做法。

　　a. 进一步领会领导意图，听取相关部门或单位意见或建议。

　　b. 涉及其他部门职权范围内的事项，拟制公文前应主动与有关部门协商一致后方可行文。

　　c. 部门职权范围的事务应当由部门自行行文或联合行文，并注明主办部门。

　　d. 发文草稿首页应使用规范的发文稿纸，并逐项填写。

② 审核。审核亦称核稿、校核或把关。审核是指文书草稿在送交领导签发前，对文稿的体式、内容等进行全面审核检查，是对文稿进行政策把关和文字加工的处理过程。审核一般由部门负责人、办公室主任或行政文秘人员负责。核稿主要有以下任务。

　　a. 审核是否确实需要行文。

　　b. 审核是否符合方针政策。

　　c. 审核文件格式、文种选择和标注是否规范。

　　d. 审核行文程序和审批手续是否妥当。

　　e. 审核政策界限有无模糊、机械、烦琐的情况。

　　f. 审核措施或意见是否切实可行。

　　g. 审核文字表达和标点使用是否准确。

　　h. 审核行文方式是否妥当。

　　i. 审核文件语体是否准确、得体、严谨、具有权威性。

③ 呈批。呈批又称送审或选签。它是将核稿人员审核的欲发文稿，报送给上级主管领导或主要领导进行最后审阅的行为过程。

④ 签发。签发是指领导将呈批的文稿经过最后审定，认为可发，并签署意见的行为过程。签发主要有以下要求。

　　a. 领导在签发文件之前，应该对文稿从政策到文字进行全面审定。

　　b. 领导应在文书拟稿纸的签发栏内填写签发意见，并签署姓名和时间。签发意见要简明扼要，签名要合乎规范。

c. 以企事业单位名义制发的上行文，由主要负责人或者主持工作的负责人签发。

d. 以企事业单位名义制发的下行文或平行文，由主要负责人或由其授权的其他负责人签发。

e. 联合发文应经联合行文的相关单位会签方能生效。

f. 签发时应签署签发人全名，写出完整的签发日期。

g. 签发时应写明应打印份数。

⑤ 注发。注发是指行政文秘人员批注经领导同意发出的文件如何印发的行为过程。注发的任务是对领导签发的文件如何印制、发出、发送范围等提出的具体意见。注发主要包括以下工作事项。

a. 确定文件的发授范围，即确定主送单位、抄报、抄送和抄发单位。

b. 确定文件的阅读级限，即确定该文件发至哪一级别、阅读传达范围。

c. 确定文件的紧急程度，即确定该文件是一般件还是紧急件，是紧急件中的平急件还是特急件等。

d. 确定文件的秘密等级，即确定该件是普通件还是保密件，是保密件中的秘密件、机密件，还是绝密件。

e. 确定文件的发出方式，即确定以什么方式发出。文件的发出方式是用普通件发还是用密件、急件发，是用印送件发还是用电报、传真发等。

f. 确定文件的印制格式，即根据规范要求，确定标题的字体、字号和排列，正文的用字、版面的安排、用纸等。

g. 确定文件的印发份数，即确定印刷、发出和存档份数。

（2）制发阶段

发文处理的制发阶段主要包括以下8个程序。

① 编发文字号。发文字号又称公文字号、公文编号、特殊代号。编发文字号，即编制发文字号的行为过程。行政文秘人员编发文字号的具体要求如下所示。

a. 发文字号3个组成部分的排列顺序不可颠倒，发文单位代字在前，年代号居中，发文顺序号在后。

b. 一年的发文中不能有空号，万一出现了空号应在下次发文时补上。

c. 一定要反映发文的先后顺序，先签发的先编号，后签发的后编号。

② 登记。登记即行政文秘人员将欲发出的文件按照规定的项目进行文字登记的行为过程。行政文秘人员在发文之前，需要对所制发文件标题、文号等进行记载，以备查证。登记主要有以下具体做法。

a. 发文量少的企事业单位，应使用"一账多文"式发文登记簿。

b. 发文量多的企事业单位，应使用"多文一账"式发文目录账与"一文一账"式发文明细账两账结合使用的形式逐项填写。

c. 经公文交换站、专用或机要邮路递送的文件，应填写"发文通知单"。

d. 派专人递送的文件或由收文单位直接领取的文件，不用填制"发文通知单"，但应在"文件分发登记簿"或"发文登记簿"上签收。

③ 打字。行政文秘人员在打字过程中要做注意以下几点。

a. 文面应整洁、美观，用纸要合乎规范，末页避免无正文。

b. 排版要规整，版面设计力求美观大方，标题排列要有规律性。
　　c. 字体、字号要适当。
　　④ 校对。校对是指对文书的文字、格式和排版质量进行校正、核对，检查并订正错误的过程，校对是保证文件质量的重要环节，具体做法如表5-33所示。

表5-33　校对的具体做法

序号	具体做法	具体说明
1	依据定稿校对	依据定稿进行校对，改正清样上的错字、别字、漏字、多字，同时规范字体、字号等
2	边校边读	一般文件应一校一读，重要的文件两校一读，特别重要的文件应两校两读
3	逐项校对	校对文件应逐字、逐句、逐段、逐标点核对校正，并且校对符号应规范
4	避免校对引线交叉	校对时，各校次的校对引线及校改符号、文字应牵出版心，并且校对中的校对引线不可交叉
5	区别使用校对色笔	校样上的修改字样或符号应根据校次分别以红色、纯蓝色、绿色3种不同色笔、墨水笔或签字笔牵出版心，不得使用铅笔
6	校对完毕全面复查	校对完毕应做一次全面复查，检查版式、标题是否端正，页码是否连贯，行距、字距是否匀称，版面是否美观，引文、人名、地名、数据、计量单位、专业术语是否有误
7	签字确认	校对人员在正确无误的校样上签字确认后，文件才能付印

　　⑤ 缮印。缮印是指行政文秘人员对公文定稿或签发稿的誊抄和印制。行政文秘人员采用的缮印形式一般包括缮写、打印、铅印、胶印、复印等形式。行政文秘人员的缮印工作必须以签发稿为依据，做到严肃认真，细致准确，清晰规范，确保质量。另外，还应该按规定的份数印刷文件，缮印的公文版头、主体、版记应符合规范要求。
　　a. 公文版头。置于公文首页红色反线以上的各要素统称公文版头。公文版头包括公文份数序号、秘密等级和保密期限、紧急程度、发文单位标识、发文字号、签发人。
　　b. 主体。主体部分是指置于公文首页红色反线（不含）以下至抄送机关（不含）之间的各要素，包括标题、主送单位、正文、附件说明、成文日期、印章、附注、附件。
　　c. 版记。部分置于抄送单位以下的各要素统称为版记，包括抄送单位、印发单位和印发日期。
　　⑥ 用印。用印又称加印、盖印，它是指在缮印的文件落款处加盖发文单位印章的行为过程，是文件生效的标志。行政文秘人员用印时应注意以下事项。
　　a. 印章应用红色。
　　b. 单一单位制发的公文，落款处不署发文单位名称，只标识成文日期。
　　c. 联合行文须加盖两个印章时，主办单位印章在前，两印章之间不相交或相切。
　　d. 联合上报的公文，由主办单位盖章；联合下发的公文，发文单位均须盖章。
　　e. 印章与正文应处于同一公文页面上。当文件排版后所剩空白处容不下印章位置时，应采取调整行距、字句的措施加以解决。

⑦ 封发。封发又称分发、分装和装送，指行政文秘人员把印制好的文件装封发出的行为过程，是发文阶段的重要环节。封发的具体工作如表5-34所示。

表5-34 封发的具体工作

序号	工作事项	具体说明
1	点份	即清点应发文件的总份数和应发单位的总数量
2	写封	就是书写装寄文件的信封或封套
3	回签确认	包括内回执、发文通知单、外回执或签收簿
4	装封	把已制成的文件装封好
5	加封	即把装有文件的信封或封套封起来。可根据实际情况选用粘封、缝封、轧封和捆扎封

⑧ 传递。传递就是行政文秘人员通过一定的方式把分发好的文件传送到收文单位。

传递一般分为区域内传递与区域外传递。区域内传递主要是通过收发室或文件交换站进行传递，要求收文单位急文急取。区域外传递主要是通过机要部门、邮电部门或专人投递，传递过程中要严格遵守保密规定，以确保文件的安全。

5.2.3 文书清退

文书清退是指根据有关制度和规定，对收到的上级单位或发出的应退回文件的清理和清退。需清理和清退的文书主要包括印有密级的文件、资料，送给领导传阅的文件以及其他注明"清退"字样的文件。

（1）文书清退的程序

① 加盖清退戳记。

② 制发"文件清退通知单"。

③ 逐文逐份地认真核对。

④ 在"文件清退报告单"上签字。

（2）文件清退的注意事项

行政文秘人员在清退文书时，应注意以下事项。

① 在要求时限内清退，完整清退，绝密文件应随阅随退。

② 传阅文件、征求意见稿和送阅文件要及时催退回收，不得延误。

③ 需清退的会议文件，由行政文秘人员发清退目录，按时予以收回。

④ 发现有短缺、丢失的清退文件要及时报告主管领导和发文单位以及保密部门，并及时追查处理，禁止将清退文件作为废品出售。

5.2.4 文书立卷

（1）文书立卷准备

① 平时归卷。平时归卷是指行政文秘人员依据案卷类目，在日常文件收发处理过程

中，将已经处理完毕的文件材料按照有关条款随时归入卷内的行为过程。平时归卷一般采用卷宗归卷法，该方法的操作步骤如下。

a. 针对年初根据立卷类目的条款和预计形成的文件数量，行政文秘人员应为每一条款设置一个或几个卷宗，并放到"立卷类目分类卷柜"里。

b. 行政文秘人员按照条款的顺序排列，并事先把条款和顺序号写在一个标签上，把标签夹在卷宗的左下角或右下角。如有办理完的文件，就"对号入座"，随时归进应放卷宗之中。

c. 应归卷文件在归进卷宗之前，行政文秘人员应认真检查，并将款号在收发文簿或内部文件登记簿中注明。

② 年终立卷。年终立卷是指在一年之终（一般在第二年初），在平时归卷的基础上立卷的行为过程。

（2）文书立卷的步骤

① 编写立卷类目。立卷类目也称案卷类目、归卷类目和归卷条目，是指行政文秘人员在档案部门指导下，根据企业的工作活动规律，按照文书立卷和归档的原则，参照往年的立卷情况，对新的一年将要形成的案卷类别和条目事先拟定的立卷方案。立卷类目由以下3个部分构成。

a. 类。类是指案卷的类别。案卷按文件内容分类，就是以文件反映的内容为分类标准；按组织机构分类，就是以组织机构为分类标准。

b. 目。目即条目、条款，它是按立卷原则和要求概括一组文书材料的总标题，也是预先拟定好的案卷题目。

c. 号。号即类和条目的编号。编号时要保持类别与类别之间、条目与条目之间的内在联系，分清主次，内容大致相近的尽量排在一起。编号可采用流水编号法或分类编号法。

② 搜集文件。搜集文件包括以下3种类型。

a. 平时收集。平时收集是指行政文秘人员在平时文书运转过程中随时搜集，特别是内部材料。

b. 主动收集。主动收集是指行政文秘人员主动到有关部门去搜集，勤于动口、动脚和动手。

c. 重点收集。重点收集是指行政文秘人员抓住形成材料的重点部门，去进行有重点搜集，包括文书材料的草稿和正件等。

③ 整理文件。行政文秘人员在整理文件时应明确整理标准，整理标准不同，整理的方法也不同，具体如表5-35所示。

表5-35 整理文件的标准与方法

序号	整理标准	整理方法
1	按立卷类目整理	立卷类目是整理文件的纲目。行政文秘人员搜集到大量文书材料之后，应分别纳入立卷类目之中去，使散开的材料变成各有归宿的系统材料
2	按文书之间联系整理	按照文件之间的内在联系整理，包括按照事物之间的原因与结果联系整理，按照原件与正件之间的联系整理
3	按照立卷的要求整理	行政文秘人员应按照立卷的要求把反映同一个问题的材料放在一起，把反映同一事件的文书放在一起，把保存价值相同的文件放在一起，把同一级别的文件放在一起

④ 组合案卷。组合案卷也称组卷，它是行政文秘人员根据立卷的原则和要求，把彼此有联系的一组文件材料，组合成一个案卷的行为过程。行政文秘人员组合案卷可选择不同的标的。

a. 按照文书的特征和联系进行组卷。按照文书的特征和联系进行组卷的依据及操作说明如图5-1所示。

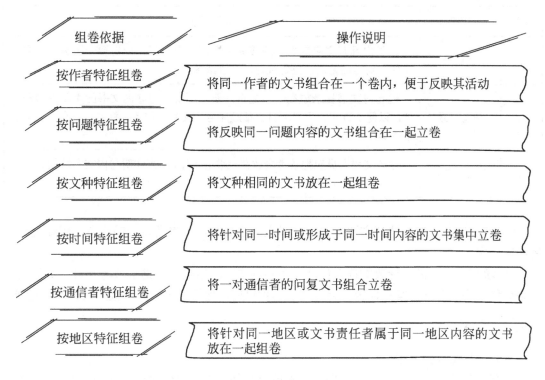

图5-1　文书组卷的依据及操作说明

b. 结合并灵活运用图5-1的6个特征组卷。文书之间在某一方面具有共同特征，反映了某一方面的联系。如果结合运用两个以上的特征组卷，则可以使卷内文书具有两个以上方面的共同点与联系，它们之间的联系就更为紧密，检索和利用时会更为方便。

行政文秘人员结合运用立卷特征组卷的具体方法，通常采用以问题特征为主，结合其他各种特征来组卷。

c. 适当根据文书的价值和数量组卷。为便于将来档案的保管和鉴定工作，行政文秘人员应把保存价值不同的文书适当分开组卷。

⑤ 拟制案卷标题。组合案卷后，行政文秘人员应为每个案卷拟制标题，拟定标题时应注意以下几点。

a. 同一地区或单位的文件，要标明作者。
b. 内容相同的文件，应标明内容。
c. 文件内容涉及一定地区的案卷，要标明地区。
d. 针对特定时间的案卷，要标明年度。
e. 反映往来文书的案卷，要标明通信者。
f. 卷内只有一个文件或文种相同时，标出即可；文种不同时，标示有代表性的文种。

⑥ 编目定卷。编目定卷是指行政文秘人员在案卷正式成立后，对案卷进行的一系列的加工编目和装订工作，使案卷最后固定下来。行政文秘人员编目定卷的具体做法如表5-36所示。

表5-36 编目定卷的具体做法

序号	工作事项	操作说明
1	编页号	案卷内凡有文字的页都应按先后顺序编上号码，一定要一页编一个号，并且做到准确无误，位置规范，字迹清晰
2	填写目录	把卷内文书目录放在一卷之首，要求逐份登记卷内文书的主要内容和成分，以便于查阅。主要项目包括顺序号、文号、作者、标题、日期、页号、备注等
3	填写备考表	行政文秘人员应把备考表放在全卷的末尾，用来注明卷内文书缺损、修改、补充、移出、销毁等情况

⑦ 案卷装订。案卷装订方法是去掉文书上的金属物，并将卷内文书理齐，用线绳或不锈钢钉订牢。

⑧ 填写案卷封面。行政文秘人员填写案卷卷皮时应用毛笔或钢笔填写。封面项目包括全宗名称、类目名称、案卷标题、卷内文书起止日期、保管期限、总件数、页数、归档号。

5.2.5 文书归档

（1）归档文件的范围

归档文件的范围包括上级单位来文、本单位文件、下级单位报送文件和其他相关文件，具体内容如表5-37所示。

表5-37 归档文件的范围

序号	来文范围	举例说明
1	上级单位来文	➢ 需要贯彻执行的上级重要会议文件 ➢ 上级业务主管部门的法规性文件 ➢ 上级单位视察工作形成的文件资料 ➢ 代上级单位草拟并被采用的文件 ➢ 上级单位转发本单位的文件
2	本单位文件	➢ 本单位代表性会议、工作会议和专业会议的文件资料 ➢ 本单位颁发的各种正式文件的签发稿、修改稿、印制本的文件资料 ➢ 本单位的请示与批复、反映本单位业务活动和科学技术管理的专业文件材料 ➢ 本单位或本单位汇总的统计报表和统计分析资料及财务资料 ➢ 本单位领导公务活动中形成的重要信件、电报、电话记录 ➢ 本单位与有关单位签订的各种合同、协议书等文件资料

续表

序号	来文范围	举例说明
3	下级单位报送文件	➢ 下级单位报送的重要的工作计划、报告、总结、典型材料、统计报表、财务预算、决算等文件 ➢ 直属单位报送的重要的科技文件材料以及下级单位报送的法规性备案文件等
4	其他相关文件	➢ 各种调查工作中形成的文件材料 ➢ 同级单位和非隶属单位颁发的非本单位主管业务但需要执行的法规性文件 ➢ 有关业务单位对本单位工作检查形成的重要文件以及同级单位和非隶属单位与本单位联系、协商工作的文件材料等

（2）文书归档时间的确定

文书归档时间是指文书处理部门或有关业务部门将需要归档的文件向档案部门移交的时间。行政文秘人员应该根据以下各类文件的形成特点和规律分别规定其归档时间。

① 管理文件。管理文件一般在形成的第二年上半年内向档案部门移交归档。

② 科技文件。科技文件根据文件形成的具体情况有不同的归档要求，一般有以下5种情况，如表5-38所示。

表5-38 科技文件的归档要求

序号	归档要求	举例说明
1	按项目结束时间归档	即对于不太复杂的项目，在项目结束后及时归档
2	按工作阶段归档	对于大型项目，执行期限可能需要很长时间，如三年、五年，则最好按工作阶段定期归档
3	按子项结束时间归档	大型项目或研究课题往往由若干子项组成，这些子项相对独立，工作进程也不尽相同，当一个子项工程结束后，所形成的文件可现行归档
4	按年度归档	对活动和形成周期长的科技文件或作为科技档案保存的科技管理性文件，一般按年度归档
5	随时归档	对机密性强的科技文件、外购设备的随机材料以及委托外单位设计的科技文件等，应随时归档

③ 人事文件。人事文件一般应在办理完毕后的10天或半个月内移交档案管理部门。

（3）文书归档的步骤

行政文秘人员在进行文书归档时，应按照如下操作步骤。

① 清点案卷的种类和数量。行政文秘人员应核查案卷种类是否齐全、完整，以及移交的档案数量是否与移交目录的数量相一致。

② 检查案卷质量。行政文秘人员应认真检查案卷的质量，不得有缺页、掉页和不按规

定立卷的现象，不得出现账外文件现象，不得出现重份文件立卷现象，案卷的装订应符合规范。

③ 填写案卷目录。行政文秘人员应将系统排列好的案卷逐一编号登记，形成案卷目录，案卷目录可作为移交目录，是交接案卷的重要依据和凭证。

④ 填写移交目录。行政文秘人员应按实际整理数量和种类填写移交目录。

⑤ 档案员核查移交清单。档案员应在清点完种类、数量之后认真核查移交目录是否与实际种类和数量相一致，是否在案卷备考表、移交目录、案卷目录中如实填写了案卷的整理情况。

⑥ 双方移交档案案卷。行政文秘人员和档案员在交接时，应当面认真清点案卷的种类和数量，档案案卷的类别数、件数、总数应与移交目录、案卷目录完全一致。

⑦ 填写移交（接收）登记簿。行政文秘人员向档案部门移交案卷时，双方应按项目要求填写"档案移交登记簿"，行政文秘人员的移交登记簿和档案部门的接收登记簿所填项目的数量、数字应一致。

⑧ 排列案卷。案卷的排列是指案卷的上架排列。案卷的上架排列方法有两种。

a. 先将案卷按分类方案类目分开，再按保管期限和重要程度排列。

b. 先按保管期限分开，然后再按分类方案类目和重要程度排列。

(4) 文档归档的要求

① 档案案卷内应归档的文件材料必须收集齐全、完整、不庞杂、不遗漏短缺。

② 立卷的文件材料必须保持其历史联系，区分保存价值，科学地分类、整理、立卷。

③ 案卷标题必须简明，一般不超过50字，应注明保管期限，填写卷内目录、案卷目录和备考表，装订应整齐牢固。

5.2.6 文书销毁

文书销毁是指对无保存价值的文书材料进行焚毁，是行政文秘人员处理文书材料的一种方式。

文书销毁的范围主要包括立卷时清理出的不需立卷的文书材料、平时清退出的重份文书材料、无保存价值的其他文献资料、上级单位授权销毁的材料、翻印复印的上级文书。

目前常用的文书销毁方法有火焚、机械粉碎、送造纸厂化浆。对文书火焚时，注意不留残片，当文书全部化为灰烬后方能离开；用办公碎纸机进行粉碎时，粉碎前不得离开；送造纸厂化浆装车前，要打好捆或用编织袋装好并选派可靠人员押运，在文书材料化为纸浆前必须有人守护。

第6章 信息与档案事务处理

6.1 信息管理

6.1.1 信息收集

信息广泛存在于自然界和人类社会，但是未经整理的都是零散无序、真伪混杂的，难以为人们所利用。行政文秘人员工作中需要使信息成为有价值、可利用的资源，首先就必须进行信息收集工作。信息收集是信息工作的第一个环节，是信息工作的基础。信息收集也是一项程序化的工作，一般有以下几个步骤。

（1）明确信息收集范围

工作活动中的信息需求是不断变化的，具有针对性和灵活性。因此行政文秘人员要以服务单位的各项工作为目标，确定收集信息的范围，按照工作活动的需要有针对性地收集原始数据信息，如同行业企事业单位信息、国际市场信息、客户信息、贸易信息、国际金融信息、法律政策信息、交际活动信息等一系列信息。坚持调查研究，及时、准确地从大量信息中选取真实、适用、有价值的信息，为工作活动提供可靠的信息支持。

（2）熟悉信息来源

信息的来源非常广泛，行政文秘人员可以通过报纸、电视、广播、互联网、杂志、图书馆、档案馆等各种渠道获取信息。从各个渠道中获得的信息的可信度不一样，行政文秘人员要根据工作的目的确定信息来源，选择最佳信息来源。

① 大众传播媒介。行政文秘人员可以通过大众传播媒介如电视、报纸、期刊及其他文献载体等收集所需信息。

② 互联网。互联网上有许多搜索引擎，行政文秘人员通过它可以迅速获取所需要的信息。

③ 调查渠道。实地调查是行政文秘人员有目的、有重点、主动收集信息的重要方法。行政文秘人员要有目的、有计划地进行市场调查，亲自深入现场，通过各种途径和方式，直接收集第一手资料，挖掘层次更深、质量更高的信息内容。

④ 相关书籍。行政文秘人员可以查阅相关书籍，从书籍上获取需要的信息。

⑤ 信息机构。信息机构承担着信息传播的中介使命，成为人们获取信息的重要场所，行政文秘人员在企事业单位许可的前提下也可委托信息机构定向收集相关信息。

⑥ 业务关系。业务关系包括纵向关系和横向关系。纵向关系方面行政文秘人员可以从上级的会议、文件、谈话中获取有价值的信息，横向关系方面行政文秘人员可以从有业务往来的单位中了解各类信息。

（3）选择信息收集方法

在行政文秘人员信息收集方法的选择上，一方面要符合工作的目标和要求，另一方面还要切合组织的实际情况。除此之外，在收集方法选择上还要注意多样性。行政文秘人员根据具体目标要求，可以确定一种适用的方法，但应尽可能综合几种方法，以弥补某一种方法的局限性。

① 观察法。观察法是指人们直接用感官或借助其他工具认识客观事物，获取所需信息的方法。在信息产生时，行政文秘人员应利用视觉、听觉或借助于录音机、摄像机客观地进行记录，从而获取第一手资料。观察法简单灵活，能够获得较为客观的信息，但获得信息量有限，不易收集到深层次的信息。

② 阅读法。阅读法是指通过阅读图书、报纸、杂志、资料从中获取信息的方法。阅读法是收集信息的基本方法。图书、报纸、杂志、资料等公开出版物是目前人们运用最普遍的信息载体，具有信息量大、信息周转快、阅读比较方便的特点。但报纸、图书、杂志的信息可能失真，要注意判断信息的真实性。

③ 询问法。询问法是通过提问请对方回答以获取信息的方法。询问的形式包括人员询问、电话询问和书面询问。询问法灵活、实用，双方直接沟通，能够获得语言信息和非语言信息，但询问法时间较长、费用较高、范围较小。

④ 问卷法。问卷法是行政文秘人员运用调查问卷向被调查者了解情况、收集信息的一种方法。问卷是问卷法的主要工具，它是一组精心设计的问题或表格。问卷的结构包括前言、主体和结语三部分。

前言包括调查的目的和意义。主体包括调查的问题、回答的方式及说明等内容，它是问卷的主要组成部分。结语是对调查者表示感谢或征询对问卷调查的看法和感受。问卷按回答方式分为封闭式和开放式两种基本类型。

问卷法的最大优点是在大范围内对众多对象进行调查；节省人力、费用和时间；便于定量处理和分析。但问卷法的缺点是只能获得书面信息，不能与调查对象直接沟通；问卷的真实性受到一定影响；问卷回复率难以保证。

⑤ 网络法。网络法是利用互联网获取信息的方法。网络法收集信息迅速、及时，不受时间、地域的限制，能收集文字、图表及声像信息。但用网络法收集的信息有大量未经核实的信息，因此需要对收集信息的真伪进行鉴别。

⑥ 交换法。交换法是将自己拥有的信息资料与其他单位的信息资料交换，实现信息共享的方法。交换法能实现彼此间的信息共享，获得的信息及时、适用、针对性强，能节省时间。但交换法需建立在自愿的基础上，交换的信息内容范围较窄，要注意信息的保密。

⑦ 购买法。购买法是通过购买报刊、图书、文献资料、音像制品等信息载体收集信息的一种方法。购买法能获取大量系统化、专业化的信息，信息来源广，但费用高，耗费时间和人力，需要对信息进行筛选鉴别。

(4) 查找信息

根据要查找信息的主题、内容和用途，利用各信息渠道提供的信息介绍、信息目录、信息咨询或其他信息查询途径，找出所需要的信息。

6.1.2 信息筛选

信息筛选是信息整理的第一个环节，是对收集到的大量信息进行鉴别和选择，判断信息价值，决定信息的取舍，从而提取真实、有价值、能满足需求的信息的过程。

(1) 审查核对

① 准确。准确是信息的生命。准确就是要真实、全面地反映客观事物的本质特征。行政文秘人员在筛选信息时，一定要严格把握准确点，重点审查核对以下3个方面的情况。

a. 信息的内容是否根据有关方针、政策联系本地区、本部门的实际，抓住在实际工作中产生的经验和存在的问题。

b. 内容有无虚构，有无夸大或缩小，甚至弄虚作假。

c. 人名、地名、单位及有关数据是否准确。

② 完整。一篇完整的信息材料，对所涉及的问题或事件的性质、处理方案、发展趋势等都要交代清楚。行政文秘人员需要审查信息材料的完整性。

(2) 比较鉴别

在信息筛选和鉴别过程中，行政文秘人员需将不同渠道收集到的同类型的信息进行比较分析，以确定信息的真伪和可信度。通过比较可以把信息含量大、时差小、有深度的信息筛选出来；把虚伪、过时、重复、缺失实际内容的信息删除掉。

同时，行政文秘人员需要按时间顺序对收集到的信息进行取舍。在同一内容的情况下，较新的信息资料选留，较旧的则剔除。这样可以使选留的信息在一定时间区间内更有价值。

行政文秘人员在工作中经常要查阅和利用信息，所以在办公室中应备有常用的信息资料，以便随时查阅。办公室常备的信息资料包括参考书（工作用参考书、手册、百科全书、字典与词典、年鉴）、报纸期刊、统计资料、地图集、内部文献、人名地址录、广告材料和宣传品以及有关政府出版物、法律法规汇编、政策汇编等。

(3) 分析判断

① 分析来源。不同来源的信息，重要性不同。上级形成的信息带有全局性、综合性和权威性，而平级和下级形成的信息主要起参考作用。行政文秘人员要从多种信息来源中把握重点单位、部门和人员的信息。

② 分析标题。信息的标题一般可以反映信息的内容和价值，行政文秘人员要认真分析标题，把握信息的主题，根据信息的标题确定信息价值的大小。

③ 分析正文。先浏览正文，了解其主要内容，初步确定是全部选用，还是部分选用，甚至不用，即初选。初选后，对拟用信息再认真阅读，判断其是否有价值。如果可用，再看有无内容不准确、不完整和表述不清楚的问题。

(4) 认真选择

对信息进行严格的选择，从中挑出能满足需求的信息，对工作具有借鉴作用、参考作用的信息，舍去虽真实但无用的信息。行政文秘人员需要对不用的信息，按有关规定进行暂存、移交或销毁。

6.1.3 信息分类

信息分类是根据信息所反映的内容性质和特征的异同，分门别类地组织起来的一种科学方法。信息分类的步骤如下。

(1) 熟悉信息内容

翻阅信息，从题目和内容中了解信息的总体构成情况。

(2) 确定分类要求

行政文秘人员需认真确定分类体系，明确分类标准和分类层次，确保准确归类，子类之间界限清楚，不互相交叉或包容。

(3) 选择分类方法

信息分类的方法有很多种，行政文秘人员要根据信息的来源、数量、内容和各种分类方法的特点，考虑企事业单位业务工作的需要，从便于保管和利用出发，选定分类方法。可以将时间分类法与其他分类方法结合运用。

常见的信息分类方法有字母分类法、地区分类法、主题分类法、数字分类法以及时间分类法五种，具体如表6-1所示。

表6-1 信息分类的方法

分类方法	方法说明	优缺点分析
字母分类法	按照作者姓名、单位名称、信息标题等的字母顺序分类组合	1. 分类规则容易掌握，操作简单，不需要索引卡，能与地理或主题分类法结合使用 2. 查找信息须知道姓名或单位名称、标题，某个字母下排列的信息较多时，查找费时，大型系统使用时，很难估计每一字母需要的存储空间
地区分类法	按信息产生形成所涉及的地区或行政区划分	1. 便于查找具有地区特性的信息，分类方法容易掌握 2. 采用地区分类法需要有一定的地理知识，只适用于某些单位或部门
主题分类法	按信息内容进行分类的方法。为了全面、准确地反映主题，便于利用，可以按多级主题分类。最主要的主题名称作为分类的首要因素，次要主题作为第二个因素	1. 能使相关内容信息集中存放，信息能按逻辑顺序排列，方便检索 2. 分类标准不好掌握，标题不能很好地反映主题时，不易准确归类
数字分类法	将信息以数字排列，每一通信者或每一专题给定一个数字，用索引卡标出数字所代表的类别。索引卡按所标类目名称的字母顺序排列，用分隔卡片显示每一个字母	1. 信息按数字从低到高的顺序排列，规则简单，通过在后面添加号码进行存储扩展，适宜电脑储存，适合于大型信息系统 2. 查找信息需要参照索引卡片，花费时间较长，如果分类号码有误，查找信息麻烦
时间分类法	按信息形成日期先后顺序分类的方法	1. 可用作大型信息系统的细分，一个案卷内部的信息可按时间排序 2. 需与索引系统配合使用，仅适合于时间特性强的信息

(4) 辨别分类

分类是对各种信息按照一定的标准进行类别划分，分类的依据是信息的特征。特征相同的信息归为一类，成为母类。母类下再划分为不同的类别，叫子类。子类下还可根据具体情况细分，形成有秩序、有层次的分类体系。信息分类首先要进行辨别，对信息资料进行主题分析，分辨其所属类别。

(5) 归类

遵循特定的原则和方法，按照信息的不同内容、来源、时间、性质和作用，根据行政文秘人员确定的分类标准，对收集的信息分门别类地组织起来，使信息条理化。

① 利用颜色、标签区分类别。针对分类结果，将每个字母、地区、主题等的文档使用特定颜色文件夹或在文件夹外边加彩色标签，区分信息类别。给索引卡涂上不同颜色，以便检索。

② 建立交叉参照卡。对于能归类到两个位置的信息，如单位更名信息、多主题信息，为了便于查找，可建立交叉参照卡。填写交叉参照卡存储在归档系统的相关位置。查找到该位置，查看卡片就知道另一个查找线索。

6.1.4 信息校核

信息校核是对经过初步甄别的信息作进一步的校验核实，分析信息的可靠性和准确性，对信息的真实性进行认定。

（1）信息校核的范围

要对信息中的事实、观点、数据、图表、符号以及时间、地点、人物等进行核实；对有关政策、法规、重要计划、主要数据、典型事例的信息，要查对出处，核实原件、地名、人名、时间、事实、数据等。

（2）信息校核的要求

① 信息校核要以原始数据为基础。

② 信息校核要排除主观因素的干扰。

（3）信息校核的工作程序

① 确定校核的内容。收集的信息材料并非都要进行校核，行政文秘人员主要是对信息材料中的时间、地点、人名、事实、数据等进行校核。要根据信息材料的用途，决定校核的具体内容。

② 选择校核的方法。信息校核常用的方法有以下6种。

a. 溯源法。对收集到的信息所涉及的有关问题进行审核、查对，判断说法、结论是否一致。

b. 比较法。对反映某一事实的各方面信息材料进行比较，判断说法、结论是否一致。

c. 核对法。依据直接的最新的权威材料，进行对照分析，发现并纠正信息中某些差错。

d. 逻辑法。对信息中表达的事实和叙述方法进行逻辑分析，从而辨别哪些事实和分析是真实可靠的，哪些是违背事实和逻辑规律的，哪些是需要进一步核实的。

e. 调查法。对信息中所表达的事物的运动变化情况，通过现场调查来验证它的真实性和准确性。

f. 数理统计法。对原始信息中的数据进行定量分析，运用数理统计的方法进行鉴定，判断其数据计算是否准确，分析是否合理，是否和结论一致等。

③ 核实和分析信息。行政文秘人员需利用掌握的第一手资料和权威性材料，甚至进行实地调查，对收集的信息材料的某些事实进行核实，分析信息材料的内容。

④ 作出判断。通过核对、计算、定性与定量分析和逻辑推理，行政文秘人员需要判断信息的真实性、可靠性，对信息是否失真加以认定，分析考证信息的可靠性与准确性，从而剔除虚伪和失真的信息。

（4）信息校核的要点

① 信息校核的各种方法可以互相补充，结合使用。

② 要综合运用自己的知识、经验和能力，提高校核信息的质量，透过现象看本质，保证信息的真实、可靠。

6.1.5 信息存储

行政文秘人员做好信息储存工作，需要遵照以下操作步骤。

（1）登记信息

在登记信息时，一般采用以下两种信息方法，如图6-1所示。

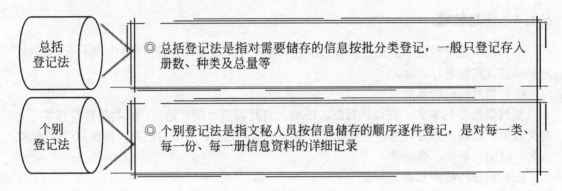

图6-1 信息登记的两种方法

（2）信息编码

行政文秘人员对信息进行编码时可按照如下操作步骤。

① 信息资料分析。对预编码的信息资料按照统一的标的进行分析。

② 选择编码方法。编码方法包括顺序编码法和分组编号法两种，如表6-2所示。

表6-2 信息编码的方法

序号	编码方法	具体说明
1	顺序编码法	即按信息发生的先后顺序或规定一个统一的标准（比如数字、字母、内容的顺序）编码
2	分组编号法	即利用十进位阿拉伯数字，按后续数字来区分信息的大、小类，进行单独编码

③ 确定编码位数。

（3）建立储存检索系统

建立储存检索系统可使各种信息资料根据这个系统归类存放，需要时按类查找。

（4）存放排列信息

建立储存检索系统之后，文秘人员应把经过科学编码的信息根据储存检索系统，进行有序的存放排列。常用的存放排列有以下4种方法，如表6-3所示。

表6-3 存放排列信息的方法

序号	方法	具体说明
1	时序排列法	即按照接收到的信息的时间先后顺序排列
2	来源排列法	即按信息来源的地区或部门，结合时间顺序，依次排列，便于查找信息源
3	内容排列法	即按信息资料所反映的内容分类排列，可依据信息资料分类号码的大小排列
4	字顺排列法	即按信息资料的名称字顺排列

（5）保管入库信息

行政文秘人员信息保管工作中需要注意以下4个方面的内容。

① 防损坏，如防火、防潮、防高温、防虫害等。

② 防失密、泄密、盗窃等。

③ 定期或不定期地进行清点，发现存储中的问题，提高管理水平。

④ 及时存储更新，不断扩充新的信息。

6.1.6 信息传递

信息传递是指借助一定的载体，通过一定的渠道，将经过加工整理的信息传递给需要者。信息只有经过传递，才能实现其使用价值。

（1）信息传递的要求

行政文秘人员在信息传递的过程中要注意以下4点要求。

① 迅速。信息的基本特征之一就是时效性，这就要求信息传递必须迅速，否则会使信息的价值受到影响，甚至会完全丧失。

② 适用。传递信息要区别对象，针对服务对象的不同需要和要求，提供不同的信息，选择不同的信息传递方式。

③ 准确。在传递信息的过程中保证内容不失真，从信息发出者传递给接收者，应该做到准确无误。

④ 保密。对于保密信息要特别重视信息传递中的保密工作，具体要注意以下几个方面。

a. 根据信息内容的秘密程度，正确选择传递方法。

b. 严格控制传递范围。

c. 建立必要的保密制度。

（2）信息传递的形式

行政文秘人员需掌握信息传递的一般形式。

① 信件。信件是正式的书面交流信息，可用于外向传递（如给客户、供应商的信件）、内向传递（如晋升或提高工资的信件），通常在一些数量有限和需要特殊信息的人之间传递。信件具有凭证作用，便于阅读和参考，能发送至相应的地址，但邮寄花费时间，不便于交换看法。信件内容通常包括目的、主题、结束语三部分。

② 备忘录。备忘录是通信的简化书面表格，通知有关工作事项，通常在单位内部使用，即企事业内部之间进行信息交流，尤其是在相互了解的人之间使用。备忘录采用书面

形式，文字不必像信件那样正式，便于查阅和参考，使用方便，但信息量较少，沟通较慢，不便于交换看法。企事业单位一般都有各自的标准备忘录格式，备忘录表格能预先打印或准备好。备忘录格式如表6-4所示。

表6-4 备忘录格式

给——接收信息人姓名
从——发送信息人姓名
抄送——其他需要信息的人
日期
标题
内容

③ 报告。报告是供他人阅读的正式文件，包含了有关内容的详细信息，被用来正式陈述事实性的信息，通常针对特定的利用者。报告的内容要正确，结构合理，重点突出，力求简洁，并得出确定的结论。如果想汇报自己参加的某项活动或针对特定对象的某种需要汇报某一明确主题的事实、情况时可以采用报告的形式。

④ 通知。通知使用的范围最为广泛，使用频率最高。通知的事项或要求办理的事情往往有很强的时间性。即使是规定性通知，也具有时效性。通知的语言要求简练。通知的格式如表6-5所示。

表6-5 通知的格式

关于××的通知
称呼：
××。
以上通知望认真执行。
××单位
××年××月××日

⑤ 指示。书面指示应简明清晰，要讲清应完成什么工作，以及完成这项工作的时间及工作方法。编写书面指示应讲清目标，指明工作方式，规定时限，指出实现预定目标应采取的措施，指出发送对象。

⑥ 新闻稿。企事业单位公布决定或政策时，可采用发布新闻稿的方式。新闻稿简明扼要，直入主题，客观反映事实，不作评论说明。

⑦ 企事业单位内部刊物。企事业单位内部刊物主要介绍单位动态和业务进展情况，是沟通上下、联系员工的桥梁。内部刊物的内容一般有单位内部信息、职务升迁信息、员工信息、业务往来信息等。

⑧ 传阅单。需要传阅内容多的信息时利用传阅单，上面列出所有应阅读该信息的工作人员的姓名和部门，阅读完信息后在传阅单上签字。

传阅单的格式如表6-6所示。

表6-6　传阅单的格式

姓名	传递日期	签名
传阅后返回给——姓名、房间		

⑨ 新闻发布会。新闻发布会是在一定时间，根据工作需要，公布重要信息，发布有关新闻或阐述观点，并回答提问，属于权威性的信息发布。企事业单位展示最新产品，演示技术上的最新成果、产品，展览会前或展览期间，都可举行新闻发布会。面对面的交流能产生较好的效果。

⑩ 声明。在报刊上宣布电话、地址的变更等，声明要简短，引人注目。

⑪ 直接邮件。直接邮件是将单位的信息材料通过邮寄、邮件等方式，向经过选择的对象推介某种产品或服务。

（3）信息传递的方法

行政文秘人员需要掌握信息传递的方法，具体有以下4种。

① 语言传递。语言传递是将信息转化成语言给信息接收者，可以通过如对话、座谈、会议、讲座、录音等形式传递各种信息。语言传递简洁、迅速，信息反馈及时，但获得的信息零乱，传递范围较小。

② 文字传递。文字传递是将信息转化成文字、符号、图像传递给信息接收者，可以通过报纸、书籍、杂志、文稿、报告等形式传递各种信息。文字传递可以实现远距离多次传递，避免信息失真变形，便于利用和存储。

a. 文本是大多数信息传递的形式，人们可以用文字处理技巧增加文本的影响力和清晰度。

b. 表格用于对特定的、标准的信息进行展示，要有标题，信息简明，表明信息来源。

c. 图表的基本类型有柱状图、饼状图、折线图。柱状图中的信息用柱子表示，多用于统计数字的比较。饼状图是用环形的形式展示信息，其中的圆环被分成几个区域，每个区域信息在整体中占一定百分比。折线图用于表示趋势及比较性信息。行政文秘人员应根据传递信息的类型选择图表形式，并能用图表准确地表述信息。

d. 框图是用图解的形式表示信息，包括流程图、组织图等。流程图以简单直观的图解表示某项工作的程序，用以分析任务的逻辑进程。流程图的式样如图6-2所示。

图6-2　信息工作流程图

③ 电信传递。电信传递是将信息转化成电信号传递给信息接收者，可以通过电话、传真、计算机网络、手机短信等形式传递各种信息。电信传递是一种现代化传递方式，具有

传递速度快、信息容量大、能够跨越空间限制等特点,是一种很有发展前景的传递方式。

④ 可视化辅助物传递。可视化辅助物传递可以通过影像、投影、展示架、展示或示范、布告栏等形式进行,用来帮助理解工作任务和信息,可用于消防、安全布告及出口标志等。

(4) 信息传递的工作程序

行政文秘人员应熟练掌握信息传递的工作程序。信息传递的工作程序如下。

① 确定传递信息的内容。确定哪些内容是必须进行传递的,过滤出不需要的信息内容。

② 选择并确定传递信息的形式。行政文秘人员应区分信息传递的对象,根据实际情况选择适宜的信息传递形式。

③ 确定传递信息的方法。选择语言传递、文字传递、电信传递或可视化辅助物传递等具体的信息传递方法。

④ 进行信息传递。将用一定形式表现的信息,按照所选择的信息传递方法,及时准确地传递给信息接收者。

⑤ 确认信息传递质量。对于传递出去的信息,应该确保接收者能够接受,行政文秘人员可以通过反馈或检查来了解接收者的反应和接收效果。

(5) 信息传递的要点

行政文秘人员应根据需求区别对象传递信息,做好例行信息的传递工作,充分运用现代化信息技术,如全球联网的电话、电视和数据传递网络、光盘和多媒体技术传递信息,实现信息的共享。

6.2 档案管理

6.2.1 档案收集

(1) 制订档案的收集范围

行政文秘人员首先应了解本单位档案包含什么,才能确定档案的收集范围。从形式上讲,档案包括本单位在业务活动中形成或使用的以图、表、簿册、声像、光盘、磁盘等为载体的具有查考和使用价值的文件材料。

① 档案接收。档案接收是指行政文秘人员定期接收企事业单位的有关部门按规定进行系统整理的档案的活动,是行政文秘人员收集档案的主要渠道。在档案收集过程中,行政文秘人员应重点收集那些反映企事业单位主要业务活动的文件材料。各专门档案的收集范围,按照企事业单位有关规定执行。

② 档案征集。档案征集是指行政文秘人员按照企事业单位领导的要求征收与企事业单位业务范围有关的档案、文献的活动,是行政文秘人员收集档案的必要补充渠道。

(2) 选择档案收集方式

档案收集从时间上划分主要包括以下几种收集方式,如图6-3所示。

(3) 明确档案收集形式

行政文秘人员首先应当明确档案收集的形式。档案收集的形式主要有如图6-4所示的3种。

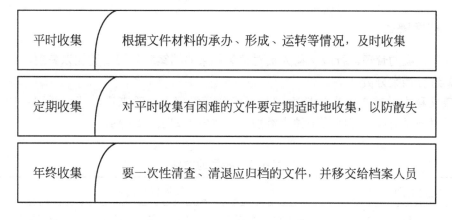

图 6-3 档案收集的方式

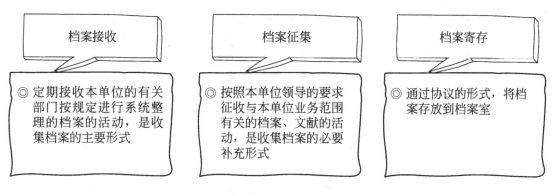

图 6-4 档案收集的三种形式

（4）明确档案收集途径

行政文秘人员可结合实际需要，采取不同的收集途径进行档案收集，具体途径如表6-7所示。

表6-7 档案收集的七种途径

序号	途径	解释说明
1	登记簿	根据收、发文登记簿进行核对、收集
2	文件中线索	根据已有文件中提供的线索进行跟踪式收集
3	对应关系	根据文种的对应关系，触类旁通，进行收集
4	文号、编号	根据收文的文号、图纸的编号进行收集
5	处理单	根据处理单上注明的内容、来源等进行收集
6	现场收集	根据业务开展的实际情况，深入现场进行收集
7	人员帮助收集	通过领导、承办人或当事人提供的线索进行收集

6.2.2 档案整理

为便于档案的管理,行政文秘人员对搜集起来的档案应分门别类加以整理。

（1）进行档案分类

行政文秘人员首先应当对档案进行正确分类管理,一般来说,档案类别包括四大类,每一大类里面又可以细分成若干种小类别,具体内容如表6-8所示。

表6-8 档案的类别

档案类别		具体包括内容
文书档案	党群工作类	常务工作、组织工作、宣传工作、纪检工作、工会工作等
	行政管理类	行政事务、人事劳资、教育培训、医疗卫生、后勤工作等
	经营管理类	经营决策、财务工作、本单位内部管理、物资物品管理等
	生产管理类	调度管理、质量管理、标准化管理、安全管理、设备管理、环境管理等
科技档案	产品基本材料	产品说明书、鉴定书、试验报告、分析报告、运行报告等
	科研材料	合同文本、科研报告、专题报告、试验报告、发明专利材料等
	基建材料	建议书、任务书、计划书、预算和决算报告、施工图纸、检验分析报告等
	设备材料	设备说明书、技术操作规范、维修保养计划和记录等
人事档案		招聘登记表、履历表、书面证明材料、薪酬考核材料及培训材料等
电子音像档案		计算机光盘、照片、电影胶片、专题片、微缩胶片、录音磁带等

（2）档案分类的方法

档案分类的方法很多,归纳起来可按照4种标准分类,如图6-5所示。

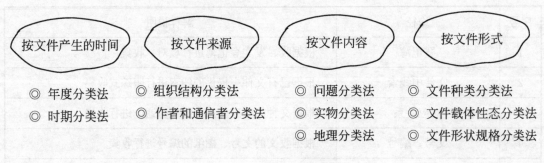

图6-5 档案分类的方法

（3）档案整理实施

行政文秘人员在对档案进行分类后,就需对档案进行整理,档案整理的具体实施步骤如图6-6所示。

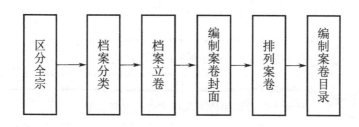

图6-6 档案整理的步骤

6.2.3 档案鉴定

（1）档案鉴定工作的实施

档案鉴定主要是指判定档案价值的大小以及档案是否具有继续保存价值的工作。档案的价值是指对本企事业单位的有用性。档案鉴定工作具体事项如下。

① 制订档案鉴定管理制度，确定档案鉴定的范围和标准，调查鉴定档案的情况和数量，制订档案的鉴定工作计划。

② 组织安排鉴定档案，鉴定意见提出与审查，编制拟调整保管期限档案目录和销毁清册。

③ 整理调整保管期限档案和销毁剔除档案，整理鉴定工作文件和报告，上报鉴定报告。

（2）档案鉴定工作的注意事项

行政文秘人员在进行档案鉴定工作的过程中，需注意以下4点。

① 注意档案之间的联系，防止孤立地划分其价值。

② 考察档案的实际内容，防止从形式上看其价值。

③ 研究档案的各种作用，防止片面地看其价值。

④ 考虑档案的长远需要，防止静止地看问题。

（3）鉴定档案的保存价值

档案保存价值可由多种鉴定标准进行鉴定，鉴定人员在鉴定档案保存价值时，可从一种鉴定标准着手，也可结合运用几种鉴定标准。档案保存价值的鉴定标准具体如图6-7所示。

（4）撰写档案鉴定报告

档案鉴定报告包括以下表6-9所示的内容。

表6-9 档案鉴定报告的内容一览表

报告内容	具体说明
基本资料	档案原有机构的基本资料
背景资料	背景材料包括鉴定原因、鉴定标准、鉴定方式及方法、鉴定遭遇的困难及处理情形以及鉴定小组成员
档案描述	档案描述包括档案号、文件产生起讫日期、数量、原件或复制品、媒体形式、保存状况、档案名、档案内容、产生原因及目的、档案特色、限制应用的原因、与其他档案的关系及相关鉴定案例等
鉴定结果	档案销毁、典藏或移转等处置事项的建议

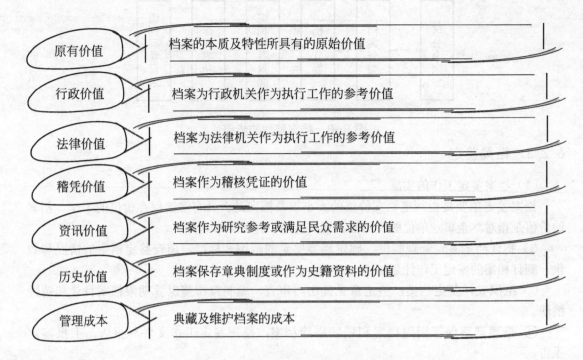

图 6-7　档案保存价值的鉴定标准

6.2.4　档案保管

（1）明确档案保管期限

行政文秘人员可参照以下标准确定保管档案的期限，如表 6-10 所示。

表 6-10　保管档案期限标准表

序号	保管期限	具体内容举例
1	永久保存	如企事业单位章程、股东名册、组织规程及办事细则、董事会及股东会纪录、政府机关核准文件、不动产所有权及其他债权凭证、工程设计图等
2	10 年	如预算、决算书、事业计划资料等
3	5 年	如期满或解除的合约
4	1 年	结案后无长期保存需要的档案
其他说明		各种规章由行政部永久保存，使用部门视其有效期予以保存

（2）了解档案损毁的原因

行政管理人员在对档案进行保管之前，首先需了解档案损毁的原因，档案毁损的具体原因如表 6-11 所示。

表6-11 档案损毁的原因表

损毁因素		损毁原因
自然损毁	内因	产品本身的质量
	外因	不适宜的温湿度
		紫外线辐射
		灰尘、有害气体污染
		有害的昆虫、微生物
		水灾、火灾
人为损毁	工作人员失职	责任心不强
	管理人员原因	工作制度不健全、缺乏管理知识
	其他人员破坏	盗窃
		恶意纵火

(3) 掌握档案的保管技巧

行政文秘人员对档案的保管包括保存、保密、保证使用等方面，根据档案存放形式的不同，档案保管的技巧也有区别，档案保管的技巧如图6-8所示。

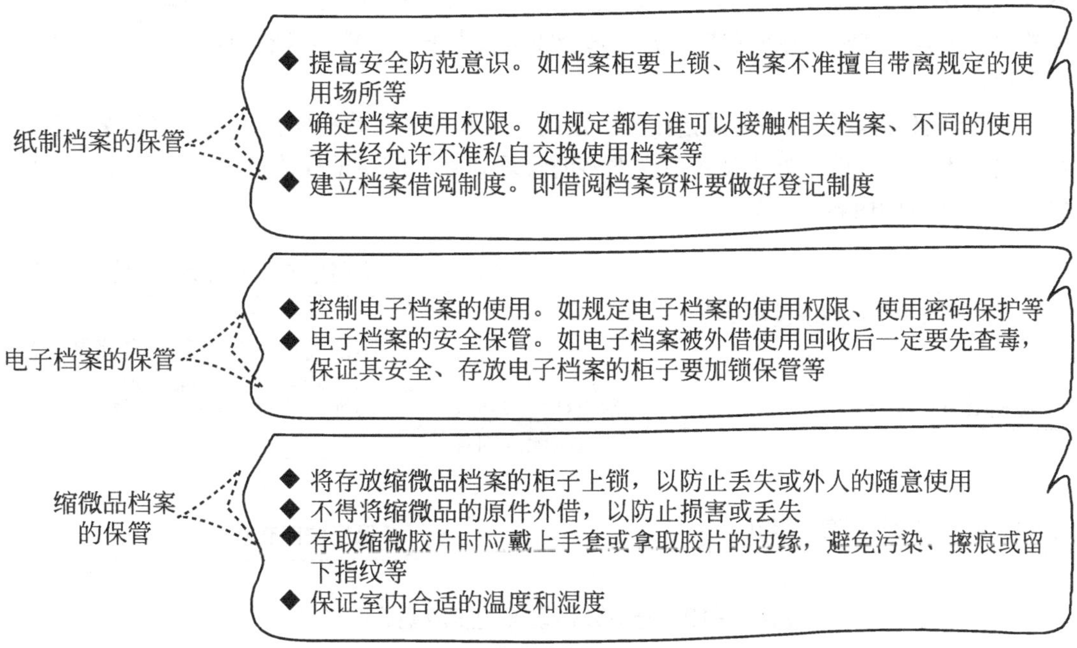

纸制档案的保管：
- ◆ 提高安全防范意识。如档案柜要上锁、档案不准擅自带离规定的使用场所等
- ◆ 确定档案使用权限。如规定都有谁可以接触相关档案、不同的使用者未经允许不准私自交换使用档案等
- ◆ 建立档案借阅制度。即借阅档案资料要做好登记制度

电子档案的保管：
- ◆ 控制电子档案的使用。如规定电子档案的使用权限、使用密码保护等
- ◆ 电子档案的安全保管。如电子档案被外借使用回收后一定要先查毒，保证其安全、存放电子档案的柜子要加锁保管等

缩微品档案的保管：
- ◆ 将存放缩微品档案的柜子上锁，以防止丢失或外人的随意使用
- ◆ 不得将缩微品的原件外借，以防止损害或丢失
- ◆ 存取缩微胶片时应戴上手套或拿取胶片的边缘，避免污染、擦痕或留下指纹等
- ◆ 保证室内合适的温度和湿度

图6-8 档案的保管技巧

6.2.5 档案使用

(1) 明确档案使用途径

在企事业单位的日常工作中，相关部门人员存在使用档案的情况。行政文秘人员可以

以档案信息资源为基础,通过提供档案信息的方式,为前来了解信息的人员提供使用服务工作。行政文秘人员可以通过以下途径,向档案使用者提供服务。

① 开设阅览室。阅览室是联系档案的保管者和使用者的纽带,是档案发挥作用的主渠道,因而行政文秘人员必须做好阅览室开设及管理工作。

a. 开设阅览室。行政文秘人员在开设阅览室时,应注意一些事项,如图6-9所示。

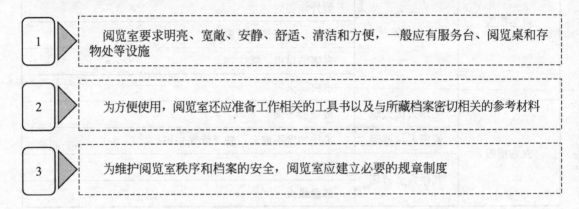

图6-9 阅览室开设注意事项

b. 开架阅览。为简化手续,方便使用者迅速地大量查阅,行政文秘人员可以有条件地实行部分档案开架阅览。行政文秘人员开架阅览的基本做法是:可供开架阅览的是部分档案副本;开架的档案是非密的或密级较低的;提供专门的开架阅览场所;编写开架部分档案的检索工具,并注明存放位置,并在每个阅览架上编制"档案检索图表",避免使用者盲目寻找。

② 档案外借。档案外借是指按照一定的制度和手续,将档案携出档案室阅览和使用。行政文秘人员可对档案外借使用建立严格的管理制度,以便于规范管理。管理制度需明确如图6-10所示的内容。

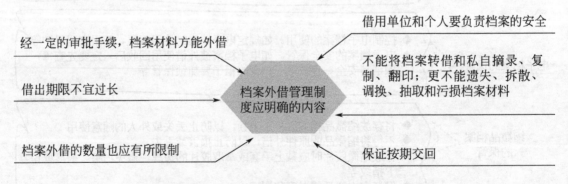

图6-10 档案外借管理制度应明确的内容

③ 档案复制。档案复制包括内部复制和外部复制。档案复制分为副本和摘录两种。副本,是复制、反映档案原件的某些部分,复制方法主要有复印、打印和拍摄等。摘录是指手抄部分档案的内容。

④ 提供咨询服务。提供咨询服务是指行政文秘人员以档案为依据,以自己所掌握的业务知识和专业技术知识为基础,对查询者提出的问题进行解答,或指导使用者获得有关某

一方面档案的线索。

⑤ 印发档案目录。印发档案目录是指行政文秘人员将档案目录印制分发到有关部门。它包括内部印发和外部交流两种，其目的是为了交流情况，互通信息。

⑥ 举办档案展览。档案展览是指根据某种需要，按照一定主题，系统地陈列档案材料。行政文秘人员举办各种小型展览会，如生产成就展览会、科研成就展览会、公文质量展览会等。行政文秘人员举办档案展览的具体操作步骤如图6-11所示。

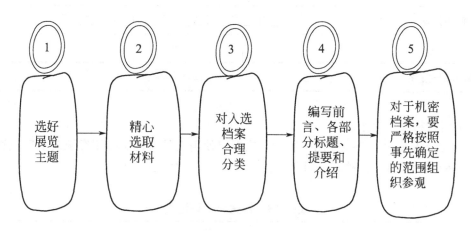

图6-11　档案展览举办的操作步骤

行政文秘人员举办展览会时需注意，参展档案一般使用复制品，必须展出原件时，应将其陈列于玻璃柜或采取其他保护措施，以确保档案不受损坏。

⑦ 出具档案证明。档案证明是行政文秘人员向申请询问、核查档案中的有关记载的使用者出具的书面证明材料。行政文秘人员只有在使用者正式申请下才能进行这项工作，而且对申请的审查和证明的拟写，都必须认真对待，具体做法如图6-12所示。

　行政文秘人员对申请证明的目的以及所查证问题的发生地点、时间和经过都要进行严格的审查

　行政文秘人员应根据档案的正本或可靠的副本来拟写档案证明

　行政文秘人员在档案证明中不能妄加评论和总结，只能对有关材料进行客观的、如实的叙述或摘录，尤其对所要证明的问题起关键性作用的内容应做到与原件的字、句，甚至标点完全吻合

图6-12　出具档案证明的注意事项

（2）档案使用手续检查

档案使用前，行政文秘人员应督促档案使用者在使用申请单上做好相关登记，密级以上的重要的档案需经过相关领导审批，核实无误后，方可准予使用。档案使用申请单如表6-12所示。

表6-12 档案使用申请单

类别		调卷部门	
		调卷人	
档案内容			
档案用途			
使用期限	___年__月__日至___年__月__日，共__日		
目录号		档案号	
部门领导签字		保管人签字	

（3）进行档案使用登记

行政文秘人员检查档案使用手续后，应督促使用人员在档案使用登记表上登记详细内容，保证档案管理有序。档案使用登记表的内容及格式如表6-13所示。

表6-13 档案使用登记表

全宗号	目录号	档案号	使用				归还	
			日期	使用部门	使用人签字	管理人员签字	日期	管理人员签字

6.3 保密管理

6.3.1 保密范围和密级确定

（1）保密范围

企事业单位保密范围一般有下列内容。

① 企事业单位重大决策中的秘密事项。

② 企事业单位尚未付诸实施的经营战略、经营方向、经营规划、经营项目及经营决策。

③ 企事业单位内部掌握的合同、协议、意向书及可行性报告、主要会议记录等。

④ 财务预决算报告及种类、财务报表、统计报表等。

⑤ 企事业单位所掌握的尚未进入市场或尚未公开的各类信息。

⑥ 人事档案，工资性、劳务性收入及资料。

⑦ 其他经项目负责人确定应保密的事项。

(2) 保密级别

行政文秘人员应掌握企事业单位资料的保密级别，并对照级别做好保密工作，保密级别如表6-14所示。

表6-14 保密级别对照表

保密级别	详细内容
绝密	① 企事业单位重大决策中的秘密事项。 ② 企事业单位尚未付诸实施的经营战略、经营方向、经营规划、经营项目及经营决策等
机密	① 企事业单位合同、协议、意向书及可行性报告、重要会议记录、经营状况等。 ② 企事业单位财务预、决算报告和各类财务报表、统计报表等。 ③ 企事业单位客户名单、营销方案等销售业务资料。 ④ 企事业单位采购信息、货源情报、供应商资料等。 ⑤ 企事业单位产品技术资料和生产情况、新产品研发资料等。 ⑥ 企事业单位与同行对手的竞争策略、计划
秘密	① 企事业单位在一定时间和范围内不宜公开的机构设置、内部分工等。 ② 企事业单位人事安排和职务任免事项、企事业单位职员的人事档案和员工福利待遇资料、企事业单位内部管理制度等。 ③ 企事业单位相关证照、印章等。 ④ 企事业单位尚未公开的各类信息。 ⑤ 企事业单位其他应当保密的事项

6.3.2 保密措施

(1) 会议保密

企事业单位召开具有秘密内容的会议时，行政部应同其他部门一同做好涉密会议的保密管理工作。表6-15提供了涉密会议的主办部门可采取的保密措施。

表6-15 涉密会议可采取的保密措施

时间段	措施	具体内容
会议准备阶段	制订纪律	制订保密记录，明确保密事项和泄密人员处理办法
	选择场所	选择具备保密条件的会议场所
	确定人员	依据会议的保密程度，确定参加会议的人员，严格控制列席人员，不得随意扩大范围
	准备文件	需翻印、复印有关会议文件和内部讲话时必须按照保密规定履行审批手续，须经企事业单位主管负责人签字
会议召开阶段	身份验证	对进入会议场所的人员进行身份验证，严防未经允许人员进入会议场所
	会议记录	会议传达秘密以上密级的文件、内部讲话、资料，允许记录的，要用保密手册记录，按保密管理办法处理

续表

时间段	措施	具体内容
会议结束后	记录保管	指定专人对会议记录进行保管；行政部定期对会议记录的保管情况进行记录，防止重要资料遗失

（2）信息保密

① 行政文秘人员因工作原因而获悉的企事业单位尚在讨论阶段的年度经营计划、战略规划、重大决策等事项，未经领导批准，行政文秘人员不得擅自向他人透露。

② 行政文秘人员应做好企事业单位尚未对外披露的重大信息的保密工作，严格遵守企事业单位重大信息披露管理制度，不得提前泄密。

③ 行政文秘人员不得利用知悉的企事业单位尚未公开的信息进行内幕交易或者通过其他方式来牟取私利。

（3）内部沟通工作保密

① 行政文秘人员应不断强化保密意识，在内部沟通过程中做到不该说的不说，不该问的不问。

② 经领导批准，行政文秘人员可以将企事业单位保密事项透漏给企事业单位相关重要岗位的人员，但不得私自扩大透漏范围，更不得透漏其他信息。

（4）对外交往与合作保密

① 行政文秘人员在接待来访者，对外交往与合作中应谨言慎行，不得擅自谈及企事业单位保密事项。

② 行政文秘人员在对外交往与合作中需要提供企事业单位保密事项的，应当事先经领导批准，提供保密文件的应执行严格的检查程序。

③ 行政文秘人员不得在私人交往和通信中泄露企事业单位秘密，不准在公共场所谈论企事业单位秘密，不准通过其他方式传递企事业单位秘密。

（5）文件保密

① 行政文秘人员负责文件的分类、建档、保存、备份等工作。

② 密件制作过程中形成的中间材料及残次品不得随意乱放，行政文秘人员下班或离开办公室时要将所有密件或其中间材料、残次品放入带锁的柜子中保管好，密件制作完成后，要及时归档。

③ 行政文秘人员要做好电子文件的保密管理，不得在未采取保密措施的电子设备中储存保密事项，处理保密事项的计算机不得连接外网和内网。

④ 行政文秘人员不准擅自携带董办密件外出，必须携带外出时需经领导批准并按规定采取必要的安全措施。

⑤ 行政文秘人员需要销毁的密件，经登记、造册，报部门领导审签后，由保密办公室按规定监销、处理，严禁私自销毁。以电磁信号方式记录保密事项的密件，应当彻底销磁，应采取粉碎、烧毁或化学腐蚀等方式销毁，严禁将密件当作废品出售。

第7章 公共关系事务处理

7.1 专题活动

7.1.1 新闻发布会

企事业单位的生存和发展离不开信息。在取得成就时要与公众分享自己的喜悦，在遭遇突发事件时要向社会说明事件的真相和自己的态度，在这些情况下，企事业单位往往要考虑在适当的时候通过一定的形式和渠道把那些重要的信息向社会公众进行发布。利用新闻媒介进行信息的发布活动就是新闻发布。因此，新闻发布一般是指企事业单位在取得突出成绩或面临重大变故时向新闻媒介公布信息的专题性公关活动。

在现代社会中，新闻发布活动的典型形式是新闻发布会。新闻发布会又称记者招待会，是企事业单位为发布重大新闻或阐述重要方针政策而专门约请新闻记者参加的会议。

新闻发布会的基本功能有三点：第一，提高知名度。通过发布信息，引起公众对企事业单位的关注。第二，开展媒介关系。通过活动为新闻界提供了解自己的机会，借以建立或进一步巩固与新闻界的关系。第三，影响舆论。通过阐述企事业单位的方针政策，引导公众意见和态度朝着对企事业单位有利的方向转化。

新闻发布会是现代企事业单位从事信息传播的一种十分正规和隆重的活动。它的参与者是对社会发展有特殊影响作用的新闻记者。活动的成败事关企事业单位发展的大计，不允许出现差错和失误。对此，行政文秘人员要有十分清醒的认识。

（1）新闻发布会的准备

① 准备新闻发布资料。新闻发布资料就是新闻发布的凭据。不同的单位或同一单位出于不同的目的，需要的新闻发布资料都是不同的，这就要求事先对新闻发布资料做一个大致的分类。按实际应用的需要，新闻发布资料可以分为以下3种类型。

a. 综合性资料。综合性资料指那些能系统地概括企事业单位的运营状态，准确地反映企事业单位整体面貌的材料。一个村庄、一座城镇，都有自己的历史，都坐落在某个特定的区域，有一定的人口规模和结构，有自己的生存方式和发展目标。一家商场、一家公司，哪怕只是成立几天，也都有自己的历史和现状，有自己的经营范围、产品结构、市场分布、服务网络，优秀的企业往往还有自己的经营理念、企业文化、知识产权等。这些就是新闻发布会的综合性资料。

b. 专业性资料。任何企事业单位都从属于一定的行业领域，每一个领域都有自己的专业性质和技术特点。专业性资料就是指那些与本企事业单位所在的行业相关的专业技术材料。

用于新闻发布会的专业性资料主要包括：第一，专业技术标准。本单位依据什么样的标准从事生产或提供服务,省级、国家级还是ISO 9000标准。第二,达标情况。现在提供的产品或服务是否达到标准,经由哪个权威部门验证过。第三,现有技术力量。人员、设备、工艺水平如何。第四,专业术语。本单位经常使用并在社会上传播较广的专业术语有哪些,分别表示什么含义,公众应该怎样理解这些术语。第五,针对新闻发布内容准备的其他专业技术资料。

c. 说明性资料。通常,人们讲话都是为了试图说明某个问题,说明一个事物,讲明一个道理,表明一个意向等。此外,人们日常接触的信息资料大部分都是说明性的,如报纸上突出报道"邯钢经验",说明大型国有企业的改革有了成功的先例。

说明性资料是指用于解释说明新闻发布会主题的一揽子材料。新闻发布会是一种目的性十分明确的信息传递活动,事先必须准备充分的材料,来说明为什么要举行这个发布会。同时还要预想在一个确定的主题下记者会提问什么样的问题,对这些问题应当如何回答。简而言之,应当围绕新闻发布会的主题来收集说明性资料。其内容主要涉及:第一,本次新闻发布会的主题是什么:向公众发布喜讯,还是针对某个突发性事件要表明本企事业单位的态度。第二,该主题的意义:对本单位,对公众,对社会环境会产生什么影响。第三,该主题包含哪些内容:主要内容、次要内容、相关内容分别有哪些。第四,对主题内容需要做哪些方面的说明。第五,主题内容是否涉及社会敏感问题,如有记者提问,能否提出有说服力的资料。

d. 实物资料。有些新闻发布会需要准备实物资料。为澄清事实而举行的新闻发布会,也可以展示实物资料,作为澄清事实的物证。为了加强与新闻界的感情联络,同时也是出于树立品牌形象的需要,有些新闻发布会要提供宣传品,这也是实物资料。这些都要事先准备好。

② 邀请新闻媒介人员。

a. 确定新闻媒介。新闻媒介人员就是在新闻单位供职的记者、编辑或技术人员。新闻媒介人员代表不同的新闻媒介,确定新闻媒介是新闻发布会前期准备中的一个重要环节。新闻媒介的选择是否恰当,直接关系着新闻发布会的效果,甚至决定着新闻发布会的成败。确定新闻媒介需要做好两个方面的工作。

一是分析新闻媒介。新闻媒介有各自的宣传宗旨和受众群体,有自己的报道倾向和社会影响力。熟悉新闻媒介,了解不同新闻媒介机构的特点,对制订新闻发布计划、确定新闻发布会的邀请对象是有帮助的。对新闻媒介的分析,需要考虑以下因素:第一,什么媒介:报纸、杂志,还是广播、电视。这些媒介各有优势,又都有自己的局限性,因此在选择媒介时,既要考虑单一媒介的长处,又要考虑尽可能发挥不同媒介的组合优势。第二,哪一级媒介:全国性媒介,还是省级、本地媒介。要考虑新闻发布内容需要传播多大的范围。传播范围小了固然起不到宣传效果,盲目扩大宣传范围则不仅会造成浪费,还有可能对开展工作造成被动。第三,哪一种媒介:综合性媒介,还是专业性媒介,这要考虑新闻发布会的主题。

二是确定邀请名单。对新闻媒介的性质进行分析后,就要确定新闻发布会的邀请名单了。一般情况下,邀请名单是以本单位为原点,由近及远确定的:第一,与本单位有长期的良好合作关系的。第二,与本单位有过接触,有初步印象的。第三,对本单位有接触需要加深关系的。第四,与新闻发布会的主题有直接关系的。第五,名气大,通过合适的方式可以邀请到的。

此外，在实际运作过程中，还必须根据新闻发布会的主题和公关目标、预期的传播覆盖范围、传播的深度来选择和确定邀请名单。

在我国，新闻记者肩负着传播信息和宣传政策的双重职能。新闻记者这种比较特殊的社会地位决定了邀请新闻记者要特别慎重，必须合乎规范，不能马虎行事。

b.邀请的程序。邀请新闻记者的一般程序是：第一，匡算邀请记者的人数，初拟被邀媒介、记者的名单。第二，与新闻媒介联系，落实被邀媒介、记者的名单。第三，制作、填写新闻发布会请柬。第四，发出邀请。对重要媒介要派人正式邀请，对一般媒介可以通过电话口头邀请或通过传真、电邮发送请柬。重要媒介并不一定是级别最高的媒介，但一定是不好邀请而本次新闻发布会必须出席的新闻媒介。第五，落实出席新闻发布会的媒介及记者的人数。

c.注意事项。主要注意以下几点：第一，新闻发布会的规模是由新闻发布内容决定的，媒介、记者数量要适中，并不是越多越好。第二，重要媒介的参与是新闻发布会成功的关键，应当与重要媒介做好沟通工作，以确保其派记者出席。第三，新闻发布会是正式的活动，邀请记者的程序必须奉行"先公后私"的原则。不论公关人员与记者多么熟悉，都要履行"单位——媒介机构——新闻记者"的正规程序。第四，不要以利益诱惑的方式吸引新闻记者或对记者做特别许诺，这是公共关系职业道德和新闻宣传纪律所禁止的。

③ 布置新闻发布会现场。选择新闻发布会的地点，要有利于媒体的相对集中，有利于全面、直接地与记者进行沟通、有利于充分展示组织的优良形象。

新闻发布会的场所有3种不同的选择：可以布置在本单位的会议室；可以选择本地的宾馆；还可以到异地选择其他场所举行。

a.会议室发布会现场。企事业单位的新闻发布会，多数情况下是在本单位的会议室内举行的。在自己"家"里开会，有人可能会觉得是件省钱省力、以逸待劳的事情，实则不然。任何新闻发布会均具有双重职能发布信息，展示形象。新闻记者为所需要的信息而来，他们同时也会以特有的敏锐目光去审视单位的运转状况。如果在记者的眼中出现单位现状与新闻发布内容不协调或互相矛盾的景象，他们会对新闻发布内容的价值大打折扣。因此，企事业单位要想借助新闻发布会在传播信息和塑造形象上获得双丰收，必须具有"两条战线作战"的思想准备，又能有行动上的上佳表现，即把企事业单位的运转调整到最佳状态，以及把新闻发布会现场布置得井然有序。

b.宾馆发布会现场。规格较高的新闻发布会一般在宾馆举行，现场的布置可以委托宾馆进行。基本设施与布置与在单位会议室内一致。除此之外，要求服务更加规范、周到，服务人员要一律佩戴标有"××单位新闻发布会"字样的绶带。

c.外地发布会现场。新闻发布会如果需要在外地举行，则可繁可简。

规格一般的，可以委托一家宾馆举行。如果事情紧急，新闻发布内容又容易引起新闻媒介关注的，还可以在形式上不拘一格，或借游园活动联络记者，或文化沙龙发布消息。

总之，异地举行新闻发布会，现场布置的原则是一般规范与灵活多样相结合，可以因地制宜，不必过分讲求形式，最重要的是保证新闻发布的效果。

（2）新闻发布会的程序

① 新闻发布会程序的特点。

a.条理清晰。企事业单位举行新闻发布会一般来说目标比较单一，往往一个主题做主线贯穿始终。因此，新闻发布会的程序比较简单，条理也很清晰。发言人的演讲不是面面俱到的总结性报告，不涉及太多的枝节问题。主持人总会运用娴熟的技巧把某些记者"旁敲侧击"式的提问巧妙地引至会议主题上来。

b. 节奏明快。节奏明快是新闻发布会的又一显著特点。企事业单位的新闻发布会主题比较单一，并沿袭其他大型新闻发布会限定时间的惯例，新闻发言人的演讲和说明往往简洁明快；受新闻媒介截稿时间的限制，新闻记者的工作作风更以快节奏著称。这两方面的因素决定了新闻发布会在程序安排上时间紧凑、节奏明快。

c. 符合规范。新闻发布会是正规、隆重的信息发布活动。多年来的国内外实践形成了基本的规范，并已经以相对固定的程序延续了下来。除非出于企事业单位的特殊需要，一般不做大的改动。

② 新闻发布会程序的内容。

a. 宣布开始。主持人宣布新闻发布会开始，致简短欢迎词，介绍议题和议程，推出新闻发言人。

b. 发布新闻。新闻发言人讲话，可以宣读新闻发布稿，也可以按发言提纲发布新闻。

c. 答记者问。由主持人指定提问记者，新闻发言人回答记者的提问。主持人自始至终掌握着时间和节奏，按事先规定的时间，宣布"最后一位记者提问"。

d. 宣布结束。新闻发言人答完最后一位记者提问后，主持人宣布新闻发布会结束。

e. 提示会后安排。主持人提示会后记者的活动，如参观单位工作现场、赠送礼品等。

（3）新闻发布会的礼仪

礼仪是处于一定社会关系中的人们共同认可和遵循的行为规范。与其他正式社交场合一样，新闻发布会有一套完整的礼仪规范。与大多数社交场合不同的是，新闻发布会的礼仪规范中具有较少客套的东西，它的核心是"诚"，即真诚地面对新闻记者，坦诚地公布与企事业单位相关的信息。如果不能做到这一点，信息发布的途径就应当改为其他形式。

新闻发布会的礼仪表现为以下3个方面的特点。

① 称谓。对新闻记者的称谓，基本要求是规范。与各位记者见面打招呼时不论男女，均称"XX记者"，如"张记者""刘记者"。在新闻发布会上，面对全体记者时的主要称呼语是"各位记者"或"尊敬的记者朋友"。为了烘托气氛，可附加"女士们、先生们、朋友们"等称呼语。

② 礼节。与新闻简洁、注重时效的特征相适应，新闻发布会的礼节最大的特点是简单。过于客套、周到的礼节，不仅使人局促，而且有时会令人产生虚而不实或不胜其烦的感觉。而新闻发布会上的礼节太多太烦琐的话，就更与新闻发布会的主旨和新闻记者的职业习惯不相适应。因此，在新闻发布会期间和发布会前后的必要场合，对新闻记者的接待以简单得体为宜。

③ 仪表。新闻发布会要求主持人和发言人注重仪表。新闻发布会的仪表要求是正规：正规的发式、正规的服饰。除非是流行时装发布会等特殊性质的新闻发布会，从主持人、发言人到会议服务人员，男士一般要剃须理发，西装革履，女士要粉黛淡雅，着装庄重。在仪容仪表方面，需要注意以下几个方面。

a. 避免个人情趣和偏好。人都有自己的情趣和偏好，以此显示自己的个性，在仪容仪表方面尤甚。但新闻发布会上展示的是组织形象，是单位的个性，而非个体的个性。

b. 避免过于突出单位统一着装。单位统一着装有很多长处，它不仅带来了工作和现场整理的便利，而且是一种精神风貌，是一种形象。但一般情况下，除军队、公检法部门外，新闻发布会上不宜过于突出单位统一着装,因为具有职业特点的服装容易使人把公众信息与单位广告宣传相联系,这反而影响新闻发布效果。

c. 态度。从某种意义上说,公共关系工作的性质是组织行为与公众态度的交流。公关员的待人处世态度是组织行为的一个重要组成部分。就一般而言,诚恳的态度是成功交流的法宝。

在新闻发布会上,或者有新政策需要发布,或者有问题需要公众谅解,抑或面对记者连珠炮般的发问,最基本最有效的策略仍然是诚恳的态度。

d. 言辞。言辞是说话或写文章时所用的词句,是人类传播信息的基本符号。在开放的现代社会,优雅的谈吐、动听的言辞,已经或正在成为打开交际大门的一把钥匙。从一般意义上说,说话或写文章的人应该学会应用各种修辞手法,如比喻、排比、夸张等,以加强信息传播的效果。在新闻发布会上,沟通企事业单位与新闻记者的基本媒介同样是言辞,但发言人能够使用的修辞手法却比较有限,因为,新闻发布会强调新闻性,而新闻是一种简约的文体,新闻的力量在于"用事实说话"。只有用肯定的言辞去发布事实确凿的肯定的信息,才能够使人感受到"用事实说话"的力量和对新闻记者的尊重。因此,用肯定的言辞发布信息乃是新闻发布会最简约、最有力的言辞手段和最合体的礼仪。

e. 议程。新闻讲求时效性,因此新闻发布会的议程要求议题紧凑、节奏明快。即使新闻记者的态度明显与发言人的意见相左,发言人都只能力争用肯定的语调公布事实确凿的信息。而主持人则应该审时度势,尽量把记者的提问和发言人的回答及时引入符合主题的正确轨道。如出现发言人不能回答又无法回避的问题,发言人应该得体而果断地申明本次新闻发布会不探讨某个特殊的问题,请记者谅解。发言人和主持人在新闻发布会上都必须做到不擅用"无可奉告"的外交辞令,更不狡辩,不抢白记者,不随意打断记者问话。

7.1.2 典礼仪式

庆典仪式是为庆祝、纪念某一重大事件而举行的一种公共关系专题活动。举行典礼仪式的目的在于联络公众、增进友谊、扩大影响。在一个特殊的日子里,举行一定规模的庆典仪式,对于宣传和提高企事业单位的知名度具有重要的作用。

一般而言,庆典仪式的具体形式要根据企事业单位生产经营的特点、发展历史、预算等来决定。

在实际工作中,典礼仪式的形式多种多样,并没有统一的模式。有的典礼仪式非常简单,如某个企业办公楼的开工典礼,放一挂鞭炮,企业老总喊一声"开工",仪式便宣告结束。有的仪式非常隆重、庄严,甚至还有一套严格的程序和繁文缛节。

(1) 典礼仪式的类型

庆典仪式的类型主要包括开幕典礼、周年纪念日和其他纪念日。

① 开幕典礼。开幕典礼是指为第一次与公众见面的具有纪念意义的事件而举行的庆典活动,如开业典礼、新工程的奠基典礼和展销会的开幕等。

② 周年纪念日。周年纪念日是指企事业单位成立周年时开展的庆典活动。

③ 其他纪念日。其他纪念日是指企事业单位遇到某一具有"里程碑"性质的时间而举行的庆典仪式。

(2) 典礼仪式的准备工作

典礼仪式开始之前,行政文秘人员要做好周密的准备,下面以某公司的开业典礼为例,介绍如何开展典礼活动。

① 做好舆论宣传工作。

a. 可以运用传播媒介在报纸、电台、电视台广泛发布广告，或在告示栏中张贴庆典活动告示，以引起公众的注意。

b. 广告和告示的内容一般包括开业庆典的日期、时间、地点等。

c. 广告或告示一般应在开业前的3～5天内发布。

d. 企业可以邀请一些新闻媒体，在开业典礼举行时到现场进行采访，对企业给予正面宣传。

② 做好来宾邀请工作。

一般而言，参加开业典礼的来宾主要包括上级领导、新闻界人士、社会名流、合作伙伴和同行业的代表等。

③ 发放请柬。

a. 参加开业典礼的人员确定后，应该提前一周发出请柬，以便被邀请者做好准备。

b. 请柬内容要完整、简洁、热情。特别要注意，被邀请者的姓名要书写整齐，不能潦草。

c. 一般的请柬可以通过邮局邮寄，给上级领导和有名望的人士的请柬最好派专人送达，以表示尊重。

④ 做好场地布置工作。

a. 无论典礼的地点是在室内的会场，还是在室外的广场或现场，都应悬挂标明庆典具体内容的大型横幅，装饰彩灯、彩带、气球等，以突出热烈、隆重、喜庆的气氛。

b. 在室外广场或现场举行庆典仪式时，主宾一律站立，不设主席台或座椅。为显示隆重与尊敬，可以在贵宾站立处铺设红色的地毯，摆放来宾赠送的花篮和牌匾等。

c. 提前准备好来宾的签到簿、本单位的宣传材料、待客的饮料等。检查和调适音响、照明及其他设备等。

⑤ 做好接待服务工作。

a. 设专人负责接待参加典礼仪式的来宾。

b. 全体员工在来宾面前要以主人翁的身份热情待客，主动相助，同时应严格分工，各尽其责。

c. 对于一般来宾，可由本单位礼仪人员或服务人员接待即可；对于贵宾，必须由本单位主要负责人亲自出面接待；如果来宾比较多，则应该准备好专用的停车场、休息室，必要时还应安排好饮食、住宿等。

⑥ 做好礼品馈赠工作。

举行开业典礼赠送的礼品一般属于宣传性传播媒介的范畴之内，要突出三个特征，即宣传性、荣誉性和独特性。

a. 宣传性。可宣传本组织的精神、文化、理念，也可以是本组织的产品或印有本组织的标志、广告用语、产品图案等。

b. 荣誉性。具有纪念意义，并使获赠者感到光荣和自豪。

c. 独特性。礼品应与众不同，具有本组织的特色，令人过目不忘。

（3）实施典礼的具体程序

实施典礼仪式的程序如图7-1所示。

迎宾	接待人员应在会场门口迎接来宾，请来宾登记后，引导来宾就位
典礼开始	典礼主持人宣布典礼仪式正式开始，全体起立，奏乐，宣读重要嘉宾名单
致贺词	由上级领导和来宾代表致贺词，表示祝贺，提出希望。贺词由谁来读应事先要定好，以免当众推来推去。对外来的贺电不必一一宣读，但对其署名的单位或个人应该予以公布
致答词	由本单位负责人致答词，其主要内容是向来宾的祝贺表示感谢，并简要介绍本组织的基本情况和经营特色等
揭幕或剪彩等	由本单位负责人和一位上级领导或嘉宾代表揭去盖在牌匾上的红布，宣告企业正式成立。参加典礼的全体人员鼓掌祝贺，在非限制燃放鞭炮的地区还可以燃放鞭炮庆贺
参观	如果有需要，应该引导来宾参观，向其介绍本单位的重要设施、特色商品、经营目标和经营策略等，增加来宾对组织的了解
迎接首批顾客	单位可以采取让利销售或赠送纪念品的方式来吸引顾客，也可以邀请有代表性的消费者来本组织参加座谈会，诚心听取消费者的建议和意见，拉近与消费者的距离

图 7-1　实施典礼的程序

7.1.3　签字仪式

签字仪式又称签约，即合同的签署，是指谈判的双方或多方把经过协商的成果诉诸正式文件，它是现代商务活动中较为常见的一种公关关系专题活动。签字仪式表明会谈各方对文件约束力的正式认可，体现各方对会谈成果的重视。

（1）签字仪式的类型

签字仪式可以分为双边签约仪式和多边签约仪式，这两种签字仪式都要求简短、隆重、热烈和节俭。

① 双边签约仪式。即签约仪式的主体是甲、乙双方。

② 多变签约仪式。即签约仪式的主体是两个以上的组织。

（2）对签合同文本的要求

① 准备待签合同文本。依据商界惯例，举行签字仪式的主方应在正式签署合同前，负责准备待签合同的正式文本。举行签字仪式的主方应会同有关各方指定专人，共同负责合同的定稿、校对、印刷与装订。按照常规，应该为在合同上正式签字的有关各方均提供一份待签的合同文本。如有必要，还应再向各方提供一份副本。

② 签署涉外商务合同。根据国际管理，待签的合同文本上应同时使用有关各方法定的官方语言，或是使用国际上通行的语言。

③ 待签的合同文本。待签的合同文本应以精美的白纸印制而成，按大八开的规格装订成册，并以高档质料如真皮、金属、软木等作封面。

（3）签字仪式的准备工作

签字仪式的准备工作颇为琐细，行政文秘人员对此要做到了如指掌。

① 选择合适的签字地点，即签字厅。

② 明确签字的日期。

③ 做好签字厅的布置工作。行政文秘人员必须做到如下6点。

a. 签字厅应给人庄重、整洁和清净的感觉。

b. 室内应铺满地毯，签字桌应为长桌，签字桌上最好铺设深绿色的台呢布。

c. 签字桌应该横放在室内，在签字桌的后面可以摆放适量的桌椅。

d. 当签字仪式属于双边性签字仪式时，可放置两张座椅，供签字人就座。

e. 当签字仪式属于多边性签字仪式时，可以仅放置一张座椅，供各签字人签字时轮流就座，也可以为每一位签字人提供一张座椅。当签字人就座时，一般应该面对正门。

f. 一般情况下，在签字桌的后面应挂与签字内容有关的横幅，横幅的形式和内容应根据签字的主题而定。

④ 在签字桌上，应事先放好待签的合同文本、签字笔和吸墨器等物品。

⑤ 与外商签署合同时，应插放各方国旗，在其位置与顺序上必须按照礼宾顺序。例如签署双边性涉外合同时，各方的国旗应插放在该方签字人座椅的正前方。

⑥ 有时在签字仪式结束后，各方举行小型酒会，举杯共庆会谈成功。工作人员应事先准备好香槟酒、酒杯等，还应准备好双方的签字笔、签字文本等。

⑦ 应该选派两位助签人员和若干礼仪小姐。

⑧ 通知相关人员出席仪式。

（4）安排签字的座次

① 签署双边性合同。

a. 应该邀请客方签字人在签字桌的右侧就座，主方的签字人在签字桌的左侧就座。

b. 双方各自助签人应该站立在己方签字人的外侧，以便随时对己方签字人提供帮助。

c. 双方的随员，可以按顺序在己方签字人的正对面就座，也可以根据职位的高低，依次自右至左（主方）或自左至右（客方）排成一行，站立于己方签字人的身后。

d. 对方的随员，当一行站不完时，可以按照以上顺序并遵照"前高后低"的惯例，排成两行、三行或是四行。一般情况下，主方和客方的随员人数应该大体上相当，其中，双边签字式现场如图7-2所示。

② 签署多边性合同。

a. 在签署多边性合同时，一般仅设置一个签字椅。

b. 各方签字人签字时，须依照有关各方事先同意的先后顺序，依次上前签字。

c. 助签人应随签字人一同行动，在助签时，应该依照"右高左低"的顺序，助签人应站立于签字人的左侧。

d. 各方的随员，应该按照一定的顺序，面对签字桌就座或站立。

（5）签字仪式的程序

① 请签约的各方人员进入签字厅。

② 各签字人员根据"客右主左"的规则入座。

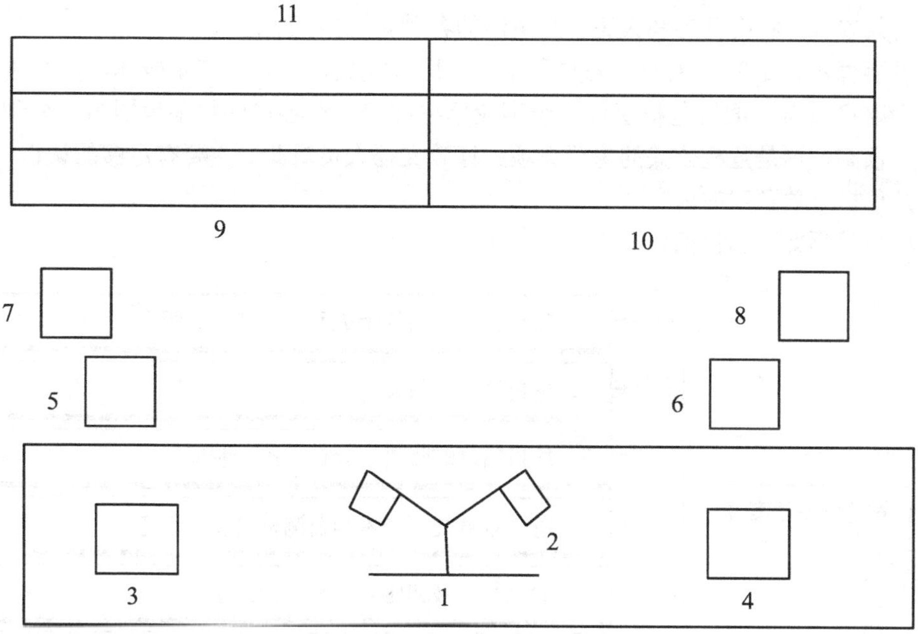

图 7-2 双边性签字仪式现场示意图

1—签字桌；2—双方国旗；3—客方文本；4—主方文本；5—客方签字人；6—主方签字人；7—客方助签人；8—主方助签人；9—客方参加人员；10—主方参加人员；11—梯架

③ 其他领导各按顺序在己方签字人座位后面站立排好。

④ 助签人员分别在己方主签人外侧协助翻译文本、指明签字之处，当主签人签两次字后再交换文本各自保存。

在签字时一般的做法是，先签署己方保存的合同文本，再签署他方保存的合同文本。商务活动的规定是，每个签字人在己方保留的合同文本上签字时，按惯例应当名列首位。因此，每个签字人均应首先签署己方保存的合同文本，然后再交由他方签字人签字。这一做法，在礼仪上为"轮换制"，它的含义是在位次排列上，轮流使有关各方均有机会居于首位一次，以显示机会均等，各方平等。

签字人正式交换已经有关各方正式签署的合同文本，此时，各方签字人应热烈握手，互致祝贺，并相互交换各自一方刚才使用过的签字笔，以示纪念。在场的全体人员应鼓掌表示祝贺。

⑤ 交换已签的合同文本后，有关人员，尤其是签字人当场干一杯香槟酒，这是国际上通行的用以增添喜庆色彩的做法。

⑥ 根据"主先客后"的顺序进行简短致辞后合影留念。另外，一般情况下，商务合同在正式签署后应该提交有关方面进行公证，此后才能够正式生效。

7.2 危机公关

7.2.1 危机公关预案

危机事件是指企事业单位内外环境中突然发生的不良事件或恶性事件，是对突然发生的危及公共安全、社会秩序和人民生产生活的各种紧急情况的总称。

危机事件不仅给社会生产和公共利益造成巨大损失,对环境产生破坏,同时也威胁人们的生命财产安全。面对危机事件,企事业单位部门应在各自的权限范围内,编制相应的危机公关预案,这是危机公关的重要事项。行政文秘人员对此一定要有足够的认识。

(1) 危机公关预案的内容

危机公关预案应当包括如图 7-3 所示的主要内容。

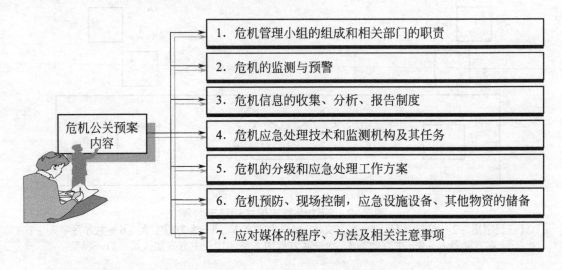

图 7-3 危机公关预案内容说明

(2) 危机公关预案的学习、演练

危机公关预案制订出来之后,单位要组织相关人员进行学习、演练。只有这样,预案才不会变成一纸空文,才能在危机出现之后显现出应有的作用。

(3) 危机公关预案的补充、修改

危机公关预案虽然全面,但危机本身也是不断变化的,危机管理人员应当根据危机的变化和实施中发现的问题及时进行修订、补充。危机多发单位应建立和完善危机监测与预警系统,各部门均应指定专人或专门机构负责开展危机的日常监测。

7.2.2 危机公关处理

(1) 危机处理的原则

危机处理需把握好如下几项原则。

① 效率型原则。公共危机蔓延速度很快,要求单位快速反应,有效动员社会资源来处理。

② 协同性原则。参与危机应对的人员来自各个方面,如交通、医疗、通信等,协同一致动作特别重要。

③ 灵活性原则。由于危机事件会随着情势的发展而不断变化,原定的预防措施有时可能不能十分准确地应对事态的发展。因此,在处理时必须视具体情况灵活应对。

(2) 危机处理的策略

① 危机中止策略。针对危机诱因,在危机尚未曝光或者负面影响尚不严重之前采取危

机中止策略非常重要。

② 危机隔离策略。由于危机的发生往往具有扩散效应，如果不加以控制，危机影响的范围将不断扩大。危机隔离策略的目的在于将危机的负面影响隔离在最小范围内，避免造成更多的人员伤亡和财产损失，殃及组织的其他部门或相关公众。

隔离策略主要有两种情形：危害隔离和人员隔离。危害隔离即对危机采取武力隔离的方法，使危机所造成的损失尽可能控制在一定范围之内。人员隔离即在危机发生后在人力资源方面让危机管理小组成员专门负责处理危机，让其他人继续做好自己的本职工作，防止危机对本单位正常的经营活动造成巨大冲击。

③ 危机消除策略。危机消除的目的在于采取有效措施迅速消除危机带来的各种负面影响，转变人们的态度和看法。危机造成的负面影响可能包括物质财富上的损失，也可能包括精神上的损失和打击，面对突如其来的危机，组织应尽可能地保持沉着冷静，根据当时的外部与内部环境，选择恰当的措施消除危机带来的负面影响。要善于利用正面材料，冲淡危机的负面影响，如通过新闻界传达组织对危机后果的关切、采取的措施等，并随时接受媒体的访问等。

④ 危机利用策略。组织在危机中处理得当、表现得体、诚实负责，往往有可能化危为机。因此，越是在危机时刻，越能反映出一个优秀组织的整体素质、综合实力和博大胸怀，也越能体现出一个优秀领导者的管理水平。要采取诚实、坦率、负责的态度，就有可能将危机化为生机，处理得当，就会收到坏事变好事的效果。

（3）危机处理程序

不同单位面临的社会环境和公众不同，可能遭遇的危机也就千差万别。不同的危机在规模、性质、表现形式、涉及的公众等方面是不同的，因此处理的方式方法也不可同一而论，但在处理程序上却有共同之处。正确的危机处理程序对危机事件的有效处理是十分必要和重要的。危机处理的基本程序如下。

① 成立危机处理组织机构。这是有效处理危机事件的组织保证，也是危机处理的智囊团，其成员通常包括最高主管、指定的新闻发言人以及公关、法律、管理、安全技术等部门的主管，任务是集合各部门的智慧与资源，在最短时间内做出决策。如果有必要，也可以外聘法律专家或危机管理顾问，协助组织机构成员做出决策、拟订方案。

② 深入现场，了解事实。组织的最高层领导应亲临危机事故现场，指挥抢救工作，并委派专业人员调查事故，确定危机事件发生的时间、地点、原因、人员伤亡、财产损失等情况，并据此做出决策。

③ 控制损失。危机发生后，要尽快采取一切措施来降低损失。

④ 分析情况，确定对策。当了解了情况后，危机处理小组就应深入研究并确定对策。

⑤ 召开新闻发布会，发布正式信息。在了解事实、初步确定了对策的情况下，应尽可能以最快的速度召开新闻发布会或者记者招待会，一方面向媒体介绍危机的有关情况以及组织正在采取的措施，另一方面恳请媒体密切合作、防止不利的消息和舆论。因此，在发布信息时要做到口径一致。

⑥ 组织力量，有效行动。根据制订的对策积极展开行动。措施的落实情况要详细记载并及时向公众和媒体宣布，同时协调好各方面的关系。

⑦ 认真处理善后工作。对危机的当事者来说，善后工作包括搜集、整理、分析媒介对危机的报道以及危机处理效果的调查等。

⑧ 总结调查，吸取教训。危机处理组织小组应对危机处理情况进行全面调查、评估。并通过总结调查结果，改进组织在危机管理方面存在的薄弱环节。

7.3 媒体关系处理

7.3.1 政府关系处理

政府关系是指企事业单位作为行为主体，利用各种信息传播途径和手段与政府进行双向的信息交流，以取得政府的信任、支持与合作，从而为单位建立良好的外部政治环境，促进本单位的生存和发展的关系。

（1）政府关系处理原则

企事业单位在政府关系处理中，应严格遵守以下原则，如图7-4所示。

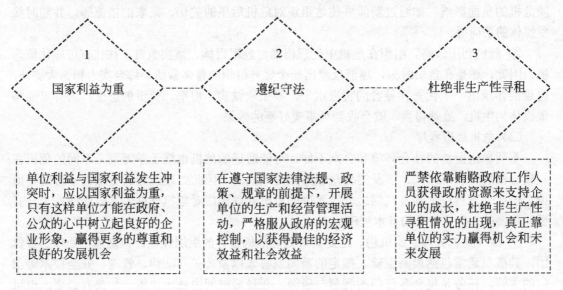

图7-4 政府关系处理原则

（2）政府关系处理策略

企事业单位作为行为主体，可通过以下策略与政府进行沟通、交流，与政府维持良好的关系。具体的策略如表7-1所示。

表7-1 政府关系处理策略

策略	相关说明
为政府工作提供支持和帮助	为政府的决策研究提供力所能及的帮助，在此过程中，增强政府对企业的信任感，以使政府决策朝有利于自己的方向发展
熟悉政府办事程序和方法	明确政府的组织结构、职权划分、办事程序等，以便在与政府部门进行沟通协调过程中，提高工作效率
加强与政府部门的信息沟通	密切关注政府部门下达的各种命令和文件，并尽量据此变化来调整企业的政策及活动

7.3.2 传统媒体关系处理

公共关系的目标和计划的实施过程，就是一个信息传播的过程。因此，公共关系工作中的一项重要内容，就是利用各种媒介手段有效地组织信息传播。所谓媒介手段既包括传统媒介手段，也包括近年来随着科技的发展出现的一些新媒体手段。企事业单位公关人员及行政文秘人员需要对两者有所了解，处理好单位的媒体关系事务，下面是传统媒体的关系处理。

（1）传统媒体类别

常见的传统媒体主要有以下几类。

① 报纸。报纸是以刊登新闻和新闻评论为主的，面向公众，定期、连续发行的出版物。它作为印刷媒介，是以文字、版面等符号和手段来传播信息。报纸有固定的名称，一般为散页装订，具有容纳量大、涉及面广、阅读自由、便于收藏等特点。

报纸的类型多种多样，论内容，有综合性和专业性报纸。综合性报纸，有全国性和省级、地市级等不同层次，是最普遍的报纸类型，主要特征是以普通读者为对象，报道的内容极为广泛。专业性报纸，以特定范围的读者为对象，侧重报道某个专业领域的新闻。我国有经济类、金融类、证券类、科技类、教育类、体育类、卫生健康类、广播电视类等众多专业性报纸，其中有的专业单一，有的兼顾综合。

② 杂志。杂志又叫期刊，是有固定刊名，以期、卷、号或年、月为序，定期或不定期连续出版的印刷出版物。杂志作为传播媒介，有较强的专业性，传播的内容细致深入，图文并茂有感染力，但时效性较差。

③ 广播。广播指通过无线电波或导线传送声音的传播媒介，它以声音（包括语言、音响、音乐三要素）作为传播符号，以节目作为组织信息内容的基本形式，以特定的传输方式最终诉诸受众的听觉，具有传播速度快、传播面广泛、生动感人、瞬间即逝的特点。

④ 电视。电视跟广播类似，是利用电子技术设备，通过无线电波或导线传输信息的传播媒介。因此，电视也兼具广播的传播快速性、受众广泛性和声音生动性等特点。但是，广播是用音频技术构成的通道进行信息传播的，是用来听的；电视则用视频技术和音频技术两条通道进行信息传播，既可以看，又可以听，这种区别使电视媒介传播的符号更加综合、立体，形象也更加直观。

（2）与传统媒体交往的原则

公关人员及行政文秘人员在与传统媒体交往的时候要坚持的原则是主动热情，经常联系；尊重信赖，加强合作；实事求是，真诚坦率；不卑不亢，友好守法。

（3）与传统媒体交往的方法

对企事业单位来说，媒体的记者和编辑就是他们的顾客。最好的顾客服务就是站在顾客的立场上尽量满足顾客的需求。公关人员和行政文秘人员应该把与媒体建立良好和持久的关系作为一个重要的工作目标，实现这个目标需要时间、耐心和技巧。具体说要做到以下几点。

① 了解熟悉媒体。公关人员及行政文秘人员必须了解记者和编辑的报道范围，熟悉他们所服务媒体的编辑方针，了解媒体报道的运作过程，知道媒体的需求，从而能急媒体所急，想媒体所想。

② 先付出和给予，再收获。在媒体提出采访要求时，要千方百计满足记者对信息的要

求，自己也应该经常向媒体提供有新闻价值的信息，主动把自己当成媒体的消息来源。

③ 保持经常性的联络。要避免成为匆忙而过的推销者，应该适时运用电话、电子邮件、传真、信件、见面会晤等方式，与媒体人员保持经常性的联络。

7.3.3 新媒体关系处理

新媒体是指以数字技术为基础，通过互联网、宽带局域网、无线通信网、卫星等渠道，以及手机、电脑、数字电视机等各种终端向用户提供信息的传播形态。它能够对大众同时提供个性化的内容，而且传播者和信息的接受者互相融汇成为一种对等的交流者，交流者相互之间还可以同时进行个性化的交流。相对于报纸、广播、电视、户外等传统意义上的媒体，这种媒体形态被人们称为第五媒体。

随着新媒体在各行各业的快速渗透，新媒体在企事业单位中的应用也越来越广泛。

（1）新媒体平台的类别

企事业单位构建的新媒体信息管理的平台，主要包括但不限于微博、博客、微信公众号、知乎号、抖音号、百家号、头条号、APP移动客户端等。如人民网官方微信公众号，关注民生所需，用接地气的方式解读国家政策，吸引了大量的粉丝，成为很多网民获取国家政策信息的途径；四平市公安局在抖音上通过小视频进行普法宣传，吸引了大量群众的关注，收到了良好的社会效果；一些企业在头条上通过小视频吸引大量关注，然后将流量导入自己的商品橱窗，在短期内取得了相当好的销量。

（2）通过新媒体发布信息

通常，企事业单位接触新媒体的第一步就是利用新媒体进行信息发布，此时工作人员要注意其要求和信息发布程序。

① 信息发布要求。结合相关规定，工作人员应遵循以下要求。

要求1：在单位新媒体上发布的信息应严格审核，否则不能发布。

要求2：发布和转载相关信息必须符合相关规定，涉密信息杜绝发布。

要求3：信息发布范围主要包括如下4个方面。

a. 各种业务宣传及促销活动，重要活动及社会相关动态。

b. 重大事件信息发布。

c. 单位形象、产品、文化、公益活动等的宣传。

d. 运营管理心得或其他方面的经过审核的信息。

② 信息发布程序。利用新媒体进行信息发布，一般有以下程序。

a. 由分工部门信息员收集、整理信息并提出发布申请。

b. 重要紧急信息需提前一个工作日提出发布需求。

c. 审核通过的信息由新媒体管理人员统一在单位构建的新媒体平台上发布。

（3）新媒体运营管理

随着网络时代的到来，许多企事业单位都开始在新媒体平台上建立自己的新媒体账号，为传统的工作提供了有力的补充，行政文秘人员对此要有一个深刻的了解。

① 新媒体运营的原则。

a. 要关注群体的需求，做好新媒体定位。工作人员要以需求为导向，结合本单位的工作特点，精心进行内容的策划、创作与推送，做一个"有温度"的贴心的新媒体账号。

b. 要接地气，用人们喜闻乐见的方式来进行创作。只有这样，才能获得人们的关注、互动，实现账号的运营目标。

c. 要注重细节。工作人员对内容创作过程当中的各种细节问题，如标题、前言、页面布局甚至字体的大小都要多加留意，不断提升读者的阅读体验。

② 新媒体运营管理程序。单位新媒体事务工作人员对新媒体进行运营管理，主要有以下程序。

程序1：制订新媒体运营计划。工作人员根据本单位的业务需要，编制新媒体运营计划，并提交上级审核。

程序2：建立新媒体运营账号。工作人员配合相关部门人员，在相关平台上创立新媒体运营账号。

程序3：需求提交。相关部门提交新媒体运营需求。

程序4：信息编辑。工作人员进行相关信息的网上编辑，并提交上级审核。

程序5：信息发布。审核通过后，工作人员负责进行信息的发布。

程序6：账号维护。工作人员配合相关部门工作人员进行新媒体运营账号的维护，同时负责与读者的互动。

第8章 提案事务处理

8.1 提案发起

8.1.1 提案目标制订

(1) 确定提案长期目标

① 提案长期目标的种类。行政文秘人员首先应该明确本企事业单位的定位或者是经营目标，然后通过搜集、分析内部资料，确定经营管理需要改善的地方，同时确定哪些方面可以通过提案得到改善，进而为提案提供长期目标和方向。表8-1列出了常见的长期目标。

表8-1 提案长期目标实例表

序号	种类	具体说明
1	降低成本	如果本企事业单位的成本长期居高不下，那么就可以将降低成本作为提案的长期目标
2	平息员工抱怨	如果内部员工抱怨太多，会增加员工流失率，那么就可以确定单位提案长期目标为平息员工抱怨，提高员工满意度
3	提高客户满意度	如果客户满意度低，投诉多，那么单位长期提案目标就是提高客户满意度
4	改善公众印象	如果外部公众对单位评价不高，那么树立良好的社会声誉，改善公众印象就成为提案的长期目标

② 提案长期目标的确定程序。提案目标是在一定时期内，提案活动所要追求的理想期望值，是提案管理的依据，确定提案长期目标通常需要经历搜集资料、分析资料和确定目标3个过程。

提案长期目标是一系列提案管理工作预期要取得成果和达到的标准，在提案长期目标确定后，其实现的程度就会成为衡量企事业单位行政文秘人员提案管理效率高低的重要标尺。因此，提案长期目标的确定非常重要。

(2) 制订短期目标方案

为了保证提案长期目标的实现，行政文秘人员需制订出优质可行的短期目标方案。行政文秘人员应同时制订出多个提案短期目标方案且每个目标方案都应该具体而明确，能独立成为一个体系，这样才能保证目标方案有更多分析和筛选的余地。

① 制订短期目标方案的技巧。行政文秘人员制订短期目标方案，可通过确定在短期内要解决的问题，来明确短期经营目标。行政文秘人员在确定要解决的问题时，需掌握如图

8-1所示的技巧。

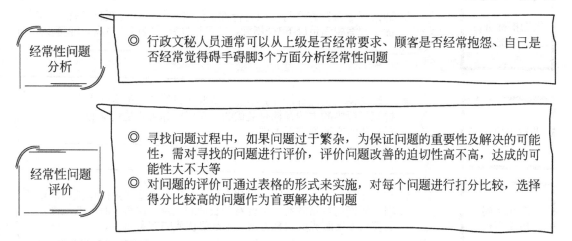

图 8-1　制订短期目标方案的技巧

② 制订短期目标方案的程序。行政文秘人员在制订短期目标方案时，应以提案长期目标的实现为宗旨，制订短期目标方案。制订短期目标方案要遵守如图 8-2 所示的程序。

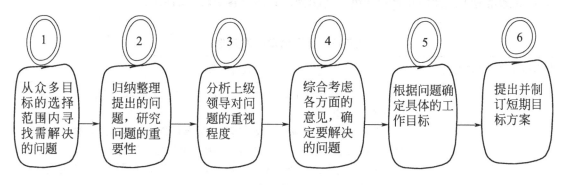

图 8-2　制订短期目标方案的程序

（3）评估优选目标方案

在多个短期目标方案编制完毕后，企事业行政文秘人员应组织有关专家对这些目标方案进行评估优选。评估优选优质目标方案具体需注意的要点如图 8-3 所示。

（4）目标方案确定与分解

经过评估优选，行政文秘人员即可确定短期最佳目标方案，作为企事业单位最终的目标方案。在短期目标方案确定后，行政文秘人员便可以针对短期目标方案涉及的具体工作进一步分解到部门及员工个人。

在进行目标分解时，行政文秘人员要遵循各部门的职能特点，将分解出来的具体工作分配到最擅长解决此类问题的部门或人员去处理，以实现确保短期目标实现最佳效果。

8.1.2　制订提案活动方案

（1）发起提案活动

提案活动的发起是企事业单位行政文秘人员提案管理工作的重要开始，提案活动的发

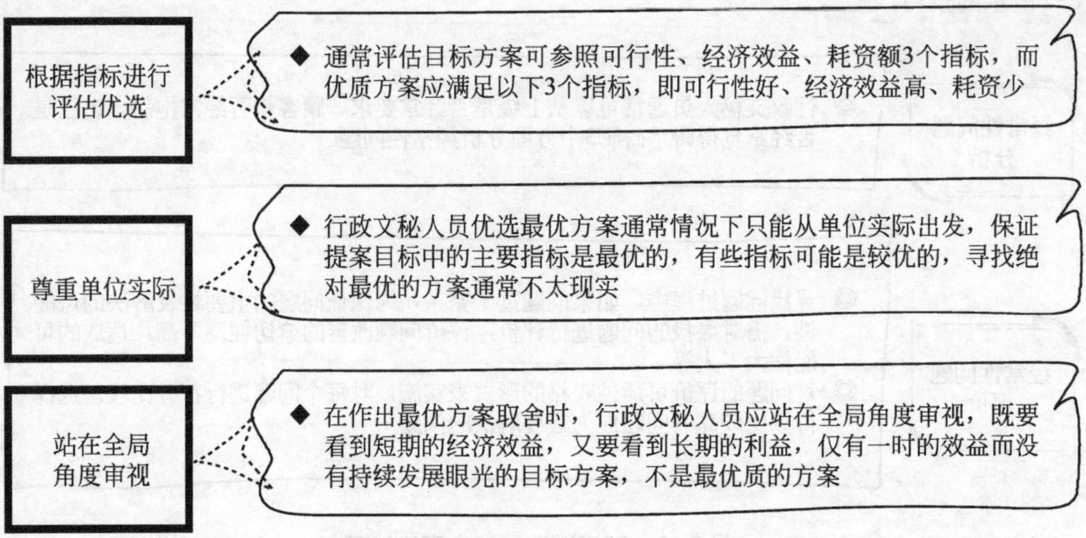

| 根据指标进行评估优选 | ◆ 通常评估目标方案可参照可行性、经济效益、耗资额3个指标，而优质方案应满足以下3个指标，即可行性好、经济效益高、耗资少 |

| 尊重单位实际 | ◆ 行政文秘人员优选最优方案通常情况下只能从单位实际出发，保证提案目标中的主要指标是最优的，有些指标可能是较优的，寻找绝对最优的方案通常不太现实 |

| 站在全局角度审视 | ◆ 在作出最优方案取舍时，行政文秘人员应站在全局角度审视，既要看到短期的经济效益，又要看到长期的利益，仅有一时的效益而没有持续发展眼光的目标方案，不是最优质的方案 |

图8-3　评估优选优质目标方案的要点

起形式通常有下达文件和召开动员大会两种，具体内容如表8-2所示。

表8-2　提案活动的发起形式

序号	发起形式	具体说明
1	下达文件	下达文件主要是指倡议书，这种方式涉及倡议书的写作和公布两个关键环节 ◆ 倡议书的写作 　◇ 倡议书的内容应包括倡议内容、奖励措施倡议部门和活动的截止期限 　◇ 倡议书的语言应力求简洁明了、具有冲击力和诱惑力 　◇ 倡议书还应该明确告知员工在主题提案活动开展期间，欢迎员工提交主题范围之外的任何有价值的提案 ◆ 倡议书的公布 公布倡议书应选择能直接面向单位员工的倡议渠道，如布告栏、自办刊物、广播电台、电视台等媒体渠道
2	召开动员大会	单位全体员工都是提案活动的参与者，大型企事业单位较宜于召开全体动员大会，既能引起员工重视，又能显得正式

（2）规范提案过程

规范提案过程主要从提案操作程序化、提案管理制度化和提案内容格式化3个方面着手开展具体工作。

① 提案操作程序化。作为内部的一项系统性管理工作，提案管理应有严格的程序，通常提案程序包括以下5个环节：组织动员提案、审核采纳、组织实施、验收奖励、发布推广。

② 提案管理制度化。将员工提案管理列入规章制度，明确员工提案的目的、要求，期望实现的目标，对提案员工的奖励措施等，使得员工提案管理不再是一种流于形式的行为。

③ 提案内容格式化。为使员工提案更具实操性,促进员工广泛参与提案活动,在提案管理工作中使用标准化的提案表单更具实际意义。标准化的表单使员工提案内容完全格式化,便于员工填写,促进员工更好地发挥,使提案活动更具有可操作性。格式化的提案表单涉及的具体内容,从不同的角度分析包含的内容不同。

a. 从应用角度。从应用角度来说提案表单应包括提案题目、单位现状、问题解决着眼点、预测效果,具体要求如表8-3所示。

表8-3 从应用角度的提案表单的内容

序号	内容	撰写要求
1	提案题目	题目应简单,让人一目了然,明确要表达哪方面的问题
2	单位现状	简略地说明企事业单位当前的情况,指出问题的关键所在
3	问题解决着眼点	概要地描述提案的内容,说明要从哪里入手解决目前的问题,或者是说问题改善的着眼点
4	预测效果	简单地预测提案实施后可能获得的经济效益以及无形成果等

b. 从管理角度。从管理的角度来说,提案表单应包括如图8-4所示的5个方面。

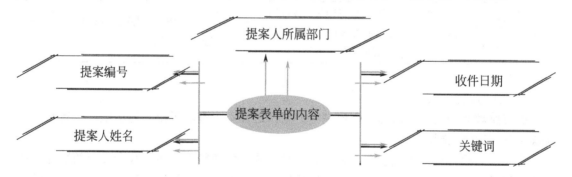

图8-4 从管理角度的提案表单的内容

(3) 提案表单格式实例

表8-4是某企事业单位提案表单格式。

表8-4 员工提案表

提案人姓名		所属部门		提案日期	
提案名称		提案类型		提案编号	
单位现状(现在的做法)					
改善方案(提案人想法)	(详述,可附图表)				
预计投资项目明细及投资额	(详述,可附图表)				
预测效果	(详述,可附图表)				

(4) 进行提案整理

行政文秘人员通过各个渠道收集到员工提案后,如果没有严格的整理,则面对众多的毫无头绪的提案文件,不能发现哪些是有效提案,哪些不是,并且也会影响到后期的提案评估工作,甚至导致有价值的提案流失。因此,提案整理是行政文秘人员的非常重要的工作内容之一。

提案整理主要是对提案进行分类,提案通常包括4种类型,具体如表8-5所示。

表8-5 提案的4种类型

序号	类型	解释说明	提案内容
1	问题点类提案	此类提案专门针对工作现场存在的问题点,或针对现有问题提出解决办法	提案包括工作现场改善、生产安全、厂房与设备设施维护、物料搬运、产品储存与防护、5S等
2	生产技术类提案	此类提案应具有建设性或创新性,并达到提高生产效率或产品质量的目的	提案具体包括生产技术的创新、工艺流程和工艺规程的改进、作业程序和操作方法的改进、生产设备设施和工装夹具的改良等
3	成本类提案	此类提案旨在降低成本,提高单位的经营效益	提案具体包括原材料的节省、废物利用、节能减耗等
4	管理类提案	此类提案应该具有建设性和创新性,达到完善管理制度和消除管理隐患、提高运营效率的目的	提案具体包括管理程序、管理制度与管理方法的改进等

(5) 进行提案汇总

提案整理完毕后,要对提案内容进行汇总,这样不仅有利于提案的实施,也有利于对提案全部流程的控制。

提案汇总通常有人工汇总和电脑汇总两种方式。规模较小、提案数量较少的情况下选用人工记录汇总即可。规模较大、提案数量较多的情况下,选用电脑记录汇总最好,以便于提案的筛选或查找。

无论选择什么方式汇总员工提案,均可以借助一定的表单来记录相关信息。提案汇总表单的内容主要包括提案编号、提案人、提案类型、提案名称、提交日期、审核日期、审核人、审核结果、奖励情况等项目,具体格式如表8-6所示。

表8-6 提案汇总表

提案编号	提案人	提案类型				提案名称	提交日期	审核情况			奖励情况
		生产技术	成本类	问题点类	管理类			审核日期	审核人	审核结果	

8.2 提案评估与实施管理

8.2.1 提案评估

企事业单位员工提出提案后,如何能够对提案进行全面评价、总体平衡,从中选出或综合选出最佳提案,并付诸实施,成为提案管理活动的关键环节。

(1) 提案合格标准

为体现提案剔除的客观性和科学性,行政文秘人员首先应制订提案应达到的标准。通常情况下提案应满足以下标准,如图8-5所示。

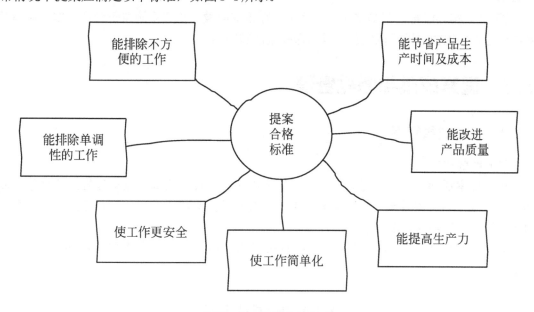

图 8-5 提案合格标准

(2) 提案评估标准

通常情况下,提案评估应从以下角度进行,如表8-7所示。

表8-7 提案评估角度及评估标准

评估角度	评估标准
提案的主动性	提案是主动提交提案,还是遵循上级指示
提案的创造性	提案是独特的发明、参考资料后的改良,还是引进或模仿
提案的可行性	提案稍做修改即可实施,还是需要较大幅度修改才能实施
提案的有效性	提案实施后能够控制或消除企事业单位现有的哪些问题,或为企事业单位节约或创造多少价值
提案的投资回报期	提案投资回报期是在半年内、一年到半年,还是在一年以上
提案的应用范围	提案的应用范围是在同行业企事业单位、企事业单位内部各部门,还是仅限本部门

8.2.2 提案实施

被选中的提案，必须经过实施才能真正实现其价值。提案实施过程中会受到各种关系、因素的制约，因此，行政文秘人员需要努力做好提案实施管理工作，以确保提案能够按一定原则、程序、方法顺利完成。

① 提案实施准备。提案实施前，应首先确定提案实施管理负责人，做好提案实施过程中的沟通、协调和监督工作；然后确定提案实施过程中的具体步骤和注意事项，并对负责具体实施的工作人员进行教育培训，保证提案实施人员能对提案有正确理解，从而提高实施效率。

② 提案实施监督。在提案实施过程中，行政部应做好提案实施监督管理工作，对提案实施过程中出现的问题予以纠正，以确保提案能够顺利实施。

8.3 提案成果与激励管理

8.3.1 提案成果管理

（1）编制成果报告

每项提案活动结束后，行政文秘人员应组织相关人员编写提案成果报告，及时总结提案活动中取得的有关成果。编写提案成果报告有利于提案的进一步认证和修正，其优秀经验也便于进一步得到交流和推广。

提案成果报告可通过提案成果报告书的形式呈现，提案成果报告书的格式如表8-8所示。

表8-8 提案成果报告书

提案名称		提案编号	
实施单位		提案日期	
提案动机、原因	简要叙述其动机、原因		
改善前情况	详尽叙述改善前方法、效率及关键数据		
改善过程	详尽叙述改善过程、方法及投资情况		
改善效益	简要叙述何时完成，改善后会节省或创造的价值，对质量、产量的改善，投资额及回收期等（可加图、表或附件）		
实施部门经理意见	行政部意见	评审委员会意见	总经理意见

(2) 提案成果评价

实施提案后是否实现了预期的目标,要通过对提案实施过程及实施成果进行严格的评价、总结才能得知。提案成果评价就是把提案实施的过程、实施成果与既定的标准进行对比,以此来衡量提案组织实施的效果。

① 提案成果的评价工具。对提案成果的评价目前采用的较多的是提案实施成果评价表。提案实施成果评价表主要包括提案名称、提案编号、评价项目,评价标准、项目权重、得分等,具体如表8-9所示。

表8-9 提案实施成果评价表

提案名称:				提案编号:		
序号	评价项目	项目权重	评价标准		配分	得分
1	创造性	30%	完全属于独创		15~20分	
			参考科技资料加以研究、修正、改良		10~15分	
			由类似科技资料联想并比照实施		5~10分	
			经他人暗示或向他人学习		1~5分	
2	投资回收期	35%	无须投资		20~25分	
			半年之内收回		15~20分	
			半年至一年收回		10~15分	
			一年以上收回		5~10分	
			两年以上收回		1~5分	
3	月收益	35%	10万元以上		15~25分	
			5万~10万元		10~15分	
			1万~5万元		5~10分	
			1万元以下或无收益		1~5分	
得分合计						
得分及奖金核定	得分	50分及以下	51~59分	60~70分	71~80分	81~90分	90分以上
	奖金额	500元	1000元	2000元	4000元	6000元	8000元

② 提案成果的评价程序。对提案成果的评价应遵循以下程序。

a. 企事业单位成立提案成果评定委员会,成员包括实施部门经理、主管总监及相关责任部门员工。

b. 行政文秘人员根据提案成果评审指标及标准,设计《提案实施成果评价表》。

c. 提案采纳实施后,由实施部门经理填写《提案成果报告书》及《提案实施成果评价表》并备齐提案涉及的数据、图表等资料,交行政部。

d. 行政部在收到上述提案资料后一周时间内,组织评审委员会成员进行提案实施成果评审。

e. 评定委员会根据提案的创造性大小、水平高低、难易程度、经济效益大小、对单位发展的贡献率大小等进行复核与综合评定，并将评定结果上报总经理。

(3) 提案成果巩固

提案成果得到认可以后，为避免之前的问题再次出现，行政文秘人员应及时采取措施对提案成果进行巩固，并将这些有效的措施纳入企事业有关文件、制度或标准中去。通常企事业单位可采取如下措施巩固提案成果。

① 成果提炼。每项提案都是针对一些关键问题而采取的有效措施，针对性很强，因此，在提案成果的总结评价中，要对这些措施有条理地总结归纳起来。提炼内容应充实、条理性强、简明扼要。

② 成果标准化。在提案实施成功后，对提案实施过程中涉及的有效措施、办法，需将其上升为理论，纳入标准化，并与经济挂钩。标准文件文书应简明扼要，全面具体。

提案成果能否得到有效巩固，并且在日后的生产中持续产生效益，很大程度上取决于是否按照总结制订相应的制度。因此，提案成果必须标准化，并落实于日常作业中，这样才能保证其持续实施，才能保证获得改善。

(4) 提案管理总结

每项提案活动结束后，或者提案活动组织较长一段时间后，行政文秘人员应组织提案实施人员及提案管理人员对整个提案管理过程进行回顾检查，全面总结提案管理工作。

提案管理工作总结的内容通常包括如表8-10所示的几个方面。

表8-10 提案管理工作总结的内容

序号	总结项目	具体内容
1	提案管理目标总结	⊙ 提案管理长期目标制订得是否合理可行 ⊙ 短期目标是否符合企事业单位当前的发展需要 ⊙ 提案管理的目标分解是否到位，具体指标制订得是否充分等
2	提案活动组织总结	⊙ 提案活动的组织发起工作是否有效 ⊙ 提案是否顺利递交到管理人员手中 ⊙ 提案收集工作是否严密等
3	提案评估管理总结	⊙ 提案评估标准是否科学、合理 ⊙ 提案评估过程是否公平 ⊙ 提案者对评估工作的满意程度如何等
4	提案实施过程总结	⊙ 提案实施的准备工作是否全面到位 ⊙ 实施过程中的协调工作是否有效
5	提案成果管理总结	⊙ 对提案成果的总结是否真实可靠 ⊙ 是否符合提案奖励的标准 ⊙ 提案成果发表是否鼓励了更多人参与提案活动等
6	提案激励功能总结	⊙ 现有的激励机制是否可以充分调动员工参与的积极性 ⊙ 奖励工作是否公平、公正、公开等

对提案管理工作总结的目的是最大限度地提高提案管理工作的效能，因此，行政文秘人员在进行提案管理工作总结时应建立一套衡量提案管理效能的指标体系，并对这些措施进行具体描述。

8.3.2 提案激励管理

提案管理的基本对象是企事业单位内部所有员工，要充分调动员工的主动性、创造性，为企事业单位经营管理出谋划策，必须做好提案激励管理工作。

（1）编制提案激励制度

提案激励的目的就是激发员工参与提案的积极性，为企事业单位提供更多的具有使用价值的建议或意见。为了不使提案激励管理工作流于形式，企事业单位应将提案激励管理形成制度。提案激励制度的内容。提案激励制度的内容主要包括以下几点，如图8-6所示。

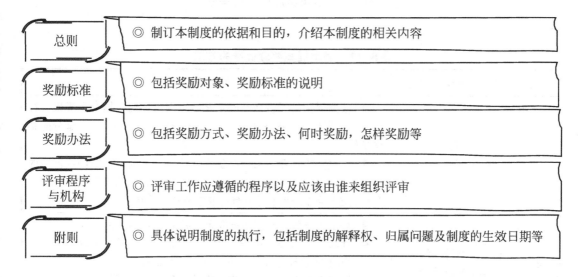

图8-6　提案激励制度的内容

（2）制订提案奖励措施

提案奖励的措施通常多种多样，有的以颁发奖金为主，有的还配合其他的方式。常见的提案奖励措施有7种，如图8-7所示。

（3）确定提案奖励标准

行政文秘人员应制订提案奖励标准并对符合奖励条件的提案及时给予奖励。提案奖励标准可根据提案创造的经济效益大小和根据提案评审的结果确定，提案奖励标准确定的具体方法如表8-11所示。

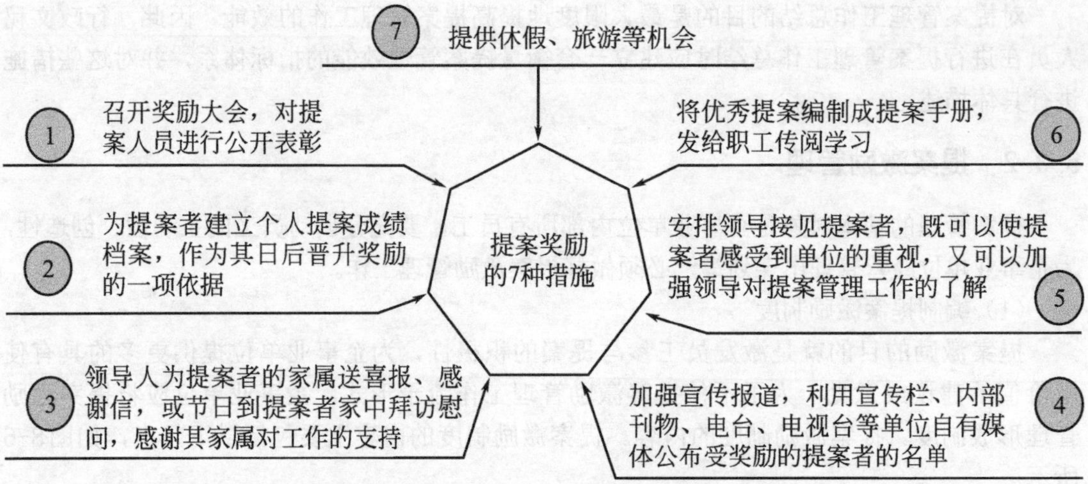

```
                    ┌─ 7 ─ 提供休假、旅游等机会
  ┌─ 1 ─ 召开奖励大会,对提         将优秀提案编制成提案手册, ─ 6 ─┐
          案人员进行公开表彰         发给职工传阅学习

  ┌─ 2 ─ 为提案者建立个人提案成绩   ┌─────────┐   安排领导接见提案者,既可以使提
          档案,作为其日后晋升奖励   │ 提案奖励 │   案者感受到单位的重视,又可以加 ─ 5 ─┐
          的一项依据                │ 的7种措施 │   强领导对提案管理工作的了解
                                    └─────────┘
  ┌─ 3 ─ 领导人为提案者的家属送喜报、感
          谢信,或节日到提案者家中拜访慰     加强宣传报道,利用宣传栏、内部
          问,感谢其家属对工作的支持       刊物、电台、电视台等单位自有媒 ─ 4 ─┐
                                          体公布受奖励的提案者的名单
```

图 8-7 提案奖励的 7 种措施

表8-11 确定提案奖励标准的方法

序号	方法	操作说明
1	根据提案的经济效益确定奖励标准	◆ 根据提案的经济效益确定奖金标准也称为根据有形成果进行奖励,主要是通过提案实施后1年间所获收益金额乘以奖金分配系数颁发 ◆ 提案实施所获收益是指提案实施1年来为单位节约或创造的价值,即扣除实施费用后的净增价值,计算时按从提案实施后见经济效益之日起共12个月内节约或创造的价值计算
2	根据提案评审结果确定奖励标准	◆ 对于经济效益不便衡量的无形成果的奖励标准 ◆ 行政文秘人员可根据提案实施效果,如质量、劳动保护、消除公害污染或管理方面的改进程序确定奖金额 ◆ 根据提案具体情况与提案实施效果两个方面的表现制订奖励标准

第9章 后勤事务处理

9.1 车辆管理

9.1.1 车辆定编购入管理

(1) 车辆定编

行政文秘人员应当了解企事业单位实际用车需求，明确现有车辆状况、费用预算等，根据企事业单位各部门的主要职责、内设机构、领导职数、人员编制和实际工作的需要，核定公务用车编制。

行政文秘人员办理车辆定编时，需先办理小汽车定编通知单，报上级领导审核，领导审核通过后才能按照新申编车辆数量办理定编证。

① 办理小汽车定编通知单。办理小汽车定编通知单，应报送如图9-1所示的材料（一式两份、A4纸）。

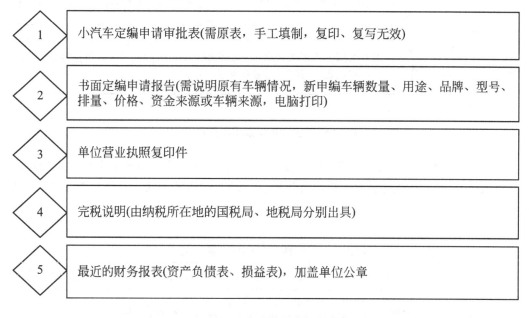

图9-1 办理小汽车定编通知单应报送的材料

② 办理定编证。办理定编证，应报送如下材料（复印件一式两份）。
a. 定编通知单（单位留存联）。
b. 行驶证（正证、副证、照片）。

c. 购车发票。

（2）车辆购入

① 车辆购入前注意事项。对于企事业单位来讲，车辆购入涉及的用款数额较大，是应该引起重视的用款事项，行政文秘人员在给企事业单位购置车辆前，应考虑如图9-2所示的几个方面的问题。

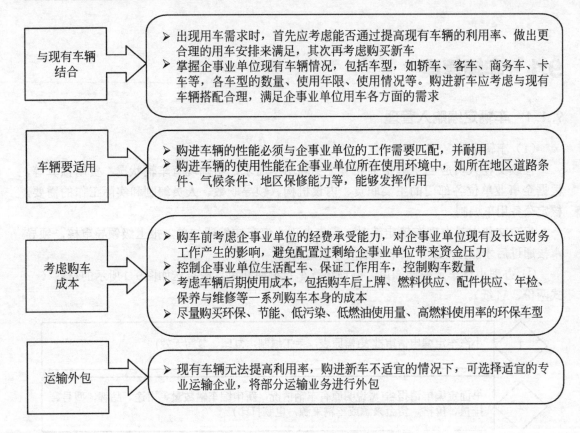

图9-2　企业购进新车注意事项

② 车辆购进登记手续。按照国家规定，新车购进后必须办理相关手续才可使用。行政文秘人员需遵守国家及地方规定，对新购进车辆办理相关手续，具体主要手续如表9-1所示。

表9-1　购进新车需办理手续一览表

序号	事项	办理地点	所需提交材料	领取证件、单据	费用说明
1	工商验证	工商局	➢ 购车发票联、注册登记联 ➢ 合格证原件或机动车进口凭证	➢ 加盖印章	无
2	缴纳交强险	保险公司或车管所代办点	➢ 发票联 ➢ 合格证或者机动车进口凭证 ➢ 身份证或单位营业执照 ➢ 经办人身份证明	➢ 机动车交通事故责任强制保险凭证	视需要而定

续表

序号	事项	办理地点	所需提交材料	领取证件、单据	费用说明
3	办理车辆移动证	交通大队	➢ 机动车交通事故责任强制保险相关手续（复印件） ➢ 车主身份证或单位营业执照 ➢ 购车发票 ➢ 经办人身份证明	➢ 车辆移动证	3元左右
4	缴纳购置附加税	办税服务厅	➢ 发票报税联 ➢ 合格证原件或机动车进口凭证 ➢ 身份证或单位营业执照 ➢ 车辆信息表 ➢ 经办人身份证明	➢ 购置税证明 ➢ 购置税发票	车款除去增值税部分的10%左右
5	验车、车辆拓号	所属区机动车检测场	➢ 合格证原件 ➢ 技术参数表 ➢ 发票联 ➢ 身份证及复印件（本人办理）、单位购车须持单位营业执照 ➢ 购置税凭证或免税凭证	➢ 环保绿标 ➢ 车辆外观检测单 ➢ 拓印号 ➢ 检验标	车型不同有区别
6	取号、上牌拍照	车管所	➢ 车主身份证或单位营业执照 ➢ 经办人身份证明	➢ 行驶证 ➢ 注册登记证 ➢ 机动安装牌照	共200元左右
7	附加税备案建档	车辆购置附加税征稽管理处	➢ 附加税凭证、行驶证	➢ 建档	无
8	养路费	各区指定养路费收费中心	➢ 行驶证	➢ 收据 ➢ 养路费缴费凭证，随车携带	年底前交次年费用，每月100元左右
9	车船使用税	地税局或车管所内的代办点、指定征收网点	➢ 行驶证 ➢ 车主身份证或单位营业执照 ➢ 经办人身份证明	➢ 完税证	约每年200元，第一季度缴纳

③ 新车购进后工作事项。企事业单位购进车辆并进行相关的登记后，就可合法使用。新车购进使用过程中，行政文秘人员应加强车辆购进后的车辆及相关人员的管理工作，监督和确保车辆的正常使用，所需做的工作事项如图9-3所示。

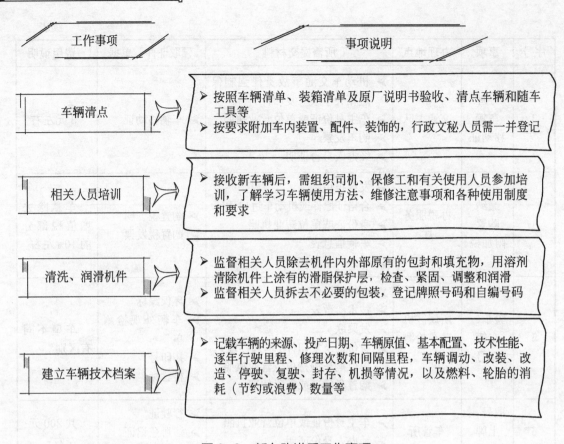

图 9-3　新车购进后工作事项

9.1.2　车辆使用管理

（1）车辆使用登记

① 使用前登记。企事业单位所有车辆使用前，行政文秘人员需做好用车登记，核实用车情况，保证其在规定范围内使用。车辆使用前的登记能帮助行政文秘人员审核用车需求、掌握车辆去向，为车辆使用和调度提供依据，车辆使用前登记要求如图9-4所示。

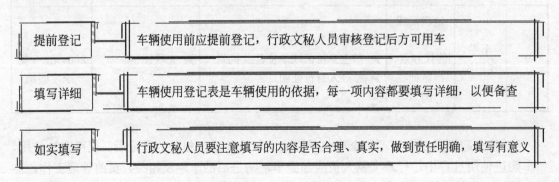

图 9-4　车辆使用前登记要求

车辆使用前登记以"车辆使用登记表"的形式记录，车辆使用登记表如表9-2所示。

表9-2 车辆使用登记表

填写日期：____年__月__日

用车人姓名		用车部门	
随行人数		部门主管签字	
车牌号		车型	
计划用车时间	__日__时至__日__时	目的地及经停地	
用车事由			
派车人签字		备注	

② 使用后登记。车辆使用后登记一般由行车司机填写，使用人签字，行政文秘人员检查行车记录表，核查行车信息。一般来说，车辆使用后记录的内容如图9-5所示。

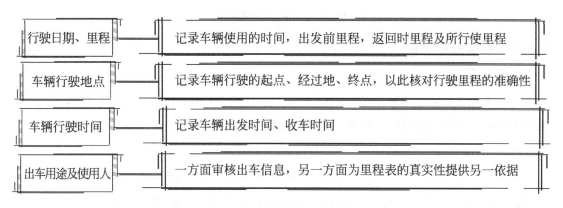

图9-5 车辆里程记录表内容及作用

（2）车辆使用调度

车辆调度是指根据企事业单位车辆使用管理规定和当天用车需要，对企事业单位车辆的使用进行分配和安排。

① 车辆调度流程。行政文秘人员在进行车辆调度时，可按照如图9-6所示的流程进行。

② 车辆调度要求。为充分发挥汽车的使用效益，最大限度地满足各方面的用车要求，行政文秘人员需按照车辆调度的要求进行用车调度。车辆调度的要求如下。

a. 把握原则。坚持按制度办事，不徇私情，不因人用车；按照先主后次、先紧急后一般等处理原则和方法调度。

b. 调度合理。选择最佳路线，避免绕弯路和绕道行驶，一条路线不重复派车；车辆不能一次全部派完，需留用备用车辆，以备应急。

c. 灵活机动。紧急情况下从实际出发，灵活处理，不误时、不误事；注意协调用车人的关系，需要时讲明调度原因，不引起人员矛盾。

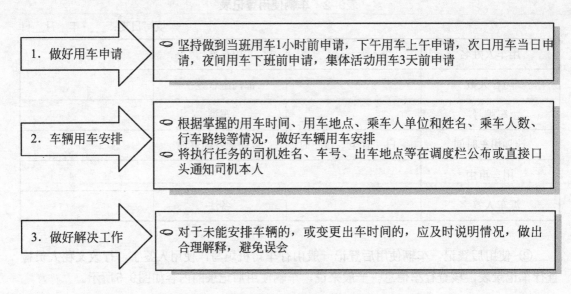

图 9-6　车辆调度流程

9.1.3　车辆油耗管理

（1）制订油耗标准

行政文秘人员应制订相应的油耗标准，以作为对车辆油耗管理参照。车辆油耗标准应根据不同的车辆情况来制订。具体的油耗标准方法如图9-7所示。

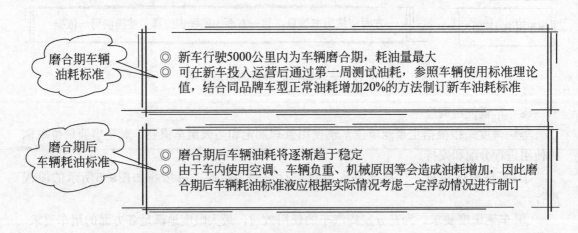

图 9-7　耗油标准制订方法

（2）实施油耗考核

① 收集油耗统计数据。行政文秘人员需要收集被考核者的油耗统计数据，以作为被考核者考核期内考核的依据绩。考核期内油耗统计数据通常填入油耗统计表内，油耗统计表如表9-3所示。

表9-3 油耗统计表

车牌号：　　　　　　　　　　　　　　　　　　制表人：

日期	公里底数	累计行驶公里	油耗总量	油耗金额	加油次数	平均每公里油耗

② 油耗考核实施。行政文秘人员应结合车辆管理要求，参照油耗考核标准表以及驾驶员实际油耗记录表，考核驾驶人员是否达到油耗标准，油耗考核标准通常根据油耗标准制订。

③ 油耗考核奖惩。行政文秘人员根据被考核者的油耗考核结果进行考核的奖惩。油耗考核奖惩包括奖罚程度和奖罚措施两部分的内容，具体如图9-8所示。

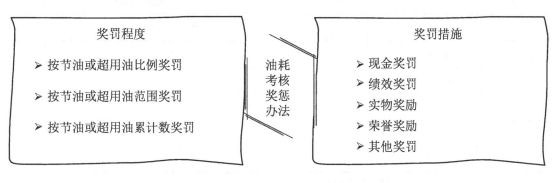

图9-8　油耗考核奖惩办法

油耗考核奖惩办法具体的实例如下所示。

a. 油耗考核奖罚办法示例1如表9-4所示。其中，奖罚金额也可根据企事业单位实际情况改为绩效奖罚或其他奖罚。

表9-4　油耗考核奖罚办法表示例1

项目	奖罚金额（元）
奖励	（标准油耗 − 实际油耗）（公升/公里）×公里数×油价（元/公升）×奖金比例（%）
惩罚	（实际油耗 − 标准油耗）（公升/公里）×公里数×油价（元/公升）×惩金比例（%）

制表人：　　　　　　主管：　　　　　　　　　制表日期：　　年　月　日

b. 油耗考核奖罚办法示例2如表9-5所示。

表9-5 油耗考核奖罚办法示例2

制表人：　　　　　　　主管：　　　　　　　　　　　　　制表日期：　　年　月　日

节油奖励（元）	超用油惩罚（元）
$\dfrac{\text{标准油耗}-\text{实际油耗}}{\text{标准油耗}}$（公升/公里）×100%×奖金金额	$\dfrac{\text{实际油耗}-\text{标准油耗}}{\text{实际油耗}}$（公升/公里）×100%×罚金金额

说明：
1. 有车辆用油超过标准比例的20%以上，车辆暂停使用检修，经维修用油正常后再继续使用
2. 车辆耗油与耗油标准相差3%以内的，相关人员不予奖罚
3. 连续____个月受到节油奖励，另奖励奖金____元

c. 油耗考核奖励办法示例3如表9-6所示。其中，节油奖励物品也可视企事业单位实际情况，改为绩效、现金奖励或其他奖励。

表9-6 油耗考核奖罚办法示例3

制表人：　　　　　　　主管：　　　　　　　　　　　　　制表日期：　　年　月　日

序号	节油比例	节油奖励标准
1	4%～7%	
2	8%～11%	
3	12%～15%	
4	16%～19%	
5	20%以上	

说明：节油比例 = $\dfrac{\text{标准油耗}-\text{实际油耗}}{\text{标准油耗}}$（公升/公里）×100%。

（3）油耗管理附加规定

为完善车辆油耗管理，行政文秘人员还需制订一系列的附加规定，以便油耗管理工作的实施，保证用车能节约油耗，减少不必要的损失。附加的规定如表9-7所示。

表9-7 油耗管理附加规定

序号	项目	规定内容	举例
1	加油办法	规定加油申请、充值、报销的办法	➢ 本企业实行油卡充值，一车一卡，行政部负责登记发放，凭卡到加油站加油
2	统计办法	车辆油耗的统计责任人、统计周期和统计办法	➢ 每月行政文秘人员统计车辆行驶里程数、油耗数、加油次数及数量，报上级领导审批
3	车辆使用规定	制订车辆耗油项目相关的使用规范	➢ 车辆等待时间久，如堵车、等人等必须熄火 ➢ 车内温度低于__度不得开空调 ➢ 严禁车辆超载、超重行驶

续表

序号	项目	规定内容	举例
4	故障处理规定	规定车辆出现故障导致油耗统计出现异常的处理和计算办法	➢ 车辆故障导致油耗出现重大变动的，经维修厂和行政文秘人员核实后，可作调整 ➢ 里程表损坏，司机当日返回及时报修，当日报修至安装新表之前所行使的里程按照派车单所前往的目的地的距离计算，由行政文秘人员进行核实，并在燃料登记表、日报表备注签名

9.1.4 车辆维修保养管理

（1）车辆检查

① 明确车辆检查的时间。车辆的检查是行政文秘人员对司机、用车人对企事业单位车辆的使用进行监督检查，从而保证企事业单位车辆正常使用、按期维护与维修的重要工作。一般来说，对车辆的检查时间分为如图9-9所示的几种，行政文秘人员可根据企事业单位实际情况及相关制度进行车辆检查。

出车前检查	◎ 出车前行政文秘人员需监督司机对车辆进行检查，检查车辆安全性能是否良好、配置是否齐全、燃料是否充足、是否足以安全上路并满足用车需要
收车后检查	◎ 用车结束后行政文秘人员需监督司机检查车辆是否有损坏、剐蹭、非正常磨损等，及时查清车辆非正常损坏的原因，明确责任人
定期检查	◎ 行政文秘人员需定期对车辆大小部件保养、维护情况及整体车况进行检查，监督相关人员维修相关部件、维护和保养车辆
不定期检查	◎ 对车辆使用及保养、维修情况不定期检查，保证车辆使用和管理人员对车辆的使用、维护、管理正常，遵守相关制度

图9-9 车辆检查时间

② 编制车辆检查记录表。检查人员可根据车辆检查情况填写车辆检查表，对检查情况进行记录，车辆检查表示例如表9-8所示。

表9-8 车辆检查表

项目 日期	洗车	加油记录			车况记录					维修记录		备注
		汽油 加油量	机油 加油量	金额	配件			外观	运行	维护内容	金额	
					轮胎	音响	冷气					

续表

项目\日期	洗车	加油记录		金额	车况记录			外观	运行	维修记录		备注
		汽油	机油		配件					维护内容	金额	
		加油量	加油量		轮胎	音响	冷气					
合计												

③ 建立车辆检查细则。行政文秘人员应根据出车、收车、定期检查和不定期检查内容的不同，制订相关的检查细则并张贴，规定车辆检查的每一项具体步骤与要求，规范车辆检查工作。

(2) 车辆保养

① 车辆三级保养内容。车辆的保养可分为一级保养、二级保养和三级保养。一般来说，企事业单位自身可进行一级保养，而二级保养和三级保养应到车辆维修点进行，一级保养也可到维修点进行专业保养。

对于行政文秘人员来说，应明确车辆三级保养分别包含的内容，监督车辆负责人对车辆进行及时的保养工作，车辆三级保养的具体内容如图9-10所示。

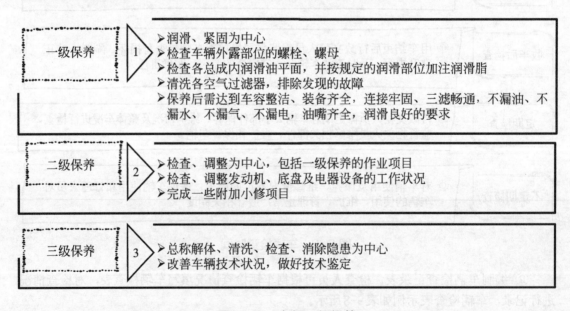

图9-10　车辆三级保养

② 车辆保养的程序。企事业单位在进行车辆保养时，应遵循如下说明的程序进行。

a. 车辆保养申请。司机发现车辆故障或需要保养时，应先填写"车辆保养单"交行政文秘人员，行政文秘人员需交行政主管进行审核。

b. 审核预算费用。行政文秘人员拿到"车辆保养单"后，需确定是否需要保养及保养费用限额。

c. 确定保养厂家。行政文秘人员根据车型、保养项目，确定合作的车辆保养厂家。

d. 车辆保养审批。行政文秘人员确定保养厂家之后，请行政部经理在"车辆保养单"上签字。

e. 车辆保养。司机将待保养的车辆送到指定的保养厂家进行保养。

f. 车辆保养鉴定。保养完毕后，司机及行政文秘人员应对车辆的保养结果进行鉴定，并核定保养费用的合理性、准确性，鉴定合格后，收回更换的旧部件后签字确定。

g. 车辆保养验收。保养后的车辆，行政文秘人员需进行再次验收，司机应将"车辆保养单"及"保养项目清单"及时交回行政主管。

h. 重新保养。行政文秘人员验收后，发现有些保养项目存在问题或需要追加保养项目的，应按照以上程序重新申请。

i. 费用结算。行政文秘人员对保养费用实行统一的结算，结算前，行政文秘人员应再次检查车辆保养手续的规范性，并再次核定费用的合理性。

③ 车辆保养记录。车辆保养后，行政文秘人员应填写车辆保养记录，将车辆保养的情况进行登记并归档保存。车辆保养记录表的格式及内容如表9-9所示。

表9-9 车辆保养记录表

车牌号码		引擎号码		部门编号		
使用部门		主要使用人				
		主要驾驶员				
保养修理记录							
年		项目	金额	保养前里程表数	经手人（签字或盖章）	主管（签字或盖章）
月	日					
合计						
本月费用		汽油金额		保养金额	修理金额	合计

（3）车辆维修

① 车辆维修类型。根据车辆维修对象和作业范围的不同，车辆修理可分为如表9-10所示的4种类型。行政文秘人员应根据车辆需要修理的程度，确定修理类型，再进行确定下一步的车辆修理管理工作。

表9-10 车辆维修的4种类型

序号	4种类型	具体说明
1	车辆大修	➢ 新车或经过大修后的汽车，行使一定里程后机件会严重磨损，技术性能下降，对于这种情况经过技术鉴定，可对各总成进行一次恢复性的修理 ➢ 大修以恢复汽车的动力性、经济性、坚固性和原有的配置状态，使汽车的技术状况和运行性能达到规定的技术要求，延长汽车的使用寿命
2	总成大修	➢ 总成经过一定的使用里程后，其基础件和主要零件会破裂、磨损、变形，因此需要拆散进行彻底修理，以恢复其技术性能
3	车辆小修	➢ 车辆小修是运行性的修理，主要是消除汽车在运行中发生的临时故障和局部损伤 ➢ 有些按自然磨损规律或根据总成的外部征象能预先估计的小修项目，可集中组织有计划性的小修作业，并结合实施相应的一、二、三级保养
4	零件修理	➢ 零件修理是指对磨损、变形或损伤而不能继续使用的零件的修理，是节约原材料、降低保养费用的一项重要措施 ➢ 零件修理应考虑到可靠性和经济性的原则

② 车辆维修管理要点。行政文秘人员在进行车辆维修管理时，应及时监督受损车辆的修复，消除故障，恢复车辆正常使用性能，保证车辆完好安全运行，满足企业用车需要。行政文秘人员在对车辆维修进行管理的过程中，需注意如图9-11所示的要点。

维修原因核查	➢ 核查车辆是否属于正常磨损，故障是否必须维修 ➢ 核查维修是否按规定申报，维修是否值得
维修实施核查	➢ 核查维修地点是否为正规维修点，可保证维修合乎规范 ➢ 核查维修费用、流程是否合理，并尽量促使其合理化
维修结果核查	➢ 检查维修后是否达到预定维修要求 ➢ 检查维修后对车辆的长期影响 ➢ 将维修记录记入车辆技术档案
维修报废处理	➢ 对于需要维修的车辆，在考虑了维修成本、安全性、耗油量、维修后使用时间等因素后，选择作报废处理的可对其进行报废
维修赔偿处理	➢ 新车在保用期限内出现故障，由修理厂作出技术鉴定后，向制造商申请索赔，赔偿处理后记入档案 ➢ 车辆属于人员操作不当或其他人为原因造成的车辆需维修的，按有关规定追究责任人赔偿并维修

图9-11 车辆维修管理要点

③ 车辆维修管理流程。行政文秘人员应规范企事业单位车辆维修的流程，相关人员应按流程规定进行车辆维修，车辆维修的流程如图9-12所示。

1. 相关责任人进行车辆维修的请修
2. 行政文秘人员检查维修原因、安排预算等
3. 行政文秘人员报领导审批请修单
4. 领导审批通过后，安排维修事项
5. 行政文秘人员监督相关人员实施维修
6. 行政文秘员检查维修结果，报销维修费用

图9-12　车辆维修操作流程

④ 车辆请修单。车辆请修单是车辆维修及费用报销的依据，表9-11是车辆请修单示例。

表9-11　车辆故障请修单

编号：　　　　　　　　　　　　填写日期：　　　年　月　日

车号		里程数		责任人	
请修项目					
预计金额			修理厂		
损坏原因					
主管审核意见及签字	□同意 □不同意			签字：_____ ____年__月__日	
复核人意见及签字	□同意 □不同意			签字：_____ ____年__月__日	
管理人意见及签字	□同意 □不同意			签字：_____ ____年__月__日	
请修人意见及签字	□同意 □不同意			签字：_____ ____年__月__日	

9.1.5 司机安全教育管理

（1）明确司机安全教育的内容

司机的安全意识在很大程度上决定了行车安全，而行车安全涉及企事业单位及员工个人的生命及财产安全。因此，行政文秘人员应定期和不定期地组织司机进行交通安全教育，加强其安全意识，提高车辆安全管理水平。司机安全教育的主要内容包括但不限于下列5个方面。

① 车辆检查方法。车辆检查方法包括出车前检查、收车检查、定期和不定期车辆安全和维护检查教育等。

② 日常行车原则。日常行车原则包括安全第一、注意礼让、爱护车辆，避免不必要损失等原则的教育。

③ 职业道德。职业道德包括培养司机职业道德意识、形成良好的职业行为规范、树立典范行为的教育。

④ 交通规则。交通规则包括强化交通规则、教育司机严格遵守交通规则以保证自己和他人安全的教育。

⑤ 奖罚措施讲解。奖罚措施讲解包括安全奖罚措施的公布、讲解，激励司机学习和遵守安全规范方面的教育。

（2）制订司机安全教育管理规范

行政文秘人员应制订司机安全管理教育规范并张贴，时刻提醒司机加强安全防范，树立"安全第一"的思想，司机安全责任书示例如图9-13所示。

司机安全责任书

目的：为加强本公司行车安全管理，贯彻"安全第一、预防为主、综合治理"的方针，明确"谁主管谁负责，谁失职追究谁"的原则，保证员工人身安全、车辆安全，特制订本责任书。

适用范围：本责任书适用于司机驾驶企业车辆的安全管理工作。

司机责任：
1. 树立"安全第一"的思想，对自己和他人生命及财产安全高度负责的精神，时刻把安全行车放在第一位。
2. 积极参加业务学习和安全学习，自觉遵守交通规则，服从交通管理人员指挥，做到文明行车、安全礼让、无违章、无事故。
3. 时刻保持车辆的完好状态，对车辆勤检查，发现隐患要及时处理，做到各部件牢固、灵敏，尤其是制动、转向部分，必须可靠、有效。
4. 不带病开车，严禁工作时间饮酒，不酒后驾车，不开与证照不符的车辆。
5. 在驾驶过程中要礼让三分，谨慎驾驶，避免开违章车、赌气车、疲劳车等。
6. 要时刻保持车辆的完好状态，对车辆勤检查，发现隐患要及时处理，做到各部件牢固、灵敏，尤其是制动、转向部分，必须可靠、有效。
7. 熟悉并学习必要的安全救护知识，掌握行车安全应急预案，配备必要的车载消防及急救器材，遇事要沉着冷静，及时报告，将损失降到最低。

责任追究

1. 违反上述规定，有失职行为的，经领导会议研究后给予适当处理。
2. 严重失职者，发生恶性交通事故，经研究给予严肃处理，严重的报更高级部门及司法机关处理。
3. 本责任书一式两份，负责人和司机各执一份，自签订之日起生效。本责任书直至责任人离职时失效。

图 9-13　安全责任书示例

9.1.6　车辆肇事管理

（1）规范肇事处理流程

企事业单位车辆出现肇事现象，行政文秘人员首先应当冷静，肇事发生后，应及时合理处理，将损失降到最低。车辆肇事处理流程如图9-14所示。

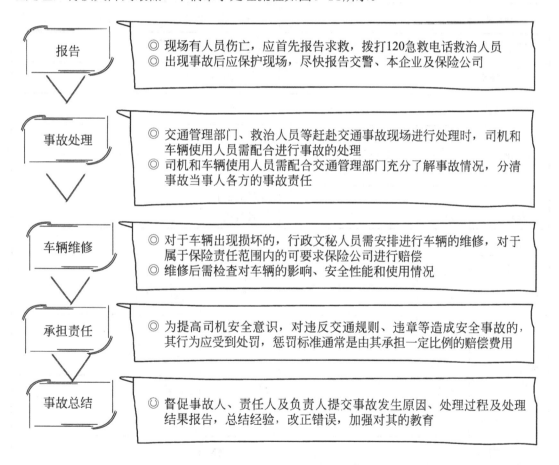

图 9-14　车辆肇事处理流程

（2）设计交通事故表单

行政文秘人员应设计交通事故处理表单，肇事发生后，司机应及时填写交通事故处理单，示例如表9-12所示。

表9-12 交通事故处理单

事故描述							
发生时间							
发生地点							
见证人签名							
处理结果							
	我方				对方		
驾驶员姓名			年龄	姓名		车型年份	
住址			部门	车号			
驾驶原因				身份	□驾驶员	□行人	□其他
同车者				同车者			
驾照	种类			驾照	种类		
	编号				编号		
取照时间		车型年份		公司	名称		
					地址		
损坏部分及程度				损坏部分及程度			
意见				意见			
损坏程度	车辆	钣金		损坏程度	车辆	钣金	
		烤漆				烤漆	
		零件				零件	
		其他				其他	
		合计				合计	
	身体				身体		
	物体				物体		
	其他				其他		

总经理：　　　　　　主管：　　　　　　填写日期：　年 月 日

9.1.7 车辆保险缴纳管理

为避免车辆肇事后给企事业单位带来的巨大经济损失,行政文秘人员应为机动车辆缴纳保险。

（1）车辆保险种类

机动车辆的保险可分为交强险和商业保险。

① 交强险。交强险是保险公司对被保险机动车发生道路交通事故造成对方的人身伤亡、财产损失进行责任限额内的赔偿的保险,是国家法规强制性要求必须缴纳的,也是购车后的第一道手续。否则车辆不能办理验车、上牌等事项,也不能合法上路。

② 商业险。商业险是交强险的补充险,根据车辆所有者意愿自行补充购买。一般车辆商业保险的构成由如图9-15所示的4个方面组成。

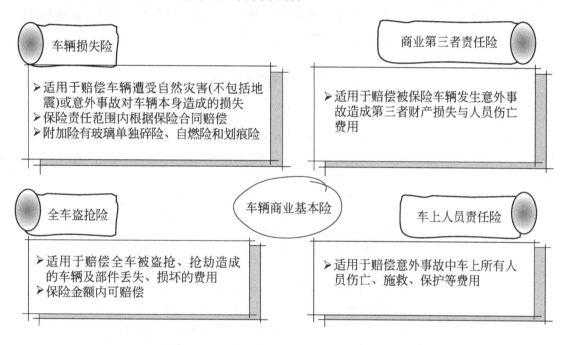

图9-15 车辆商业基本险

4个商业基本险种可单独或任意组合,一般车辆损失险和第三者责任险为较基本的险种。另外还有司机乘客座位责任险、新增设备损失险、车载货物掉落责任险、车上货物责任险、不计免赔险等附加险种。行政文秘人员应根据企业性质、车辆运输情况、企业要求和实际情况为车辆购买保险。

（2）车辆保险缴纳注意事项

① 选择保险单位,警惕假保单。行政文秘人员在为企事业单位选择保险公司时须选择正规的保险公司,有正规的营业执照、保险资质,保险代理人也须是经培训、有上岗资质的。

一些假代理公司使用的保单和发票仿真效果好,与正规的保险公司无异,行政文秘人员应格外注意。真代理保单单证第三联是白色无碳复写纸印制,并加印浅褐色防伪底纹,印有"中国银行保险监督管理委员会监制"字样,右上角印有:"限在××省市自治区销售"字样,行政文秘人员须明确区分。

② 险种要实用。行政文秘人员应根据企事业单位的实际需要购买保险，一般来说，只有交强险是国家规定强制购买，其他险种不得强制搭配。如果企事业单位认为交强险保障能力有限，需要购买车辆商业险，原则是购买车上人员险后再购买车损险，可先购买足额第三者责任险、车上座位责任险等人员保险，应负重大人员伤亡事故；其他车损附加险种自行根据情况购买，如旧车或邻近报废期时的车损险、自燃损失险等。

③ 注意免赔条款。车辆商业保险有些情况下保险公司拒绝赔付，行政文秘人员在签订车险合同前须仔细阅读各项条款。例如购买第三者责任险，车辆撞到自己人，有些保险公司的条款规定不赔偿。再例如购买盗抢险，在允许使用的情况下被盗是不赔的，例如企事业单位内司机盗车，无法赔偿。

免赔条款是在车辆保险理赔业务中，车主与保险公司经常出现纠纷的现象，行政文秘人员在缴纳时，应格外注意，以适当避免此类问题的发生。

④ 保险金额注意事项。投保金额、理赔金额是行政文秘人员为企事业单位办理车辆保险需要注意的事项，具体要注意的问题如表9-13所示。

表9-13 保险金额注意事项

序号	注意事项	具体说明
1	投保定额	➢ 按新车购置价投保是指按机动车同类新车（含车辆购置税）的价格购置保险，属于足额保险，车辆发生部分损失时，按实际损失足额赔偿，全部损毁，按车辆折旧后的实际价值赔偿，较为实用 ➢ 按协商价定保额是由投保人和保险人通过协商的方式确定保额，保险公司按照保额和新车购置价的比例来确定赔偿比例 ➢ 按实际价值投保是按投保时新车购置价减去折旧金额后的价格，属于不足额投保，按实际价值与新车价格之比按比例赔偿
2	是否足额投保	➢ 不足额投保是保险合同约定的保险金额低于新车购置价，车辆损失后按照保险金额与现车购置价的比例承担赔偿责任，按比例赔付 ➢ 足额投保是车辆损失后保险公司按照实际损失全额赔偿 ➢ 一般来说，按新车购置价足额投保，第三者责任险足额投保 ➢ 其他险种根据实际情况选择足额或不足额投保
3	其他须知事项	➢ 重复保险的保险金额总额和超过保险标的保险价值的，各保险的赔偿金额的综合不得超过保险价值，多投保不会得到超价值赔款 ➢ 4S店代理车险，手续简单，但有一定代理费用，相较于保险公司的手续费用更高，且注意银保监会规定车险产品折扣不允许低于七折 ➢ 需要注意的是，保险公司遵循的原则是"补偿性原则"，赔偿数额不能超过财务的实际价值

9.2 食宿管理

9.2.1 食堂管理

（1）食堂从业人员管理

为提高从业人员的从业水平，建设环境清洁、饭菜可口、服务优良的企事业单位食堂，行政部应着手做好食堂从业人员的管理工作。

① 仪容仪表管理。食堂从业人员的仪容仪表是食堂留给就餐者的第一印象，良好的仪容仪表能够增加就餐者对食堂的信任感。图9-16为××公司食堂从业人员仪容仪表要求，供读者参考。

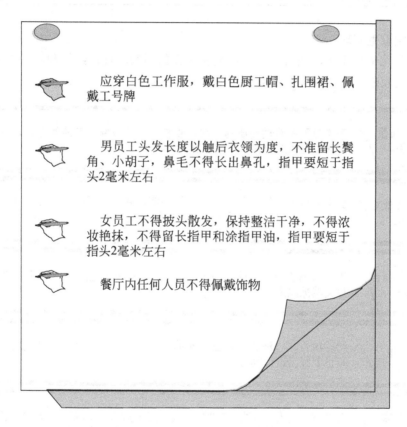

图9-16 食堂从业人员仪容仪表要求

② 个人卫生管理。为保证食品卫生安全，食堂从业人员应严格遵守以下卫生管理要求，具体内容如表9-14所示。

表9-14 食堂从业人员卫生要求

操作阶段	卫生要求
食品加工处理前	➢ 用肥皂及流动清水洗手；接触直接入口食品之前应洗手消毒 ➢ 穿戴清洁的工作衣、帽，并把头发置于帽内，脱掉戒指、手链等首饰

续表

操作阶段	卫生要求
食品加工处理中	➢ 由专门人员对原材料进行加工制作，非操作人员不得擅自进入操作间 ➢ 任何人员不得在操作间内进行抽烟、饮食及其他有可能污染食品的行为 ➢ 检查待加工食品，发现有腐败变质迹象或者其他感官性状异常的，不得使用 ➢ 切配好的半成品应避免污染，与原料分开存放，并应根据性质分类存放 ➢ 已盛装食品的容器不得直接置于地上，以防止食品污染 ➢ 在烹饪后至食用前需较长时间存放的食品，应在规定条件下存放，以免变质
食品加工处理后	➢ 食品加工所用的各项工具、容器使用后应洗净并保持清洁 ➢ 食品加工过程中废弃的食用油脂应集中存放在有明显标志的容器内，定期处理

（2）食堂卫生管理

为全体员工提供卫生、放心、优质饭菜和优良的用餐环境，维护和确保员工的身体健康，行政部应规范食堂质量卫生。食堂饭菜质量卫生要求如图9-17所示。

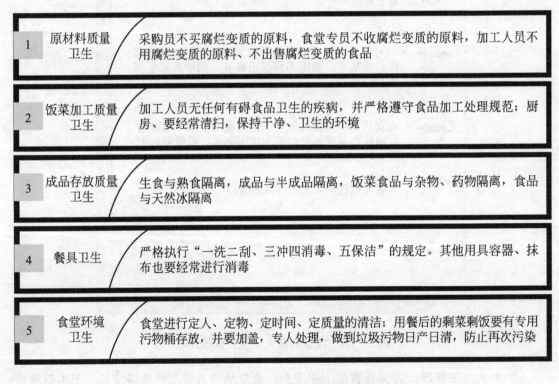

图9-17 食堂应遵循的质量卫生要求

（3）食堂采购管理

行政文秘人员应随时与食堂管理人员沟通，掌握库存情况，结合当前市场行情，拟定采购计划，以保证食堂所需主、副食品的供应。

① 食堂采购项目。员工食堂所需采购产品主要包括食品原料、厨房日用品、餐饮用具等。任何产品的采购必须由供应商提供正规发票、送货单、收据等凭证。

② 原料采购注意事项。为保障食品安全，企事业单位相关采购人员在对食品原料进行

采购过程中必须遵守以下注意事项，详情如图9-18所示。

注意事项	相关说明
严控采购质量	不得采购霉变、腐败、虫蛀、有毒、超过保质期或卫生法禁止供应的食品；采购大批主食或副食要求供货单位提供卫生许可证，以便查验，不得采购三无产品；把握气候季节变化情况，主动听取就餐员工意见，采购时鲜菜品，扩大花色品种
把好验收关	采购食品原料坚持验收、结算、移交的交接办法，做到单据清、手续清、账目清；由验收员进行验收，对不合格食品拒收，退回要求重新配送；严禁腐烂、变质的原料入仓，以防止食物中毒

图9-18 原材料采购注意事项

9.2.2 宿舍管理

（1）宿舍安全管理

宿舍安全关系到每个住宿员工的人身安危及企业的利益，行政部必须重视起来。加强宿舍安全管理主要有五大措施，具体如下所示。

① 规范住宿资格管理。企事业单位必须明确员工申请住宿的条件，只有符合条件的员工才能允许住宿，以最大限度地节省成本费用支出，有效保障员工宿舍安全。图9-19所示为××公司员工申请住宿的条件，供读者参考。

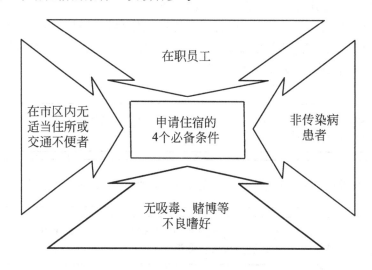

图9-19 ××公司员工申请住宿的4个必备条件

当员工出现下列行为或情况之一时，<u>企业应取消该员工的住宿资格</u>，如图9-20所示。

② 设置宿舍管理员。宿舍管理员负责所管辖宿舍内的一切事务的管理，主要有加强宿舍秩序管理，防止酗酒闹事、打架斗殴、赌博盗窃等现象的发生；发现出现危险或有安全隐患时，及时向上级汇报，并采取必要的防范措施。

③ 完善住宿登记、来访登记制度。建立、完善住宿登记管理制度，及时登记、更新住宿员工的信息，防止不法人员进入员工宿舍。实施宿舍来访人员登记制度，相关管理人员

1	住宿期间不服从管理员监督、指挥的员工
2	在宿舍赌博、斗殴、酗酒的员工
3	擅自在宿舍内接待异性或留宿外人的员工
4	严重违反宿舍安全规定的员工
5	离职人员

图 9-20　住宿资格取消的行为或情况示意图

要做好交接班记录。

④开展宿舍安全教育。定期对住宿人员、服务人员、宿舍员工进行安全教育，对宿舍的锅炉工、电气工进行专业安全技术培训，经考核合格，才能上岗操作。

⑤落实安全责任制。制订安全责任制，明确规定住宿管理员、服务人员、设备操作者的安全责任和权力。行政应定期检查安全责任落实情况，发现问题及时处理。

(2) 宿舍卫生管理

宿舍管理人员及宿舍员工应共同做好宿舍卫生管理工作，确保员工住宿环境整洁、规范，以使员工获得更充分的休息，保持良好的工作状态。

① 划分宿舍卫生区域。为保证宿舍卫生管理工作得到有效落实，企事业单位应做好卫生区域划分及管理工作，明确各责任区域的管理人员，并对人员职责进行明确划分。图9-21为××公司宿舍卫生区域划分示意图。

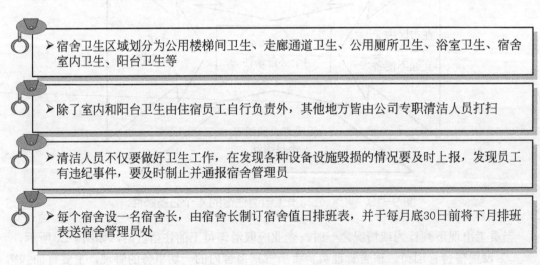

图 9-21　××公司宿舍卫生区域划分示意图

② 制订宿舍卫生标准。为保证宿舍的清洁卫生，行政部还应制订明确的卫生标准，并监督相关工作人员参照执行。表9-15为××公司制订的宿舍卫生标准。

表9-15 ××公司宿舍卫生标准

卫生区域	卫生标准
楼梯间	➢ 每天早晚两次进行地面清扫，保证地面无烟头、果皮、纸屑 ➢ 定时擦洗，保证楼梯间无蜘蛛网、无积尘、无污痕、无水渍
走廊通道	➢ 走廊通道无纸屑垃圾，无污迹杂物 ➢ 扶手、栏杆要擦洗干净
公用厕所	➢ 墙壁干净，坐便器、小便器等卫生洁具清洁无黄渍 ➢ 无异味、无积粪、无尿垢、无蝇蛆 ➢ 地面无烟头、纸屑、积水
浴室	➢ 每日清扫，无积水、无异味 ➢ 洗漱用品整齐排列，摆放一致
宿舍室内、阳台	➢ 地面不准有污迹。室内清理的垃圾必须袋装，每天及时送到垃圾桶里 ➢ 墙壁清洁，无蜘蛛网，无污迹，无手、脚印；无乱钉钉子，乱挂杂物，乱贴字画，乱扯绳子 ➢ 被子按标准叠放，整齐排列，方向一致

③ 开展宿舍卫生检查。为抓好宿舍卫生管理工作，必须设立宿舍卫生检查小组，落实宿舍卫生检查制度。宿舍卫生检查小组定期或不定期对各宿舍卫生进行检查，发现问题及时处理。

（3）宿舍防火管理

员工宿舍人员比较集中，一旦发生火灾事故，极易造成重大财产损失和人员伤亡，因此，做好员工宿舍火灾隐患的预防，避免火灾事故发生，已成为行政部不容忽视的重要工作之一。

① 宿舍防火管理的日常措施。为做好宿舍防火管理，及时消除火灾隐患，企事业单位可从以下6个方面加强日常管理，详情如图9-22所示。

② 做好宿舍防火教育培训。

a. 宿舍防火教育培训内容。宿舍防火教育培训的内容包括以下5项，如图9-23所示。

b. 宿舍防火教育培训方式。防火教育培训的方式主要包括学习、演练、宣传等，防火教育培训的方式及说明如图9-24所示。

③ 定期或不定期开展防火安全检查。企事业单位相关人员要保持高度的警惕，经常巡视宿舍，检查防火设备设施的完好性及防火规章制度的落实情况，发现危险因素，及时发出整改通知书，并敦促相关人员消除隐患。

（4）宿舍水电管理

水电是员工生活必不可少的物质资源，为保证水电设备安全、水电合理使用，减少浪费，行政部应做好员工宿舍水电管理工作。

① 宿舍用电管理。宿舍用电管理主要应从4个方面抓起，即节约用电、确保电路安全、损坏赔偿及防止盗电等，详情如表9-16所示。

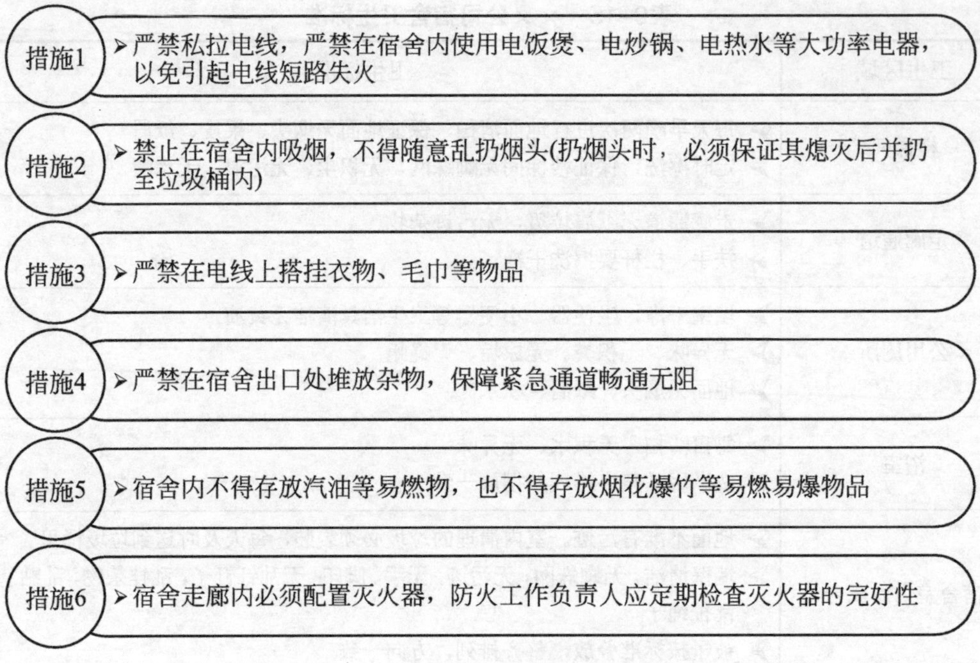

措施1
严禁私拉电线，严禁在宿舍内使用电饭煲、电炒锅、电热水等大功率电器，以免引起电线短路失火
措施2
禁止在宿舍内吸烟，不得随意乱扔烟头(扔烟头时，必须保证其熄灭后并扔至垃圾桶内)
措施3
严禁在电线上搭挂衣物、毛巾等物品
措施4
严禁在宿舍出口处堆放杂物，保障紧急通道畅通无阻
措施5
宿舍内不得存放汽油等易燃物，也不得存放烟花爆竹等易燃易爆物品
措施6
宿舍走廊内必须配置灭火器，防火工作负责人应定期检查灭火器的完好性

图 9-22　宿舍防火管理的日常措施

消防设施情况及安全使用方法
宿舍防火的重要性及相关案例
火灾扑救及自救的知识和技能
宿舍防火规定
现场模拟培训
防火教育培训的5项内容

图 9-23　防火教育培训的 5 项内容

防火教育培训的方式及说明
学习
请专人讲解，组织宿舍人员及服务人员学习
演练
进行现场模拟，组织相关人员进行实地消防演练
宣传
采取印发宿舍防火资料、图片等宣传防火知识
利用广播、公告栏等宣传阵地，宣传防火管理措施，强调违反规定后的处罚规则，使防火管理深入人心

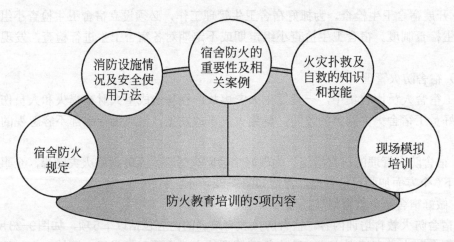

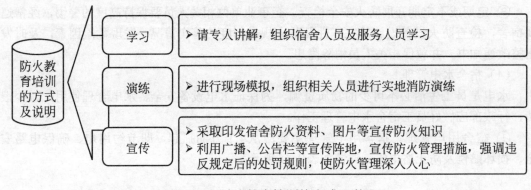

图 9-24　防火教育培训的方式及说明

表9-16 宿舍用电管理措施

管理措施	详细说明
节约用电	➢ 节约用电,做到随手关灯、人走灯灭,杜绝长明灯现象 ➢ 实行规定用电指标管理办法,对超指标用电的宿舍按规定加收电费 ➢ 尽量使用节能型电力设备,如将白炽灯全部替代为节能灯
确保电路安全	➢ 严禁私搭电路,确保用电安全 ➢ 严禁使用违规电器如热得快、电饭煲、电暖气等大功率电器,一经发现,立即没收 ➢ 电路管理人员定期或不定期检查电路安全情况,定期维修、保养宿舍电源开关等设备
损坏赔偿	➢ 灯泡、插座及其他电路设施坚持"谁使用、谁保管、谁损坏、谁赔偿"的原则 ➢ 宿舍管理员及时发现损坏的用电设施,并督促相关人员整改
防止盗电	➢ 采用防盗电配电盘、防盗电表表盖等防止越表窃电,同时要对窃电者实行经济制裁,责令其补缴电费及罚款 ➢ 任何人不得擅自开锁、拆卸、修理电表,违者按盗电处理

② 宿舍用水管理。宿舍用水管理主要应从以下3个方面抓起,即节约用水、注重检查、损坏赔偿等,详情如表9-17所示。

表9-17 宿舍用水管理措施

管理措施	详细说明
节约用水	➢ 节约用水,随手关闭水龙头,做到人走水停 ➢ 沐浴的水用后即关闭
注重检查	➢ 及时检修给水管路和用水,着重检修阀门、水龙头等 ➢ 抽水马桶水箱等容易漏水部位,要经常巡视、检查、维修
损害赔偿	➢ 水龙头、高低水箱、水阀等设施坚持"谁使用、谁保管、谁损坏、谁赔偿"的原则 ➢ 损害给水、排水设施,要求责任人照价赔偿

9.3 环卫管理

9.3.1 环境绿化管理

(1)绿地的设计

① 设计影响因素。行政文秘人员在设计和规划企事业单位总体绿地时,应综合考虑气候条件、土壤条件、绿地面积、企事业单位的布局、绿化诉求和成本预算等因素,各因素的具体说明如图9-25所示。

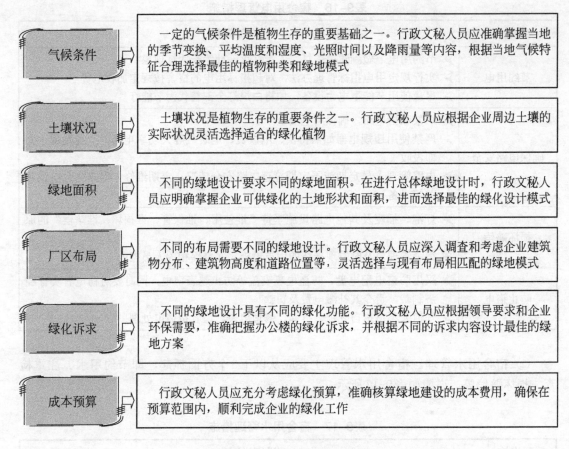

图 9-25 绿地设计影响因素

② 绿地设计思路。在进行总体绿地设计时,行政文秘人员应根据企事业单位的实际情况,并会同相关专业人员,合理开展绿地设计工作。一般而言,行政文秘人员可从生态和景观两个维度开展绿地设计工作,具体设计思路如下。

a. 生态设计思路。在进行绿地设计时,行政文秘人员应结合企事业单位所处区域的地理位置和环境特点,根据植物种群的共生、循环和竞争等生态原理,因地制宜规划和设计绿地形式和植物搭配模式,进而充分利用阳光、空气、土地等资源,有效营造和谐、美观、有序和长期共存的立体植物群落,最大限度地发挥绿地的生态效益,有效提高员工的舒适性、满意度和工作效率。

b. 景观设计思路。景观设计思路是在有效满足企事业单位绿地使用要求的基础上,结合园林艺术,不断丰富景观效果,努力创造出实用、美观、富有意境的绿化区域。行政文秘人员在应用该思路开展总体绿地设计时,应重点做好绿地的意境创造和空间处理工作,具体如图9-26所示。

c. 绿地设计流程。为确保总体绿地设计工作有条不紊地进行,最大限度地提高设计质量,行政文秘人员应合理规范和优化绿地设计的步骤和流程。一般而言,总体绿地设计流程如图9-27所示。

(2) 绿植的选择和养护

① 绿植选择。在确定企事业单位总体绿地设计方案后,行政文秘人员应依据当地气候

和土壤条件，以及企事业单位对绿地的功能要求和观赏要求，合理选择和搭配适当的绿地植物。一般而言，绿地植物选择的维度和方法如下所示。

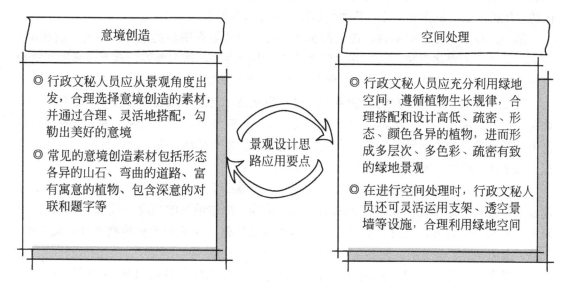

图 9-26　景观设计思路应用要点

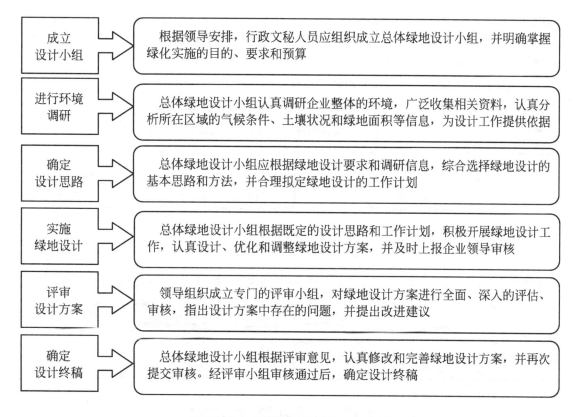

图 9-27　总体绿地设计流程示意图

a. 高低协调下的植物选择。高低错落、起伏变化的绿地景观可有效增加自然之感，丰富员工的视觉感受,并起到良好的美化和环保作用。为达到这种效果,行政文秘人员应根据企事业单位的具体情况,合理选择高低不同、错落有致的植物。一般而言,高度由高到低的绿地植物依次是乔木、灌木和地被植物,具体内容如下。

第一,乔木。乔木有明显、高大的树干,树干和树冠有明显的区分,高度一般在6米以上,是主要的绿化树种之一。乔木寿命较长,生命力强,株型整齐,具有较高的观赏价值和抗烟尘能力。常见的绿化乔木主要有松树、天竺桂、银杏、樱花树和小叶榕等。

第二,灌木。灌木没有明显的主干、呈丛生状态,高度一般在6米以下,是常见的绿化树种之一。灌木耐寒、耐旱、对土壤要求不高,适应性强、生产较快,具有良好的观赏价值、园林绿化价值和经济价值。常见的绿化灌木主要有垂榕、夹竹桃、杜鹃花、红叶石楠、栀子花、丝兰、大叶黄杨等。

第三,地被植物。地被植物是指株丛密集、低矮,经简单管理可代替草坪的,覆盖在地表的,具有一定净化空气、防止水土流失的植物。地被植物的高度一般低于1米,品种繁多,生长习性各异,具有良好的绿化环保和观赏价值。常见的地被植物主要有美女樱、萱草、金边吊兰、假龙头、麦冬、银边草、铺地柏和花蔓草等。

除以上植物外,行政文秘人员还可将灌木修剪、编织成整齐的绿篱,进而装饰绿地,凸显人与自然的融合。

b. 色彩搭配下的植物选择。在选择绿地植物时,行政文秘人员应特别注意植物色彩的搭配和调和。一般而言,为营造和谐、舒适、活泼的办公气氛,行政文秘人员在选择常绿植物为主色调的基础上,灵活、合理地选择具有其他色彩的植物,来丰富绿地色彩,点缀和烘托企业周边区域的活跃气氛。

一般而言,色彩搭配常选择的植物主要有以下几种,如图9-28所示。

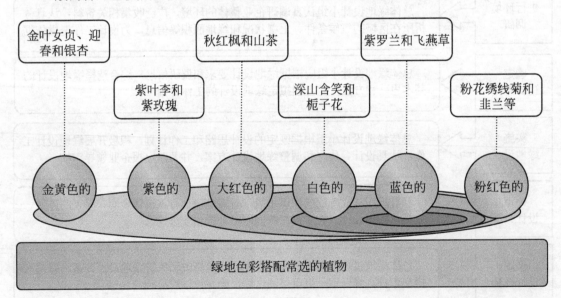

图9-28 绿地色彩搭配常选的植物

c. 季相变换下的植物选择。季相是指植物随气候变化而表现出的不同外观景象。对大多数植物而言,其季相是伴随四季的交替循环而有序变化的。丰富、连续的植物季相景观,可以让企事业单位一年四季都生机盎然、花开不断，进而让员工更加接近自然，更加舒适、放松。

因此，在选择绿地植物时，行政文秘人员应充分考虑植物的季相变换，结合当地气候规律和土壤条件，合理、灵活地选择在不同时令开花、生长的植物，进而使企事业单位的绿地随时间的推进而呈现出丰富多彩的景象。

一般而言，行政文秘人员可选用木棉、凤凰木、大叶紫薇、杜鹃、美人蕉、栀子花、蜡梅、秋菊等植物，利用其不同时间的开花规律来实现不同季节的季相变换。

d. 特色植物选择。这里的特色植物是指具有特定环保功能、对人体有益的植物。在企事业单位周边绿地种植合适的特色植物，不仅能美化环境、利于观赏，还能对员工起到医疗保健的作用，进而改善员工的身心状态，提高其工作质量和效率。

一般而言，海桐、含笑和九里香等植物有利于呼吸系统的保养、调节；白兰、人心果和串钱柳等植物具有对心血管系统的保健作用；金叶香柳、串钱柳等植物对消化系统具有保健作用；九里香、白兰等植物具有对中枢神经系统的保健养护作用。

② 绿植养护。绿地规划和建设完毕后，行政文秘人员还应认真学习和掌握绿地植物的养护标准和要求，积极组织做好绿地植物的养护工作。一般而言，绿植养护工作主要包括浇水、施肥、修剪、病虫害防治、松土除草、补栽和绿地保护工作，具体内容如下。

a. 浇水。行政文秘人员应根据绿地植物的习性、树龄以及季节、土壤干湿程度的不同，适时、适量、不遗漏地对绿地植物进行浇水，每次浇水应浇足浇透，采用喷灌浇水的，喷淋时间一般不少于30分钟。此外，行政文秘人员需注意，夏季高温时应在早晨和晚上浇水；冬季寒冷时宜在午后浇水；下雨后应注意排涝，防治植物被淹。

b. 施肥。行政事务处理人员应根据植物的生长规律，定期对绿地植物进行施肥。在施肥过程中，行政文秘人员至少应注意以下3点。

第一，施肥一般包括基肥和追肥两种：基肥多为有机肥，一般在植物休眠期施加；追肥多采用化肥或复合肥，一般在植物生长期施加。

第二，不同植物的施肥次数和施肥量不同。一般而言，不同树种的施肥次数和施肥量如表9-18所示。

表9-18　厂区绿地植物施肥次数和施肥量列表

植物类别	基肥施加次数	基肥施加量	追肥施加次数	追肥施加量
乔木	1次	不少于20千克/（次·株）	1次	不超过0.25千克/（次·株）
一般灌木	1次	不少于10千克/（次·株）	2次	不超过0.15千克/（次·株）
色块灌木和绿篱	1次	不少于0.5千克/（次·m²）	2次	不超过0.03千克/（次·m²）
地被植物	2次	不少于0.2千克/（次·m²）	不少于9次	不超过0.01千克/（次·m²）

第三，施加基肥时应挖施肥沟或穴，沟或穴的深度不低于30厘米，且不得伤害植物根部。

c. 修剪。行政文秘人员应根据绿地设计意图、植物生长习性和景观要求等内容，定期、适当地修剪绿地植物，进而达到植物生长协调、形态均衡美观、整齐划一的效果。一般而言，植物修剪包括常规修剪和整形修剪两类，具体做法如图9-29所示。

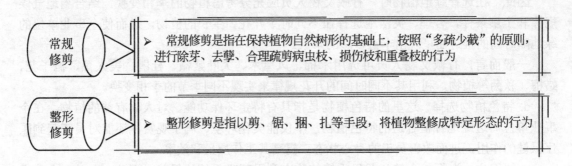

图9-29　绿地植物修剪的两种类型

d. 病虫害防治。为确保绿地植物的健康生长，行政文秘人员应贯彻"预防为主、综合防治"的方针，根据各类植物的病虫害发生规律，及时、有效地预防和治理病虫害。对此，行政文秘人员应依据绿地植物的类别、病虫害种类和具体环境条件，准确选择预防和治理药物及其浓度和施用方法，最大可能地发挥药效，降低药物对植物和人员的伤害。

e. 松土除草。行政文秘人员应定期查看绿地的土壤板结程度和杂草情况。当土壤板结程度严重时，行政文秘人员应及时进行松土，松土深度一般为5～10厘米。当绿地出现杂草时，行政文秘人员应本着"早除、除小、除了"的原则，随时将各种杂草连根去除。

f. 补栽。行政文秘人员应合理保持绿地植物的种植量和种植密度，对缺株、断行、草坪秃斑等不良现象应适时进行补栽，以确保绿地植物的完整。

g. 绿地保护。除以上工作外，行政文秘人员还应根据企事业单位相关规定，切实做好办公楼周边绿地的保护工作。具体工作内容包括但不限于以下4个方面。

第一，在绿地明显位置竖立警示牌，劝勉员工不得伤害绿地植物。

第二，对于出现倾斜的植物应及时、合理地进行支撑和扶正，确保植物顺利生长。

第三，及时清理修剪下来的树枝、草屑和枯死的树苗。

第四，加强绿地巡查，严禁向绿地倾倒垃圾、废物和废水。

除认真做好对绿地植物的养护外，行政文秘人员还应妥善做好相关养护设备工具的维护保养工作，通过规范使用、细心维护和认真保管，有效延长养护设备和工具的使用寿命。

9.3.2　卫生清洁管理

（1）清洁用品及工具管理

① 清洁用品管理。清洁用品主要是指各种清洁剂、空气清新剂、香皂、卫生纸等消耗性用品。清洁用品由行政按规定分发给厂区保洁人员使用，使用时必须厉行节约，避免浪费，同时应做到清洁用品清洁专用，不能挪为他用或私用。

② 清洁工具管理。清洁工具的管理主要可分为清洁工具领用管理和清洁工具使用管理，具体的管理措施如表9-19所示。

表9-19 清洁工具的管理措施

清洁工具管理	具体措施
清洁工具领用管理	➢ 清洁工具领用前必须填写"领用登记表" ➢ 领用清洁工具时,领用人需自行检查其完好性,因检查不周,造成病机出库而影响工作的,由领用人自行负责
清洁工具使用管理	➢ 清洁工具使用前要了解其性能、特点、耗电量等 ➢ 操作清洁工具前,使用人先清理厂区场地,防止接线板、电机进水或因电线卷入正在操作的工具中而损坏工具 ➢ 擦地机、抛光机、地毯清洗机、吸水机、吸尘器等均需按照使用说明正确操作使用 ➢ 高压水枪不能在脱水情况下操作 ➢ 使用清洁工具时如发生故障,使用人不得强行继续操作 ➢ 因工具使用不当造成机具、附件损坏者,由使用人按规定标准进行赔偿 ➢ 清洁人员应按要求做好清洁工具的清洗、保养工作

(2) 保洁工作管理

① 保洁工作标准。保洁的工作标准如下。

a. 辖区内的主干道、支道、人行道应每天保洁,不定时循环打扫,确保整洁、无污垢、杂物、积水。

b. 散水及排水沟应每天不定时循环打扫,确保干净、无杂物、积灰。

c. 墙门及车棚走廊每周至少清扫1次,确保干净、无垃圾、积灰、堆放杂物。

d. 广场、停车场及其通道应每天保洁,不定时循环打扫,确保整洁、无污垢、无杂物、无垃圾、无积水、无明显沙石。

e. 公共卫生间务必每天清洁,确保无污渍、积灰、杂物、无严重臭味,地面无积水。

f. 楼道墙面、天花板及1楼前后阳台底部,每3个月清刷1次,确保无蜘蛛网、积灰。

g. 楼道梯级清洁每周1次,确保无杂物、明显积灰、污渍、明显纸屑。

h. 梯级扶手、楼道玻璃窗、窗平台,每周至少清扫、清抹1次,确保干净、无积灰、污渍、乱张贴。

i. 电子防盗门、信箱、电表箱、电信箱、宣传栏(玻璃及其周边)、消防橱,每半月清洁1次,确保无污渍、无明显积灰、无乱张贴。

j. 雨篷、落水沟应每两个月清扫1次,特殊情况(如台风、梅雨季节)可另行增加,确保无杂物、垃圾、污垢、排水畅通。

② 日常保洁工作管理。企事业单位的日常保洁工作应从以下八个方面进行管理。

a. 实行专人管理、专人负责。

b. 采用"定人、定地点、定时间、定任务、定质量"的五定方式加强管理,进行标准化清扫保洁。

c. 实行动态保洁,保洁人员每日按规定时间、地点清扫划分的责任区域。

d. 环境卫生标准应达到"六不""五净",即不见积水、不见积土、不见杂物、不漏收集、不乱倒垃圾、不见人畜粪及路面净、路沿净、雨水口净、树坑墙根净、果壳箱净。

e. 装修垃圾和生活垃圾应日产日清,及时集中到指定地点。

f. 落实检查、考核措施,确保保洁工作达到质量标准。

g. 保洁人员在工作时间内,遇到辖区内有任何垃圾、废弃物等不卫生现象,应随产随清、随叫随到,保持卫生。

h. 企事业单位应搞好环卫宣传工作,提高员工的清洁卫生意识,共同创造优美、洁净的物业环境。

9.4 安全管理

9.4.1 安保人员管理

安保人员是企事业单位安全管理工作的执行主体,只有做好安保人员管理工作,才能真正落实安保工作,提高工作效率和质量。

(1) 安保人员教育培训

对安保人员进行教育和培训是为了提高安保人员的文化素质、思想素质、身体素质,保证上岗的安保人员都能胜任工作。安保人员的培训主要包括岗前培训和岗位培训,具体的培训内容如表9-20所示。

表9-20 安保人员培训的主要内容

培训内容	具体内容
岗前培训	➢ 企事业单位的基本情况,如发展史、组织结构、规章制度 ➢ 《治安管理处罚法》《物业管理条例》等相关法律知识 ➢ 企事业单位内部的各种管理制度,如员工手册、工作纪律、门卫制度等 ➢ 所辖区域的基本情况,如写字楼的构造、布局、监控、消防等情况 ➢ 警具的配备、使用和保管规定;对讲机的使用、管理规定;治安、消防、应急的电话号码 ➢ 职业道德教育、文明礼貌用语、服务规范用语等 ➢ 发生治安、火灾等紧急情况的处理办法 ➢ 军训,主要是队列训练
岗位培训	➢ 详细学习企业制订的治安工作手册的内容,包括职责权限、规章制度、规范、标准等 ➢ 常规队列训练 ➢ 简单擒拿格斗训练 ➢ 交通指挥训练

(2) 巡逻值勤管理

安保人员的岗位职责要求坚守岗位,特别是对重要地段应实行24小时监控,以维护企事业单位安全。

① 巡逻注意事项。安保人员在巡逻过程中,应注意以下事项,如图9-30所示。

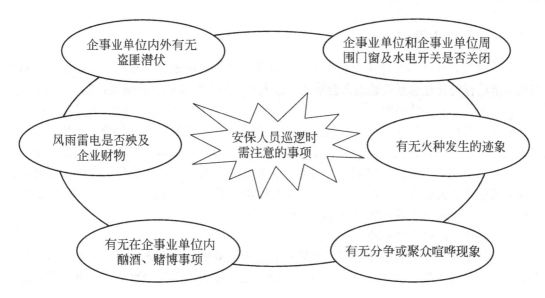

图 9-30　安保人员巡逻时需注意的事项

② 巡逻工作要求。执行巡逻任务的安保人员在巡逻过程中应严格遵守以下 6 点要求，如图 9-31 所示。

 佩戴对讲机，夜间巡逻还应根据需要佩戴械具

 岗前检查，确保器材完好，接受当天工作安排，了解巡逻路线和工作要求

 根据工作要求，按规定路线和时间巡逻，做好巡逻记录和到位点签到记录

 巡逻时应认真检查，不得做其他事务或与其他人闲谈，遇有意外事故时应立即报告上级处理或报警

 夜间巡逻发现安全防范漏洞应及时处理，并做好记录，及时报告

 下岗前检查器械使用情况，做好工作记录和交接工作

图 9-31　巡逻工作要求

9.4.2 人员出入管理

人员出入管理是指安保人员对出入企事业单位的人员所进行的管理。企事业单位对人员出入所进行的管理包括查验出入企事业单位人员的身份和证件，严格履行登记手续。

（1）人员出入证件类型

安保人员应礼貌提示进入大门者主动出示合法有效的证件，如身份证、工作证、介绍信、家属证、暂住证、出入证等。其中，员工出入大门，必须出示工作证；住在单位内部的家属出入大门，必须出示家属证；外包工、基建工、临时工出入大门，必须出示临时出入证；其他外来人员确有必要进入时，安保人员要依照规定办理登记手续，认真登记姓名、单位、事由、进入时间以及携带的物品后方可入内。

（2）无出入证件人员处理

无有效证件，不履行登记手续或经确认无进入必要的，安保人员应禁止其入内；出入人员与安保人员发生冲突时，安保人员应主动向上级报告，并请企事业单位有关领导出面处理。

9.4.3 车辆出入管理

车辆出入管理是指安保人员对出入企事业单位车辆所进行的管理。企事业单位对车辆出入进行的管理包括检查和登记。安保人员对出入车辆、物资可采用以下查验方法，如图9-32所示。

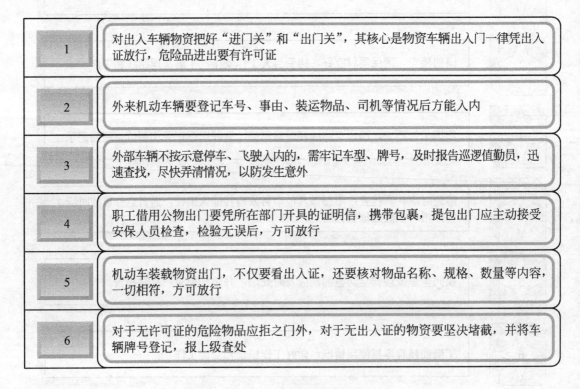

1	对出入车辆物资把好"进门关"和"出门关"，其核心是物资车辆出入门一律凭出入证放行，危险品进出要有许可证
2	外来机动车辆要登记车号、事由、装运物品、司机等情况后方能入内
3	外部车辆不按示意停车、飞驶入内的，需牢记车型、牌号，及时报告巡逻值勤员，迅速查找，尽快弄清情况，以防发生意外
4	职工借用公物出门要凭所在部门开具的证明信，携带包裹，提包出门应主动接受安保人员检查，检验无误后，方可放行
5	机动车装载物资出门，不仅要看出入证，还要核对物品名称、规格、数量等内容，一切相符，方可放行
6	对于无许可证的危险物品应拒之门外，对于无出入证的物资要坚决堵截，并将车辆牌号登记，报上级查处

图9-32　出入车辆物资的查验方法

9.4.4 消防安全管理

企事业单位一旦发生火灾事故,可能会对生命、财产造成巨大的损失。因此,行政部必须做好企事业单位消防管理工作,确保企事业单位及自身的生命财产安全。

(1) 消防安全管理要求

企事业单位消防管理的工作内容很复杂,但消防管理也要具有基本的要求,具体内容如表9-21所示。

表9-21 企事业单位消防管理的基本要求

消防管理项目	消防管理要求
新建或改建的建筑消防安全要求	➢ 不得擅自搭建易燃违章建筑,不得随意改变建筑的使用性质,不得在防火间距内堆放易燃物品,不得破坏已有的消防安全设施 ➢ 时刻保持消防通道、安全门、疏散通道畅通
易燃易爆厂房、设备、电气的消防安全要求	➢ 易燃易爆厂房、设备、电气附近要严禁烟火 ➢ 设备要勤于保养,防止跑气、冒气、漏气 ➢ 危险品要有可靠的管理人员,防止剧烈震动、撞击、倾倒
电气设备的消防安全要求	➢ 设备安装时有明火作业时,要有防火安全措施,消除火灾、爆炸等安全隐患后,方能动工 ➢ 定期检查电气设备防雷、防静电等工作 ➢ 避免在电气设备附近堆放可燃物品
消防设备与火灾报警设施要求	➢ 企事业单位内部消防设备与火灾报警设施应放置在明显的位置,便于使用 ➢ 定期维修、保养消防设备与火灾报警设施,保证设备能够有效使用
火灾事故处理要求	➢ 及时切断电源,并及时向当地消防、公安等部门报警 ➢ 组织人员通过紧急通道、疏散楼梯等迅速撤离

(2) 消防安全管理办法

为预防和减少火灾危害,创建良好的消防安全环境,行政部应着重从以下5个方面加强消防安全管理,如图9-33所示。

9.4.5 防盗安全管理

防盗安全管理是企事业单位安全管理的一项重要内容,有效做好防盗工作,有利于减少企事业单位财产损失,确保企事业单位各项工作有序开展。

(1) 防盗安全装置管理

为加强防盗安全管理,安保人员应定期或不定期检查企业周围的围墙、篱笆、护栏的完好状况,并在关键区域安装闭路电视、报警系统等设备,并监督设备的完好性,确保各项安全装置有效发挥作用。

(2) 防盗安全管理办法

企事业单位要做好防盗安全管理工作,可采取以下办法,如图9-34所示。

加强消防安全培训	▶ 培训内容：国家的消防法规、企事业单位安全消防制度；火灾的形成及灭火方法；火灾的预防措施，报警、逃生等演习；消防器材的使用与操作等 ▶ 培训方式：利用黑板报、标语、安全标志等进行宣传；通过授课、投影、录像等方式进行宣传；示范演练等
建立消防队伍	▶ 组建专门的消防队伍，专门负责企事业单位各项消防工作的指导、检查、监督、落实，进行消防值班、消防培训、消防器材的管理与保养等 ▶ 选择的消防人员至少满足以下要求：年轻力壮、身体素质好；反应灵敏，行动迅速敏捷；责任心强，勇于献身；有较好的思想道德素质和一定文化水平
做好消防与设施器材的配备与管理	▶ 确保企事业单位内部灭火器、消防栓、自动喷水灭火系统、火灾自动报警系统齐全，且处于良好的运行状态 ▶ 消防与设施器材的管理人员按规定进行设备器材的保养、检查
制订消防管理规章制度	▶ 根据自身环境和条件，制订《消防管理岗位责任制度》《消防设施设备使用管理规定》《公共楼道、楼梯、出口等部位的管理规定》《房屋修缮、装修中的明火使用规定》《电气设备使用规定》《易燃易爆物品的存放、储运规定》等，并以此来约束和规范消防管理人员和员工的日常行为，避免火灾事故的发生
做好消防安全检查和整改	▶ 企事业单位相关工作人员要定期进行消防安全检查，检查前预先编制《防火检查表》，明确检查要求、检查依据、合格标准等，并详细记录检查结果 ▶ 检查过程中发现隐患，应制订切实可行的整改方案，并严格落实整改方案，及时消除引起火灾或爆炸危险的潜在不安全因素

图 9-33　消防安全管理工作内容

1. 建立岗位责任制，明确各岗位在防盗安全管理中的责任
2. 根据需要配备相应数量的安保人员，实行24小时值班制度
4. 指派专人对企事业单位重要目标实地进行看护和守卫
5. 组织安保人员对企事业单位各区域进行有计划地巡回观察
6. 根据企事业单位材料和实际需要，配备必要的安全防范设施

图 9-34　企事业单位防盗安全管理办法

第10章 行政文秘商务办公规范化运营

10.1 行政文秘商务办公管理制度

10.1.1 来访接待管理制度

来访接待管理制度如表10-1所示。

表10-1 来访接待管理制度

制度名称	来访接待管理制度	编　　号	
		执行部门	

第1章　总则
第1条　接待是企业行政事务和公关活动的重要部分,为使接待工作规范有序,维护和宣传企业形象,特制订本制度。 第2条　按照来访人员不同,接待可分为以下3类。 1. 贵宾接待:指企业重要客人、企业重要客户、外宾的接待。 2. 业务接待:指一般客户的接待。 3. 普通接待:指一般来客的接待。 第3条　企业行政部为企业负责接待的职能部门。
第2章　接待场所管理
第4条　企业设有3个接待处所:会议室用于贵宾接待,招待室用于业务接待,会客室用于普通接待。 第5条　其他场所除总经理室、部门经理室外一律不得用作接待场所,待客必须在指定处进行。 第6条　在接待过程中严禁客户进入综合办公区域,如已进入综合办公区域的要礼貌地邀请到指点的区域休息等待。
第3章　接待流程
第7条　行政部服务台工作人员负责来访者接待、登记工作,并建立来宾登记簿。 1. 对来访者登记姓名、来访部门、来访人、时间、事由等后,发"来宾卡"。 2. 服务台工作人员需熟悉各部门内线电话,有来访者立即电话通知被访者。 3. 贵宾接待:服务台工作人员迎接来客于会议室入座,并应及时与总经理办公室联系,由办公室通报总经理,对需等待的客人应主动递送茶水。 4. 业务接待:服务台工作人员迎接客户于招待室,并通知业务部门经理陪客接待,等待期间主动递送茶水。 5. 普通接待:服务台工作人员将来访人员迎接至会客室,并通知被访部门或个人。 6. 来访者离去时,及时将"来宾卡"收回,在登记本上注明结束时间。 7. 服务台工作人员不得擅自离岗,如有特殊原因,应及时通知行政部门,由部门主管安排有关人员接替。

续表

制度名称	来访接待管理制度	编　号	
		执行部门	

第8条　服务台工作人员应遵守以下接待礼仪。
1. 见面迎客：原则为主动、热情、礼貌。
2. 接待：主动起迎，问明来意。
3. 安排交谈地点。
（1）根据来客来意和身份，安排适当地点（会议室、招待室、会客室）进行交谈；
（2）被访人工作忙、一时难以抽身时，应向客人说明暂请他人代接或另商时间；
（3）切忌让客人久候而无人问津。
4. 穿着不得过于随便，按规定着装，衣着整洁，有风度。
5. 主动照顾来宾中的老人、妇女、儿童和残障人士。
第9条　遇到重大接待工作和活动，可由总经理室协调行政部、公关部等相关部门共同做好此项工作，有关部门要积极主动配合。

编制人员		审核人员		批准人员	
编制日期		审核日期		批准日期	

10.1.2　会议组织管理制度

会议组织管理制度如表10-2所示。

表10-2　会议组织管理制度

制度名称	会议组织管理制度	编　号	
		执行部门	

第1章　总则

第1条　为使会议管理工作规范化、有序化，减少不必要的会议，缩短会议时间，提高会议决策的效率，特制订本制度。
第2条　本制度适用于企事业单位的各项会议组织与管理。

第2章　会议分类

第3条　根据周期不同，会议可分为以下两类。
1. 定期会议。定期会议也称例会，指企事业单位按规定定期召开的会议，如年度工作会议。
2. 不定期会议。不定期会议召开时间没有特别规定，是根据实际需要可随时召开的会议，如主管会议等。
第4条　根据性质，会议可分为以下6类。
1. 说明型会议。说明型会议指向与会者宣布或说明某些消息或资讯，并答复疑问的会议。
2. 讨论型会议。讨论型会议指与会者相互交换彼此的知识、经验、看法的会议。
3. 指导型会议。指导型会议指会议前已有结论，与会者进行讨论，由主持者引导做出与会议负责人相同或更好的结论。
4. 研讨型会议。研讨型会议指就同一问题征询使用意见，使每一位与会者都能把会中意见或资讯运用到工作中。

续表

制度名称	会议组织管理制度	编 号	
		执行部门	

5. 决策型会议。决策型会议指由特定管理人员组成,针对同一特定的问题提出解决办法,形成共同认知的结论。会议应在与会人员充分发表意见和看法的基础上做出相应决策。

6. 整合型会议。整合型会议指让与会者针对组织的目标与企事业单位内、外环境提出意见,然后把这些意见加以比较整合,减少彼此在认识上的差异。

第5条 会议的申请

1. 各项定期会议应由副总经理根据组织和总体经营发展的需要按规定提出申请,各部门按照事先规定的会议时间、与会人员、会议报告内容进行参会准备,如因特殊情况,则另行通知与说明。

2. 不定期会议的召开需要与上级进行沟通,由会议主办单位根据工作需要和会议内容向上一级单位提出,填写"会议申请单",经上级审批后,会议组织管理工作按本制度执行。与平级或各部门纵向召开不定期会议,同样遵循本制度。

第3章 会议的组织与管理

第6条 会前准备

1. 确定会议主题。

2. 以书面形式列出会议目标,即应达成的结果。

3. 合理设置会议议题,会议讨论的事项的摘要或题目由会议发起单位确定。

4. 由会议主持人确定会议议程,行政文秘人员负责根据议程拟定出具体的日程、时间顺序,可随会议通知事先派发至与会人员。

5. 确定会议时间、地点及与会人员。

（1）定期会议的时间、地点、与会人员见"年度会议计划表"。

（2）不定期会议可根据实际情况安排会议时间、地点及与会人员。

6. 会场布置。

（1）会议场地的布置可根据会议的性质和与会人数的多少来调整。

（2）除座位安排外,行政文秘人员还应在会场准备白板、白板笔、投影仪等设备。

7. 会议通知。

会议通知分为书面通知与口头通知两种。一般包括召开原因、会议主题、会议起始时间、会议地点、与会人、会议议程、准备资料等内容。

8. 准备会议资料。

（1）行政文秘人员负责协助会议主持或与会者准备会议报告、演讲稿、参考资料、数据、电子文件、实物、会议通知等。

（2）与会者应根据会议的类型和议题提前准备会议资料。

第7条 会场过程服务管理

1. 会议接待与签到。

（1）为准确统计会议人数,会议召开前5～10分钟签到。

（2）会议过程中,行政文秘人员安排会议记录与录音,由会议主办部门助理负责以笔录（或电脑）形式对会议情况进行记录,会议录音可帮助助理会后整理会议纪要,并可做声像资料存档备查。

2. 会场服务。

（1）分发会议文件与材料。

（2）内外联系、传递信息。

（3）维持会场秩序并处理临时交办事项。

（4）按照企事业单位制度与标准安排会议住宿、会议用餐等。

续表

制度名称	会议组织管理制度	编号	
		执行部门	

(5) 其他服务。

第8条　会后跟踪

1. 做好会议纪要编写并下发。
2. 会议总结，对整个会议的组织、服务工作进行全面的分析和总结，做出客观评价，肯定成绩，找出缺点与不足，并加以改进。
3. 行政文秘人员将会议整个过程的相关文件、资料、表单一并收集、整理齐全，按照一会一卷的立卷方法设立案卷，并加以保存。

第4章　附则

第9条　本制度由行政部制订，解释与修订权归行政部所有。

第10条　本制度自发布之日起实行。

编制人员		审核人员		批准人员	
编制日期		审核日期		批准日期	

10.1.3　员工出差管理制度

员工出差管理制度的内容如表10-3所示。

表10-3　员工出差管理制度

制度名称	员工出差管理制度	编号	
		执行部门	

第1章　总则

第1条　为规范企业对员工的出差管理，减少不必要的出差，节约企业成本，特制订本制度。

第2条　本制度适用于与员工出差的各项事宜的管理。

第2章　出差程序与审批

第3条　员工出差前应填写"员工出差申请表"。出差期限由派遣负责人视情况需要而定。

1. 员工将填写好的"员工出差申请表"送行政部留存、记录考勤。
2. 员工在出差途中或生病、或遇意外、或因工作需要延长差旅时间时，应打电话向领导请示。不得因私事或无故延长出差时间，否则其差旅费不予报销。

第4条　出差的审核决定权限。

1. 当日出差。出差当日可以往返，一般由部门经理核准。
2. 远途国内出差。＿＿日内由部门经理核准，＿＿日以上由主管副总核准，部门经理以上人员出差一律由总经理核准。
3. 国外出差。一律由总经理核准。

第5条　员工出差回来后须报销差旅费时，须填写差旅报销单，由部门经理先进行核实。

第6条　"差旅费报销单"经行政部经理审批后，由财务部负责核对具体的报销事项进行报销。

第3章　当日出差管理

第7条　企业给予当日出差人员每日＿＿元的误餐费，其他不予支付补贴，交通费用按照凭证给予报销。

续表

制度名称	员工出差管理制度	编　号	
		执行部门	

第 8 条　已被支付过补贴的企业外勤人员不在此列。

第 9 条　当日出差原则上不允许在外过夜，确因情况特殊需要在外过夜者必须得到上级领导的审批，其费用按长途出差费用管理。

第 4 章　远途国内出差管理

第 10 条　员工远途国内出差时，因地域的不同企业所支付的补贴标准也不同。具体员工出差补助如下表所示。

员工出差补助表

单位：元／天

类别 员工等级	住宿		伙食		交通	
	沿海地区	内陆地区	沿海地区	内陆地区	沿海地区	内陆地区
一级员工	400	300	150	100	100	80
二级员工	300	200	100	80	80	50
三级员工	200	150	80	60	50	30

第 11 条　以上补助为企业的最高标准，出差人员若超出此标准由员工自己付钱，财务部不予补贴。

第 12 条　出差员工若带车出差，交通费不予补助，其开车所花费的费用按消费凭证报销。

第 13 条　员工出差的地点若为企业办事处，则不予补贴住宿费；确实需要在外住宿的，应由当地办事处的负责人出具证明，财务部方可给予补贴。

第 14 条　员工出差的地点若为自己家或自己的父母家，住宿费不予补贴。

第 15 条　员工的出差补贴按日计算，以离开企业的时间为到企业所在地的时间为准计算天数。其中实行 24 小时制，不足 12 小时按半天算，超过 12 小时按一天算。

第 16 条　员工出差时鼓励使用汽车、火车、轮船等交通工具，一级员工出差可乘坐飞机；二级员工出差乘坐飞机的次数一年不超过 5 次；三级员工出差不允许乘坐飞机，确因情况特殊，在得到总经理的审批后可乘坐飞机。

第 17 条　员工可凭借所乘坐的交通凭证向财务部报销，超过标准的费用财务部不予报销。

第 18 条　鼓励员工降低标准使用交通工具，降低标准使用交通工具时将奖励所乘交通费用的一半作为对个人的奖励。

第 19 条　火车车程超过 6 个小时而不买卧铺者，按火车票价的一半给予奖励。

第 20 条　出差人员擅自绕行所花费的费用由出差人员自己承担。

第 21 条　出差人员需要宴请客户，必须得到部门经理的同意，报销费用时须有部门经理出具的证明及所花费的凭证。

第 22 条　员工外出参加企业会议的，除报销交通费用外，其他不予补贴。

第 23 条　出差员工遗失车、船等票据，须写书面说明，经所在部门负责人证明和行政部经理、总经理签字特批后，并附上其他发票方可作为报销依据由财务部门审核报销。

第 24 条　员工完成出差任务后应尽快赶回企业，不得无故在外逗留，否则一天扣除 500 元，确因生病或不可抗力滞留，须有证明人的证明并得到总经理的特批。

续表

制度名称	员工出差管理制度	编　　号	
		执行部门	

第 5 章　国外出差管理

第 25 条　员工进行申请出国出差时，除需填制出差申请单外，还需拟定出国出差申请报告，详细说明出国出差的必要性、办理业务内容、目标国及出国时间等内容。

第 26 条　员工应将自己出国的相关证件交予行政部，由行政部负责办理出国手续。

第 27 条　凡因公出国的人员出差回国后需要上交一份翔实的出差报告，并由行政部经理会同人力资源部进行审核，人力资源部进行记录，审核没通过者将不再派其往国外出差。

第 28 条　财务部根据应根据目的国的消费、币种及员工出差的时间等预支差旅费。

第 29 条　赴国外出差的员工可凭消费凭证到财务部全额报销。

第 30 条　消费凭证仅包括餐费、住宿费、车船费及交通费，其他消费凭证不包括在内。

第 31 条　赴国外出差，董事长、总经理可享受头等舱待遇，其余人等一律享受二等舱待遇。

第 6 章　附则

第 32 条　本制度由行政部制订，其解释权、修改权归行政部所有。

第 33 条　本制度由总经理审批，自颁布之日起实施。

编制人员		审核人员		批准人员	
编制日期		审核日期		批准日期	

10.1.4　保密管理制度

保密管理制度内容如表10-4所示。

表10-4　保密管理制度

制度名称	保密管理制度	编　　号	
		执行部门	

第 1 章　总则

第 1 条　根据《中华人民共和国保守国家秘密法》《科学技术保密规定》《关于禁止侵犯商业秘密行为的若干规定》和《关于加强科技人员流动中技术秘密管理的若干意见》的精神，结合《企业知识产权管理规定》及具体情况，为保障企业整体利益和长远利益，使其长期稳定高效地发展，适应激烈的市场竞争，特制订本制度。

第 2 条　企业秘密是指不为公众所知悉、能为企业带来经济利益、具有实用性并经企业采取保密措施的技术信息和经营信息。

1. 本制度所称"不为公众所知悉"，是指该信息是不能从公开渠道直接获取。

2. 本制度所称"能为企业带来经济利益、具有实用性"，是指该信息具有确定的可应用性，能为企业带来现实的或者潜在的经济利益或者竞争优势。

3. 本制度所称"企业采取保密措施"，包括订立保密协议，建立保密制度及采取其他合理的保密措施。

4. 本制度所称"技术信息和经营信息"，包括内部文件，如设计、程序、产品配方、制作工艺、制作方法、管理诀窍、客户名单、货源情报、产销策略、招投标中的标底及标书内容等信息。其中"技术信息"，包括但不限于设计图纸（含草图）、试验结果和试验记录、工艺、配方、样品、数据、

续表

制度名称	保密管理制度	编　号	
		执行部门	

计算机程序等。技术信息可以是有特定的完整的技术内容，构成一项产品、工艺、材料及其改进的技术方案，也可以是某一产品、工艺、材料等技术或产品中的部分技术要素。

第 3 条　所有企业文化员工都有义务和责任保守企业秘密。

第 4 条　本制度适用于本企业所有员工。企业所有人员，包括技术开发人员、销售人员、行政管理人员、生产和后勤服务人员等都负有保守企业商业秘密的义务。

第 2 章　企业秘密的范围

第 5 条　企业生产经营、发展战略中的秘密事项。

第 6 条　企业就经营管理做出的重大决策中的秘密事项。

第 7 条　企业生产、科研、科技交流中的秘密事项。

第 8 条　企业对外活动（包括外事活动）中的秘密事项以及对外承担保密义务的事项。

第 9 条　维护企业安全和追查侵犯企业利益的经济犯罪中的秘密事项。

第 10 条　客户及其网络的有关资料。

第 11 条　其他企业秘密事项。

第 3 章　秘级分类

第 12 条　企业秘密分为三类：绝密、机密、秘密。

第 13 条　绝密事项是指与企业生存、生产、科研、经营、人事有重大利益关系，泄露会使企业的安全和利益遭受特别严重损害的事项，主要包括以下几项。

1. 企业股份构成、投资情况、新产品、新技术、新设备的开发研制资料、各种产品配方、产品图纸、模具图纸。

2. 企业总体发展规划、经营战略、营销策略、商务谈判内容及载体、正式合同和协议文书。

3. 按档案法规定属于绝密级别的各种档案。

4. 企业重要会议纪要。

第 14 条　机密事项是指与本企业的生存、生产、科研、经营、人事有重要利益关系，泄露会使企业安全和利益遭到严重损害的事项，主要包括以下几项。

1. 尚未确定的企业重要人事调整及安排情况，人力资源部门对干部的考评材料。

2. 企业与外部高层人士、科研人员来往情况及其载体。

3. 企业薪金制度，财务专用印签、账号，保险柜密码，月、季、年度财务预算与决算报告及各类财务、统计报表，计算机开启密码，重要电子文件的内容及其存放位置。

4. 企业大事记。

5. 各种产品的制造工艺、控制标准、原材料标准、成品与半成品检测报告、进口设备仪器图纸及相关资料。

6. 按档案法规定属于机密级别的各种档案。

7. 获得竞争对手情况的方法、渠道及企业相应对策。

8. 外事活动中内部掌握的原则和政策。

9. 企业总监（助理级别）以上干部的家庭住址及外出活动去向。

第 15 条　秘密事项是指与本企业生存、生产、经营、科研、人事有较大利益关系，泄露会使企业的安全和利益遭受损害的事项，主要包括以下几项。

1. 消费层次调查情况，市场潜力调查预测情况，未来新产品市场预测情况及其载体。

2. 广告企划、营销企划方案。

3. 总经办、财务部、商务审核部等有关部门所调查的违法、违纪事件及责任人情况和载体。

续表

制度名称	保密管理制度	编 号	
		执行部门	

4. 生产、技术、财务部门的安全保卫措施情况。
5. 各类设备图纸、说明书、基建图纸、各类仪器资料、各类技术通知、文件等。
6. 档案法规定属于秘密级别的各种档案。
7. 各种检查表格和检查结果。

第 4 章　各密级内容知晓范围

第 16 条　绝密级：董事会成员、总经理、监事会成员及与绝密内容有直接关系的工作人员。
第 17 条　机密级：总监（助理）级别以上干部以及与机密内容有直接关系的工作人员。
第 18 条　秘密级：部门经理级别以上干部以及与机密内容有直接关系的工作人员。

第 5 章　保密措施

第 19 条　企业员工必须具有保密意识，必须做到不该问的绝对不问，不该说的绝对不说，不该看的绝对不看。
第 20 条　总经理全面负责保密工作，各部门负责人为本部门的保密工作负责人，各部门及下属单位必须设立兼职保密员。
第 21 条　对外交往与合作中需要提供企业秘密的事项，须经总经理批准。
第 22 条　严禁在公共场合、公用电话上交谈及传递保密事项，不准在私人交往中泄露企业秘密。
第 23 条　企业员工发现企业秘密已经泄露或可能泄露时，应立即采取补救措施并及时告之行政部，行政部须及时做出相应处理。
第 24 条　董事长、监事会主席、总经理、总监（助理）办公室及各机要部门必须安装防盗门窗、严加保管钥匙，非本部人员要在获准后方可进入，人走要落锁，清洁卫生要有专人负责或者在专人监督下进行。
第 25 条　计算机、复印机的部门，要依据本制度制订本部门保密细则，并加以严格执行。
第 26 条　文档人员、保密员工作变动时应及时办理交接手续，交由主管领导签字。
第 27 条　小车司机对领导在车内的谈话严格保密。

第 6 章　保密环节

第 28 条　文件打印
1. 由文件原稿提供单位领导签字，签字领导对文件内容负责，文件中不得出现对企业不利或不该宣传的内容，同时确定文件编号、保密级别、发放范围、打印份数。
2. 打印部门要做好登记，打印校对人员姓名应在发文单中反映，保密文件应由行政部负责打印。
3. 打印完毕，所有文件废稿应全部销毁，电脑存盘应消除或加密保存。

第 29 条　文件发送和电子邮件使用
1. 文件打印完毕，由行政文秘人员负责转交发文部门，并作登记，不得转交无关人员。
2. 发文部门下发文件应认真做好发文记录。
3. 保密文件应交由发文部门负责人或其指定人员签收，不得交给其他人员。
4. 对于剩余文件应妥善保管，不得遗失。
5. 发送保密文件应由专人负责，严禁让未转正员工发送保密文件。
6. 企业禁止在工作期间登录个人邮箱。员工在企业上班期间，应该用企业的个人邮箱进行信息的传递和发送。

第 30 条　文件复印
1. 原则上保密文件不得复印，特殊情况由总经理批准执行。
2. 文件复印应做好登记。

续表

制度名称	保密管理制度	编　号	
		执行部门	

3．复印件只能交给部门主管或其指定人员，不得交给其他人员。
4．一般文件复印应有部门负责人签字，注明复印份数。
5．复印废件应即时销毁。

第 31 条　文件借阅
借阅保密文件必须经借阅方、提供方领导签字批准，提供方加以专项登记，借阅人员不得摘抄、复印，向无关人员透露，确需摘抄、复印时，要经提供方领导签字并注明。

第 32 条　录音、录像
1．董事长、总经理等领导的讲话等一切与企业利益安全关系重大的录音、录像均为保密材料。
2．录音、录像应由指定部门整理并确定保密级别。
3．保密录音、录像材料由行政部负责存档管理。

第 33 条　档案
1．档案室为材料保管重地，无关人员一律不准出入。
2．借阅文件应填写申请借阅单，并由主管领导签字。
3．秘密文件限下发范围内人员借阅，特殊情况由行政部批准借阅。
4．秘密文件保管应与普通文件区别，按等级、期限加强保护。
5．档案销毁应经鉴定小组批准后指定专人（两人以上参加）监销，并做好登记。
6．档案材料不得借给无关人员查阅。
7．秘密档案不得复印、摘抄，特殊情况由总经理批准后执行。

第 34 条　客人活动范围
1．保卫部门应加强保密意识，无关人员不得在机要部门出入。
2．客人到企业参观、办事，遵循有关出入管理规定，无关人员不得进入。
3．客人到企业参观时，不得让其接触企业文件、货物、营销材料等保密件。

第 35 条　保密部门管理
1．与保密材料相关部门均为保密部门，如董事长、监事会主席、总监（助理）办公室，收发室，档案室，文印室，工艺室，研发室，实验室，配料室，化验室以及财务部，人事部，劳资部等。
2．各部门须设兼职保密员加强保密工作。
3．保密部门出入人员应进行控制，无关人员不得进入、停留。
4．保密部门对外材料交流应由保密员操作。
5．保密部门应根据实际情况制订保密细则，做好保密材料的保管、使用记录等工作。

第 36 条　会议
1．所有重要会议由行政部协助相关部门做好保密工作。
2．参加会议人员应严格控制，无关人员不应参加。
3．会务组应认真做好到会人员签到、材料发放及登记工作。
4．保卫人员应认真鉴别到会人员，无关人员不得入内。
5．会议录音、摄像人员由行政部指定。
6．会议纪要整理由行政部指定人员在指定地点整理。

第 37 条　保密协议
1．企业可以按照有关法律规定，与工作人员签订保密协议。该保密协议可以与劳动聘用合同订为一个合同，也可以与有关知识产权权利归属协议合订为一个合同，也可以单独签订。
2．签订保密协议，应当遵循公平、合理的原则，其主要内容包括保密的内容和范围、双方的权利和义务、保密期限、违约责任等。

续表

制度名称	保密管理制度	编　号	
		执行部门	

技术保密协议可以在有关人员调入企业时签订,也可以与已在企业工作的人员协商后签订。拒不签订保密协议的,企业有权不调入,或者不予聘用。

3. 承担保密义务的科技人员享有因从事技术开发活动而获取相应报酬和奖励的权利。企业无正当理由,拒不支付奖励和报酬的,科技人员或者有关人员有权要求变更或者终止技术保密协议。保密协议一经双方当事人签字盖章,即发生法律效力,任何一方违反协议,另一方可以依法向有关仲裁机构申请仲裁或向人民法院提起诉讼。

第38条　竞业限制条款

1. 企业可以在劳动聘用合同、知识产权权利归属协议或者保密协议中,与工作人员协商,约定竞业限制条款,约定有关人员在离开企业后一定期限内不得在生产同类产品或经营同类业务且有竞争关系或者其他利害关系的其他单位内任职,或者自己生产、经营与企业有竞争关系的同类产品或业务。凡有这种约定的,企业应向有关人员支付一定数额的补偿费。竞业限制的期限最长不得超过三年。

2. 竞业限制条款一般应当包括竞业限制的具体范围、竞业限制的期限、补偿费的数额及支付方法、违约责任等内容。但与竞业限制内容相关的商业秘密已为公众所知悉,或者已不能为企业带来经济利益或竞争优势,不具有实用性,或负有竞业限制义务的人员有足够证据证明该企业未执行与员工所签相关协议条款,受到显失公平待遇以及企业违反竞业限制条款,不支付或者无正当理由拖欠补偿费的,竞业限制条款自行终止。

第39条　员工离职规定

1. 企业工作人员离开企业时,必须将有关本企业技术信息和经营信息的全部资料(如试验报告、数据手稿、图纸、软盘和调测说明等)交回企业。

企业工作人员离开企业时,企业可以书面或者口头形式向该人员重申其保密义务和竞业限制义务,并可以向其新任职的单位通报该人员在原单位所承担的保密义务和竞业限制义务。在科技人员或有关人员调入企业时,企业应当了解该人员在原单位所承担的保密义务和竞业限制义务,并自觉尊重上述协议。

2. 企业工作人员在离开企业后,利用在企业掌握或接触的由企业所拥有的商业秘密,并在此基础上作出新的技术成果或技术创新,有权就新的技术成果或技术创新予以实施或者使用,但在实施或者使用时利用了企业所拥有的,且其本人负有保密义务的商业秘密时,应当征得企业的同意,并支付一定的使用费;未征得企业同意或者无证据证明有关技术内容为自行开发的新的技术成果或技术创新的,有关人员和用人单位应当承担相应的法律责任。

第7章　违纪处理

第40条　对违反本规定的人员,企业将视情节轻重,分别给予教育、经济处罚和纪律处分。泄露企业秘密尚未造成严重后果的,给予警告处分,处以100～1000元的罚款。情节特别严重的,企业将依法追究其刑事责任。

第41条　利用职权强制他人违反本制度的,给予除名,并处以1000元以上的罚款。

第42条　泄露企业秘密造成严重后果的,给予开除,并处以10000元以上罚款,必要时依法追究其法律责任。

第8章　附则

第43条　本制度由行政部负责制订,总经理审阅后报董事会批准由行政部执行。

第44条　本制度由行政部负责解释,自发布之日起执行。

编制人员		审核人员		批准人员	
编制日期		审核日期		批准日期	

10.2 行政文秘商务办公管理流程

10.2.1 客户接待管理流程

客户接待管理流程如图10-1所示。

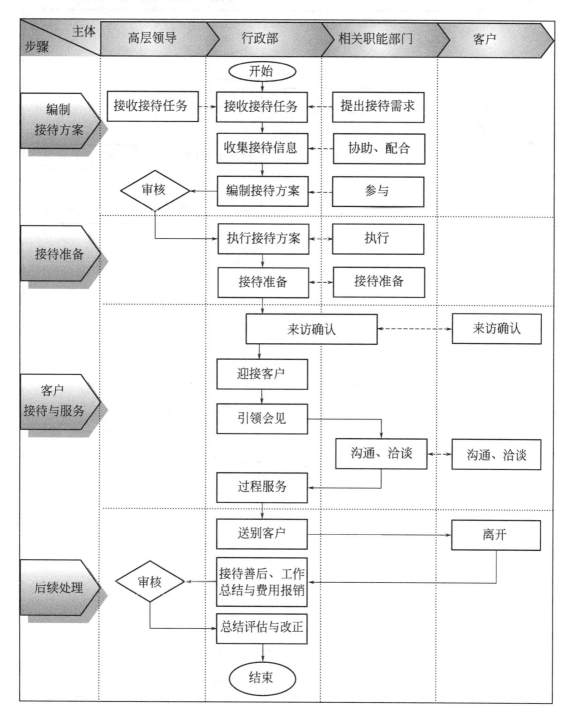

图 10-1 客户接待管理流程

10.2.2 会议组织实施流程

会议组织实施流程如图10-2所示。

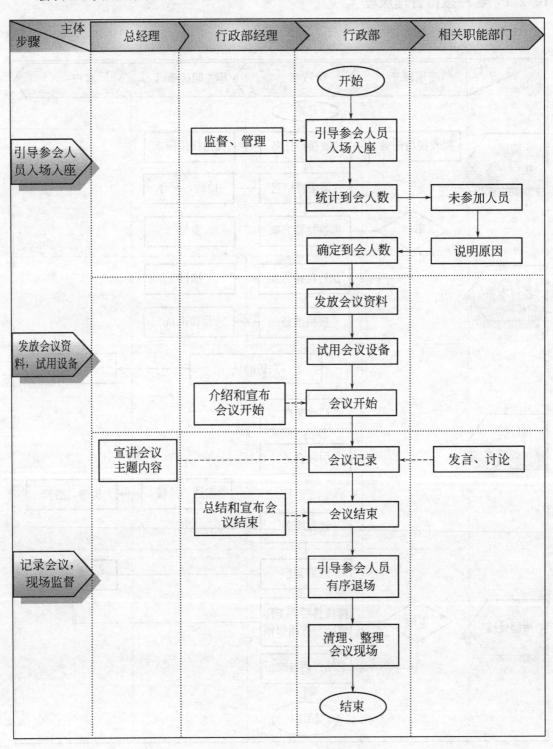

图 10-2 会议组织实施流程

10.2.3 印章使用管理流程

印章使用管理流程如图10-3所示。

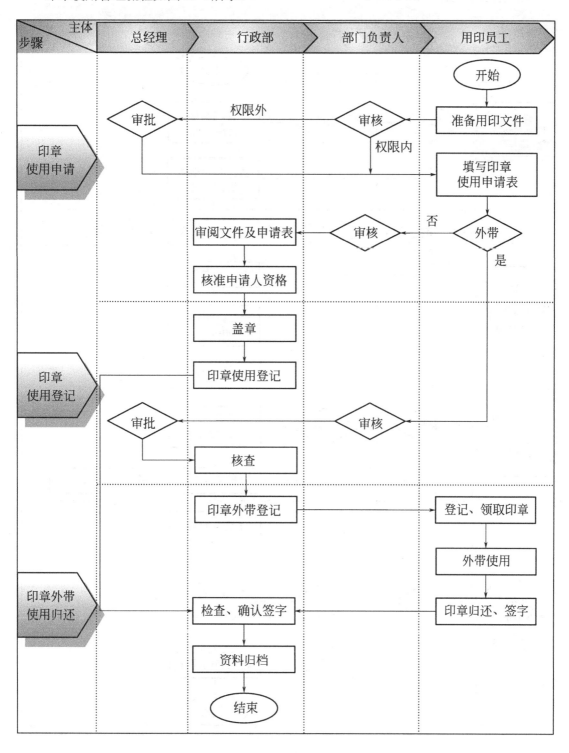

图 10-3　印章使用管理流程

10.2.4 档案保密管理流程

档案保密管理流程如图10-4所示。

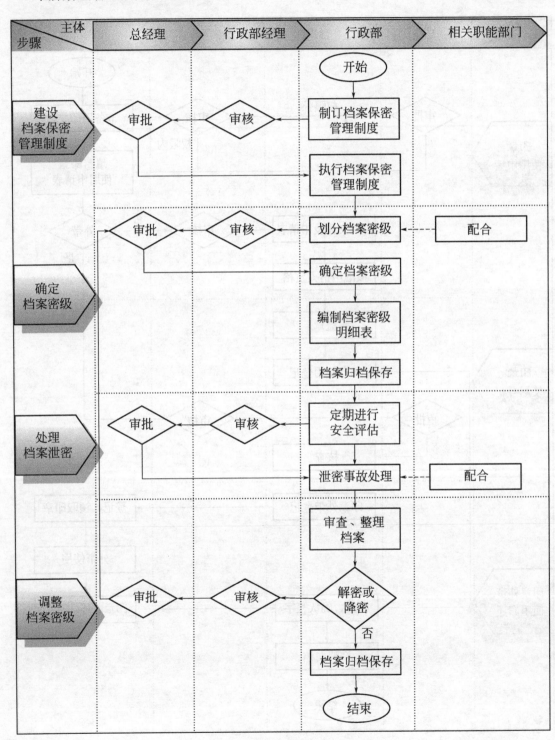

图10-4 档案保密管理流程

10.2.5 危机公关处理流程

危机公关处理流程如图10-5所示。

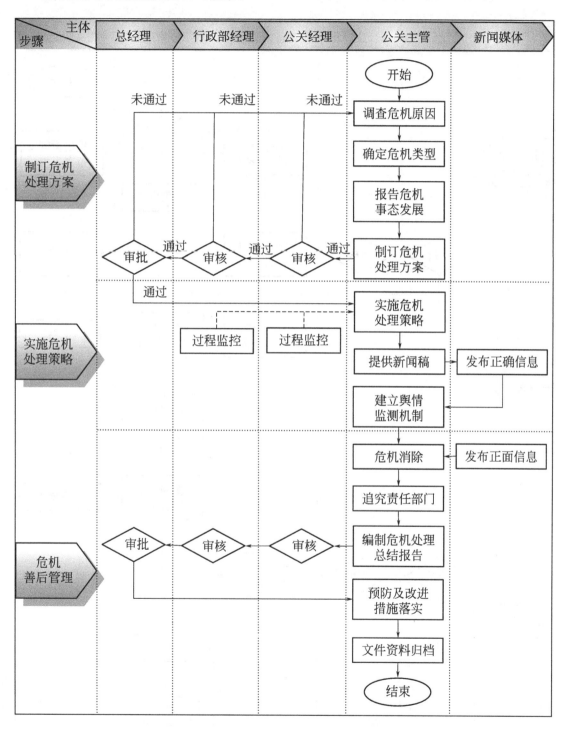

图 10-5 危机公关处理流程

10.2.6 新闻发布管理流程

新闻发布管理的流程如图10-6所示。

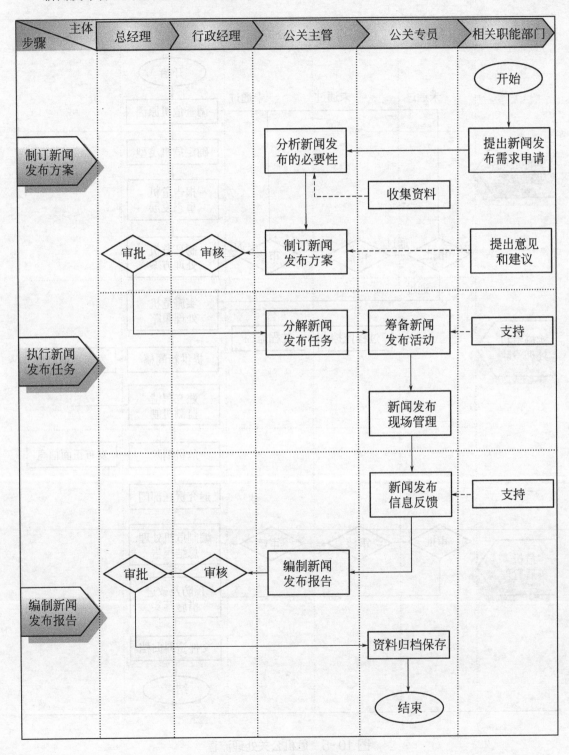

图 10-6　新闻发布管理流程

10.2.7　员工提案管理流程

员工提案管理流程如图10-7所示。

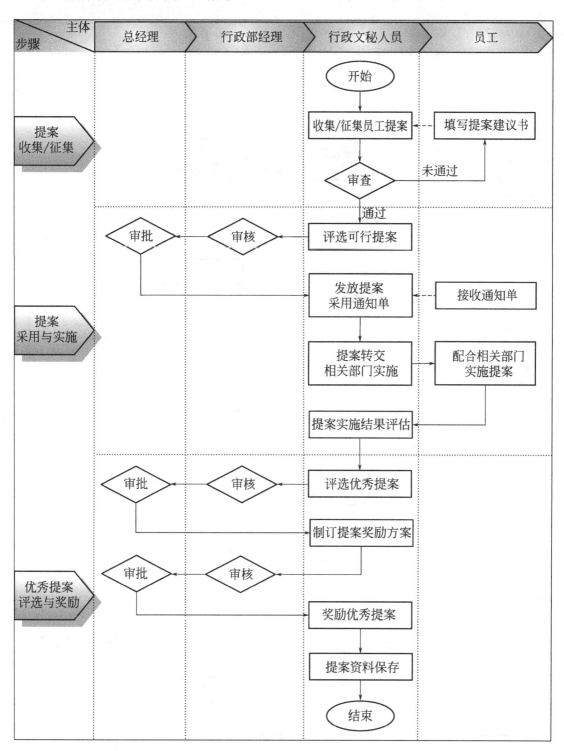

图 10-7　员工提案管理流程

10.2.8 车辆费用管理流程

车辆费用管理流程如图10-8所示。

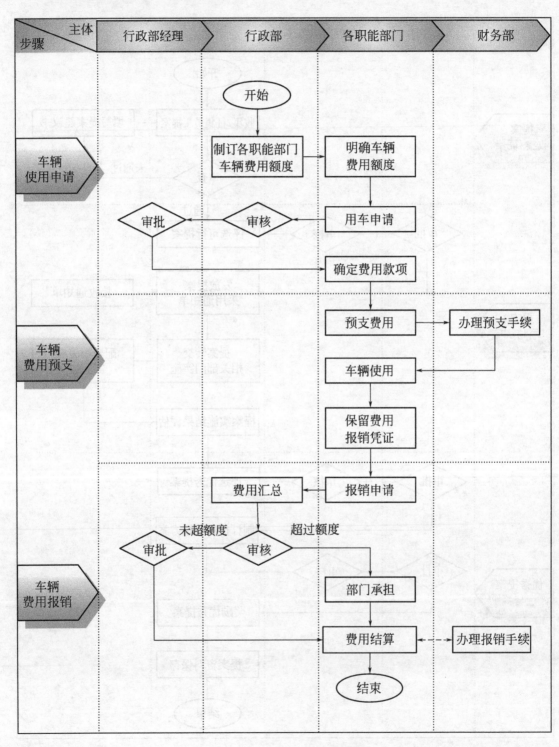

图 10-8 车辆费用管理流程

10.2.9 安全检查管理流程

安全检查管理流程如图10-9所示。

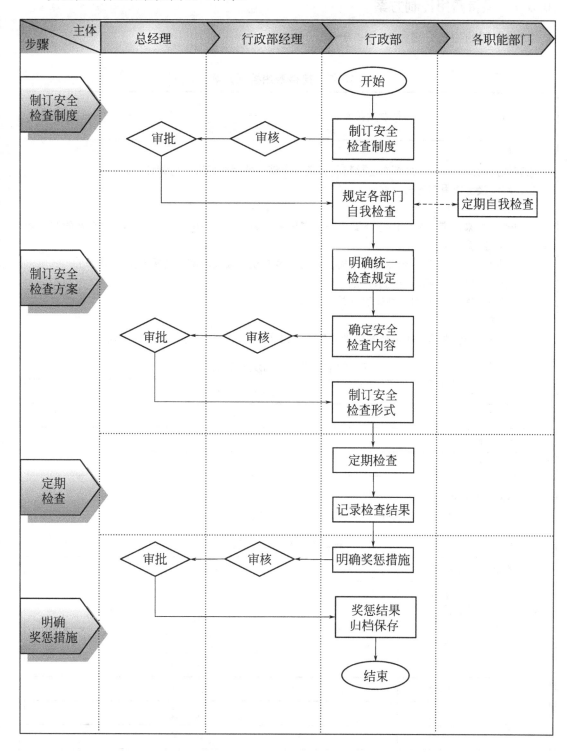

图 10-9 安全检查管理流程

10.3 行政文秘商务办公管理方案

10.3.1 接待费用控制方案

接待费用的控制方案如表10-5所示。

表10-5 接待费用控制方案

方案名称	接待费用控制方案	编 号	
		受控状态	

一、目的
为有效控制接待费用，规范来访接待相关费用申请、使用等标准，特制订本方案
二、制订接待费用的支出标准
1. 明确接待类型
行政部根据来访客户名单进行分类，确定来访者的类型，进而确定接待类型。本企业的客户接待分为3种类型，具体如下所示。
（1）贵宾接待，是指对企业的重要客户、外宾及参观团或政府部门的接待工作。
（2）业务接待，是指对营销客户的接待工作。
（3）普通接待，是指对一般来客的接待工作。
2. 明确配车标准
行政部根据来访者的接待类型安排接待配车的档次，具体的接待配车情况如下表所示。

来访者接待配车档次一览表

来访者类型	接待配车档次
贵宾接待	×××
业务接待	×××
普通接待	×××

3. 明确食宿标准
行政部根据访客的日程，安排食宿，具体内容如下表所示。

来访者食宿接待标准

接待类型	接待项目	费用标准
贵宾接待	早餐	___元/餐
	午餐	___元/餐
	晚餐	___元/餐
	住宿	___元/日
业务接待	早餐	___元/餐
	午餐	___元/餐
	晚餐	___元/餐
	住宿	___元/日

续表

方案名称	接待费用控制方案	编　号	
		受控状态	

续表

接待类型	接待项目	费用标准
普通接待	早餐	___元/餐
	午餐	___元/餐
	晚餐	___元/餐
	住宿	___元/日

三、强化接待费用的审批，杜绝违规费用支出
接待人员需及时按规定填写"接待申请表"，经上级主管签署意见，方可预支相应费用。
四、规范接待费报销流程
1．申请接待借款
凭核准的"接待申请单"向财务部申请合理金额的借款。
2．接待完毕后应及时结清暂支款项
（1）接待完毕后一周内填具"差旅费报销单"，结清暂支款项。
（2）未在一周内报销者，财务部应通知人力资源部从其薪资中先行扣回，待报销时再进行核付。
（3）财务部要定期核对接待费用报销的情况。
3．员工不能使用以下方式结算费用
（1）费用先由公司下属的分公司代付后再通过内部进行往来结算。
（2）接待费用账单直接开给公司并要求公司直接支付。

编制人员		审核人员		审批人员	
编制时间		审核时间		审批时间	

10.3.2　会务接待策划方案

会务接待策划方案如表10-6所示。

表10-6　会务接待策划方案

方案名称	会务接待策划方案	编　号	
		受控状态	

一、目的
会务接待是企事业单位行政事务和公关活动的重要组成部分，为使会务接待工作规范有序，塑造统一的对外形象、合理控制接待费用，特制订本方案。
二、管理职责
会务接待由行政部负责实施，遇到重大接待工作和活动，可由总经理或行政部经理协调若干部门共同做好此接待工作，各部门要积极配合。行政部应以此方案为模板，结合企事业单位的接待制度，制订具体的接待计划并组织实施。

续表

方案名称	会务接待策划方案	编　号	
		受控状态	

三、接待准备工作

1. 了解接待对象的情况

负责接待的人员需要事前了解接待对象的以下情况,如下表所示。

接待对象情况表

来宾情况	具体内容
个人情况	➢ 姓名、性别、年龄、身份、职务、民族、宗教信仰、生活习俗、国别、地区、所代表的机构或组织等
参加的会务议题	➢ 明确接待对象的来访目的和任务
其他情况	➢ 会务接待的具体人数、抵达时间和地点、离开时间、乘坐的交通工具、行车路线等

2. 制订会务接待计划

会务接待计划应包括接待方针、规格、日程安排、费用预算等,接待人员应根据接待规模上报上级领导审批后实施。

(1) 接待方针。接待方针是接待工作的指导思想和总体要求,接待人员可根据接待对象的身份不同、会务议题的不同等具体情况来确定接待方针。例如接待记者应注意企事业单位宣传的口径一致,接待外宾应强调国际礼仪规范等。

(2) 接待规格。接待规格是接待工作的具体标准,其基本内容包括接待规模的大小、主要陪同人员身份的高低等,一般包括高格接待、对等接待和低格接待3种形式,具体内容如下表所示。

接待规格表

接待规格	说明	具体形式
高格接待	陪同比来宾职务高	➢ 上级领导派一般工作人员向下级领导口授意见或要求,下级领导要高格接待 ➢ 合作单位的领导指派员工到本单位商议重大事宜,本单位领导要高格接待 ➢ 下级同事上访,有重要事情向上级汇报时要高格接待
对等接待	陪同与来宾的职务级别大体相同	➢ 对重要的来访者,负责接待的领导应自始至终陪同 ➢ 对来宾初到和告别时进行对等接待,中间可以请适当人员陪同
低格接待	陪客比来宾职务低	➢ 上级主要领导或主管部门领导来本地进行视察、了解情况或做调研时,可采用低格接待 ➢ 老干部故地重游或领导路过本地时可采取低格接待

(3) 活动日程。根据会务议题、接待对象的目的等确定参会人员在来访期间的各项工作和活动时间安排,接待人员要周密部署,安排好下列4项内容。

续表

方案名称	会务接待策划方案	编　　号	
		受控状态	

a. 接待的日期和具体时间。

b. 具体的接待活动内容及每一项活动的具体时间安排，如确定主持人、介绍重要客人、组织领导或重要客人致辞、安排合影、重要客人留言题字等。

c. 确定各项接待活动的场地，如接待室、休息室、住宿地点、会议场所、宴会地点等，还要备好各场地必需的音响、照明设备、录像机等。

d. 确定接待人员各项工作安排。参会人员的接送、陪同、剪彩、留影、题字等活动都要预先安排专人负责。

（4）费用预算。接待人员应以接待计划为基础，提前做好接待费用预算，费用预算包括招待费、食宿费、交通费、材料费等，接待负责人做好预算后提交领导审批通过后向财务部申领接待费用。

（5）其他事项的计划安排。在接待计划中，还应体现出生活安排、迎送安排、安全保卫、宣传报道等项目，接待人员应仔细斟酌来宾的情况，做出合理的计划安排。

四、接待的具体实施

1. 接待计划的制订

接待人员提前做好接待计划，提出接待意见，如接待协助部门、人员、规格、方式、日程安排、费用预算等，并报请上级领导审批。

2. 迎接安排

接待人员应根据来宾身份、人数、性别等，预定招待所或宾馆等，安排好伙食标准、进餐方式、时间、地点，并根据抵达时间派人派车迎接。

3. 接待中的具体事项要求

（1）会场安排。对会见会谈会议场所、座位等事先精心安排，会务规模较大时应安装扩音系统，如有外宾，桌上应放置中外文座位卡。

如有合影，事先安排合影站位图，合影一般领导居正中，按礼宾次序，以领导右手为上，主客双方间隔排列。

（2）住宿标准、用餐标准及审批权限。

住宿标准、用餐标准及审批权限表

招待对象	酒店标准	用餐标准/(餐/人)	住宿标准/(天/人)	审批权限
经常性商务接待	一般酒店	__～__元	__～__元	行政经理
重要业务往来单位	三星级酒店	__～__元	__～__元	总经理
特殊客人	五星级酒店	__～__元	__～__元	总经理
其他参观、访问客人	视情况安排	视情况安排	视情况安排	行政经理或总经理

（3）交通及车辆安排。对于需要派车进行接送的会务接待活动，需要提前递交用车申请，由行政部主管进行调配，车辆的选择可按照以下顺序进行。

对于经常性商务接待，由行政部调拨一般性公务车辆接送。对于重点业务往来单位和特殊客人由专门的迎宾车辆接送。如果需要接送的人员过多，则可以通过出租车公司租赁中巴车接送。

（4）迎送安排。接待人员应根据参会人员的意见，预定车、船、机票，派人派车将客人送至车站或机场。

续表

方案名称	会务接待策划方案	编　号	
		受控状态	

五、会务接待工作总结
会务接待工作完成后，接待负责人应撰写总结报告，总结经验教训，以便改进后续的工作。

编制人员		审核人员		审批人员	
编制时间		审核时间		审批时间	

10.3.3 会议实施方案

会议实施方案如表10-7所示。

表10-7　会议实施方案

方案名称	会议实施方案	编　号	
		版　本	

一、会议类型
部门经理会议分为定期会议和不定期会议两种，其实施时间、参会人员和会议主持人如下表所示。

部门经理会议类型

会议类型	时间与地点	参会人员	会议主持人
定期会议	时间：每月___日上午9点 地点：公司会议室	总经理、副总经理、总经理助理和部门经理	总经理。总经理因故不能出席时，指定代理者，由其代理召集并主持会议
临时性会议	视情况而定		

二、相关部门职责
（1）总经理主持会议、确定会议决议、签发会议纪要。
（2）参会人员即各部门经理，准备好会议所需的各种资料并准时参加会议，会后向部门员工传达会议决议并执行。
（3）行政部主要负责的事项。
① 整理和准备与会议议题有关的资料。
② 会议记录与纪要整理。
③ 保管会议文件。
④ 对会议决议的实施情况进行监督，及时向总经理报告。
三、会议规范
（1）应在会议召开前3日发出会议通知。
（2）定期例会，除有特殊情况外，均需按照规定的时间进行。如遇节假日，可顺延1日。
（3）会议结束后1日内将会议记录呈报行政部经理审核。
四、会议内容
（1）总经理传达上级主管单位的有关文件和董事会、总经理办公室的精神。

续表

方案名称	会议实施方案	编 号	
		版 本	

（2）各部门经理汇报前一阶段的工作情况，以及需提请总经理或其他部门协调解决的问题。
（3）总经理对各部门的工作进展进行讲评，提出下一阶段的工作要点，具体进行布置和安排。
（4）其他需要解决的问题。

五、会议召开

1．会议准备

会议准备的大部分工作由行政部承担，主要包括如下工作。
（1）会议议程安排。
（2）会议通知。
（3）会场布置，如做好会场的清洁卫生管理，绿化布置力求整齐、美观，植物干净、无灰尘等。
（4）调试各项设备。

2．会议召开管理细则

（1）所有部门经理必须提前5分钟到达会场并落座。
（2）当总经理到达时，全体参会人员起立，向总经理行注目礼。
（3）当总经理落座或示意后，其他与会人员方可落座。
（4）由总经理助理宣布例会开始。
（5）各部门经理逐一限时汇报本部门情况，汇报内容为前一阶段部门工作情况、存在的问题和改善建议等。
（6）汇报完毕，请总经理指示。
（7）会议召开期间，所有参会人员必须专心聆听他人的发言。
（8）总经理宣布例会结束时，全体人员须起立，在总经理离席后方可离开。

3．会议服务

（1）会议签到。
（2）会场服务，包括分发资料、领位、维护现场秩序、处理突发状况等。
（3）会议记录。

4．会议管理

（1）会议纪要的形成与签发。会议纪要是公司的重要文件，主要用来备忘已研究决定的事项，行政部要将会议纪要发至参加会议的全体人员，以便对照核查会议决议的落实情况。

① 公司办公例会的会议纪要和决议，由行政部整理成文。
② 行政部根据会议的内容在限定时间内完成纪要和决议的整理工作。
③ 会议纪要和决议形成后，由与会的公司领导班子成员签字确认。
④ 会议纪要发布前，行政部应填写"会议纪要发布审批单"，"会议纪要发布审批单"内容包括纪要编号、发布范围、主管领导（或主持会议的领导）审批意见。
⑤ 会议纪要应有发文号，发布时应填写"文件签收记录表"，并由接收人签收。
⑥ 会议纪要应分类存档，并按重要程度确定保存期限。

（2）会议工作的总结与评估。
① 总结与评估会议工作，有助于改进和完善下次会议工作，提高会议管理的效率。
② 会议评估工作主要从会议准备是否充分、会议决议是否得到贯彻落实等方面进行。

编制日期		审核日期		批准日期	
修改标记		修改处数		修改日期	

10.3.4 会议实施质量控制方案

会议实施质量控制方案如表10-8所示。

表10-8 会议实施质量控制方案

方案名称	会议实施质量控制方案	编　　号	
		受控状态	

一、目的
提高会议的组织效率和会议效果，提高办公效率。
二、会议质量管理原则
1．功能优化原则
（1）会议方式优化，在能够达到会议目标的所有方式中选择最佳方式。
（2）参加会议人员的优化，既要符合合法性，又要符合合理性，使参加会议的人员体现出最佳构成。
（3）会议议题优化，在每一个会议召开之前，与会人员应根据会议各个议题的轻重缓急和会议负责人的安排，对计划提交会议的议题进行必要的梳理和优化。
（4）会议决策优化，对任何一个决策结果的最终形成提供多个预选方案，以便进行比较、优化和抉择。
2．讲究效率原则
会议组织管理活动必须投入最小的人力、物力和时间，取得最大的效益。
3．人员互补原则
与会人员最好是由不同专业、不同年龄、不同性格和不同智能类型的人员组成。
4．准备充分原则
会议组织管理工作准备充分，包括会议议题和出席人员的确定，会议文书和会议辅助性材料的准备，会议的各项服务和应变措施等。
三、会议质量控制与提升办法
1．明确影响会议质量的因素
会议质量包括会议宏观控制工作质量与会议微观组织管理工作质量，具体如下表所示。

影响会议质量的因素分析

会议质量	项目	具体说明	
会议宏观控制工作质量	会议数量的控制	会议宏观控制工作质量＝会议数量控制工作质量×会议规模控制工作质量×会议时间控制工作质量×会议经费控制工作质量	
	会议规模的控制		
	会议时间的控制		
	会议经费的控制		
会议微观组织管理工作质量	会议筹备工作质量	会议筹备工作机构履行职责	① 会务工作机构设置、分工等是否科学、合理 ② 会议筹备方案是否科学、可行 ③ 会议筹备工作的检查是否及时、到位等

续表

方案名称			会议实施质量控制方案	编　号	
				受控状态	

续表

会议质量	项目		具体说明		
会议微观组织管理工作质量	会议筹备工作质量	会议筹备工作成效	① 安排会议议题、提名与会人员是否科学 ② 拟发会议通知是否科学、及时 ③ 会场座次布置是否科学 ④ 编制经费预算是否符合法规要求等		
	会中管理工作质量	会场服务工作成效	① 组织签到是否科学、有序 ② 引导代表入座是否及时、周到 ③ 发放会议文件是否科学、有序 ④ 会议记录工作是否及时、完整 ⑤ 处理临时事项是否机智、灵活 ⑥ 内外联络工作是否科学等		
		会议生活服务工作成效	① 会议食宿服务、用品供应是否及时、有效 ② 交通、通信保障工作是否能满足要求 ③ 组织参观考察是否安全、确有成效等		
		会议安全与保密工作成效	会议安全保卫与保密工作的效果		
	会议善后工作质量	引导退场、送行工作成效	① 引导安全退场是否有序 ② 离会服务工作是否及时、周到 ③ 送别与会人员是否热情		
		会场内外善后工作成效	① 清理会议场所是否及时、彻底 ② 整理会议记录是否科学 ③ 印发会纪要是否及时 ④ 会议文件归档是否科学 ⑤ 督办议定事项是否及时、有效 ⑥ 会务工作总结是否及时、客观等		

2．提高会议质量
（1）注意会议的合法性。
（2）论证会议的必要性。
（3）讲究会议的适时性与适地性。
（4）提高会议宏观控制工作质量，控制好会议数量、规模、时间及经费。
（5）提高会议微观组织管理工作质量，做好会议筹备、管理及善后工作。
四、会议实施质量评估
1．会议质量评估人员
会议质量评估人员包括会议主持人、会议专业人士、与会人员。

续表

方案名称	会议实施质量控制方案	编　号	
		受控状态	

2. 会议质量评估内容

会议质量评估内容如下表所示。

会议质量评估内容

评估项	评估内容
会议质量评估内容	① 会议目标是否明确，会议筹备计划方案是否科学、合理、实用 ② 会议议程是否合理，每一项议题的时间分配是否适中 ③ 与会人员人选及数量是否合适 ④ 会议时间及地点的选择是否合适 ⑤ 会议通知的内容和发放是否得当 ⑥ 会议场所的布置是否得当，会议场地设备是否完好 ⑦ 与会人员是否准备充分 ⑧ 会议的会期长短是否合适
会中成效评估内容	① 与会人员的发言是否离题，会议主持人是否能控制会场 ② 会议文件与资料数量是否适中，会议记录是否翔实、周全 ③ 与会人员对会议议题是否关心，是否敢于发表自己的见解 ④ 与会人员的发言是否超时 ⑤ 会议场所中的视听设备是否能正常运转与使用 ⑥ 会议保卫工作是否实现了预定目标，有无出现安全事故 ⑦ 会议是否能按时结束 ⑧ 会议主持人是否能科学而周详地总结会议取得的成果
会后成效评估内容	① 引导退场工作的组织是否科学、有序 ② 清理会议场所是否及时、彻底，会议期间借用的物品是否及时归还与结账 ③ 会议记录的整理是否及时、周详，会议决定及纪要的下发是否及时、得当 ④ 会议文件的整理与归档是否完整有序，会议精神的传达是否及时 ⑤ 会议保密工作做得如何 ⑥ 对会议决议事项的督办是否得力 ⑦ 会议开支的决算是否能按规定进行 ⑧ 会议成效评估及总结是否得当

五、会议质量评估方法

会议质量评估方法包括问卷调查、面谈访问、电话调查、现场观察、述职报告等。

编制人员		审核人员		审批人员	
编制时间		审核时间		审批时间	

10.3.5 办公费用管理方案

办公费用管理方案如表10-9所示。

表10-9 办公费用管理方案

方案名称	办公费用管理方案	编　　号	
		受控状态	

一、目的
为降低企业成本，提高经济效益，减少办公管理费用开支，特制订本方案。
二、日常办公费用的控制
日常办公费用是指为满足企业日常办公需要所发生的费用，包括购买办公用品（如文具、复印纸、办公饮用水等）、邮递、名片制作、刻章、配钥匙等杂费。
1. 归口管理部门
（1）归口管理部门为行政部，负责办公用品的日常管理。
（2）办公用品由企业员工按照行政部核定的标准自行领用。
2. 报销审批权限
（1）办公费用单笔金额超过10000元（含10000元）由总经理审批。
审批程序：经办人——部门主管——行政部经理——财务部经理——总经理——财务报销。
（2）办公费用单笔金额在4000元（含4000元）到10000元之间由行政部经理审批。
审批程序：经办人——部门主管——行政部经理——财务部经理——财务报销。
（3）办公费用单笔金额在4000元以下的由部门主管审批。
审批程序：经办人——部门主管——财务部经理——财务报销。
三、印刷费用控制
印刷费是指因公印制文件、会议材料、资料、期刊、书籍、年鉴、宣传品、讲义、培训教材、报表、票据、证书、公文用纸、信封等印刷品所发生的费用。
1. 归口管理部门
（1）归口管理部门为行政部门，负责印刷费用的核定、印刷质量监督和执行，坚持从简、优质、价廉的原则。
（2）业务部门提出书面申请，交行政部、经审批同意后，统一由行政部联系印刷。
2. 报销审批权限
（1）印刷费用单笔金额超过2000元（含2000元）的由总经理经理负责审批。
审批程序为：经办人——部门主管——行政部经理——财务部经理——总经理——财务报销。
（2）印刷费用单笔金额超过2000元以下的由部门经理审批。
审批程序为：经办人——部门主管——行政部经理——财务部经理——财务报销。
四、办公设备维修费用控制
办公设备维修费用是指办公设备不能正常工作时，因进行设备的修理而发生的费用。
1. 归口管理部门
归口管理部门为行政部，负责维修费用的日常管理。
2. 报销审批权限
（1）办公设备维修费用单笔金额超过1000元（含1000元）的由总经理负责审批。
审批程序为：经办人——部门主管——行政部经理——财务部经理——总经理——财务报销。
（2）办公设备维修费用单笔金额超过1000元以下的由部门经理审批。
审批程序为：经办人——部门主管——行政部经理——财务部经理——财务报销。

续表

方案名称	办公费用管理方案	编　号	
		受控状态	

五、网络费用控制

网络费用是指企业各部门使用的网络以及网络设备的维护、服务费用。

1．归口管理部门

归口管理部门为行政部，负责网络的使用、维护以及签订服务合同、备案、付款手续等日常管理工作。

2．报销审批权限

（1）网络费用单笔金额超过3000元（含3000元）的由总经理负责审批。

审批程序为：经办人——部门主管——行政部经理——财务部经理——总经理——财务报销。

（2）网络维修费用单笔金额超过3000元以下的由部门经理审批。

审批程序为：经办人——部门主管——行政部经理——财务部经理——财务报销。

六、图书资料费用控制

图书资料费用是指企业订阅专业书籍、参考资料以及报纸杂志等的支出。

1．归口管理部门

归口管理部门为行政部，负责预算控制、订阅以及报销等日常工作。

2．报销审批权限

（1）图书资料费用单笔金额超过1000元（含1000元）的由总经理负责审批。

审批程序为：经办人——部门主管——行政部经理——财务部经理——总经理——财务报销。

（2）图书资料费用单笔金额超过1000元以下的由部门经理审批。

审批程序为：经办人——部门主管——行政部经理——财务部经理——财务报销。

编制人员		审核人员		审批人员	
编制时间		审核时间		审批时间	

10.3.6　提案奖励方案

提案奖励方案如表10-10所示。

表10-10　提案奖励方案

方案名称	提案奖励方案	编　号	
		受控状态	

一、目的

为调动员工积极性，鼓励员工参与企业事务，落实对为企业发展提出合理化建议的员工的奖励措施，特制订本方案。

二、适用范围

本方案适用于企业员工提案的提交、审核及奖励。

三、责任部门

1．提案管理委员会

企业成立专门的提案管理委员会，行政部经理担任主任委员。委员会的主要职责是负责员工提案的收集、汇总、评审组织、评审结果的公布。

续表

方案名称	提案奖励方案	编　号	
		受控状态	

2．提案评审部门及人员
（1）行政部经理、提案员工所属部门经理、提案内容相关部门经理负责员工提案评审工作。
（2）行政部负责计算评审结果及核发员工提案奖励。
四、员工提案涉及的内容
员工可就以下 6 个方面进行合理化建议提案。
1．改进和完善企业现行制度
2．优化企业现有的管理模式
3．控制和降低企业运行成本、能源消耗
4．增加企业经营收入
5．注意到企业的安全隐患并提出合理的规避方案
6．其他有关于企业经营、管理方面的提案
五、员工提案的流程
1．员工填写完整的"××企业提案单"后，交提案管理委员会相关人员
2．提案管理委员会相关人员整理员工提案后上报给主任委员
3．主任委员与提案员工沟通后充分了解提案内容
六、员工提案评审流程
1．明确提案评审时间
员工提案评分会议每个季度末举行一次，日期为__月__日、__月__日、__月__日、__月__日，如遇周末，则顺延至下个星期一进行。
2．做好提案评审实施
（1）主任委员召集会议，并安排做好评分记录。
（2）提案评分的常委由总经理、行政部经理组成。其他评委根据提案员工所属部门和提案内容所涉及部门经理临时决定。
（3）常委和评委们根据"××企业员工提案评审表"，对每一份提案进行综合评分。
（4）总评分后，由总经理和行政部经理在"××企业员工提案评审表"上签署意见。
（5）"××企业合理化提案评审表"由总经理同意签发后，由行政部和档案管理部分别存档。
3．公布提案评审结果
评分结果在会议结束后 3 个工作日内公布，其奖励结果以"××企业员工提案反馈信息单"的形式通知提案员工个人。
七、员工提案评分标准
1．确定评分维度
对员工提案按创意性、经济性、可行性、努力度 4 个方面进行评分。
2．划分评分等级
（1）创意性：无创意（0 分）、一般创意（1～3 分）、较高创意（4～6 分）、高度创意（7～10 分）。
（2）经济性：无效益（0 分）、略有效益（1～3 分）、一般效益（4～6 分）、重大效益（7～10 分）。
（3）可行性：不可行（0 分）、需改进（1～3 分）、可行（4～6 分）、可行性强（7～10 分）。
（4）努力度：一般（0 分）、努力（1～3 分）、相当努力（4～6 分）、非常努力（7～10 分）。

续表

方案名称	提案奖励方案	编　号	
		受控状态	

4个方面得分加起来为总得分，总得分在0～4分之间为四级，5～20分之间为三级，21～30分之间为二级，31分以上为一级。

八、员工提案奖励标准

1. 员工提案获得四级的奖励

全企业通报表扬，其得分纳入年终考核，占考核成绩的0.5%。

2. 员工提案获得三级的奖励

全企业通报表扬，奖金____元，其得分纳入年终考核，占考核成绩的0.8%。

3. 员工提案获得二级的奖励

全企业通报表扬，奖金____元，其得分纳入年终考核，占考核成绩的1%。

4. 员工提案获得一级的奖励

全企业通报表扬，奖金____元，作为评比年度优秀员工的一个重要凭据，其得分纳入年终考核，占考核成绩的2%。

编制人员		审核人员		审批人员	
编制时间		审核时间		审批时间	

10.3.7　车辆费用控制方案

车辆费用控制方案如表10-11所示。

表10-11　车辆费用控制方案

方案名称	车辆费用控制方案	编　号	
		受控状态	

一、车辆费用范围

车辆费用包括耗油（天然气）费、维修保养费、洗车费、车险费、停车费、路桥费、审验费等其他相关费用。

二、车辆费用借支与报销

1. 车辆费用借支

（1）车辆因故需借款或报账时，应由车辆主管填报"借款申请单"，经行政部经理审核无误后，报总经理审批。

（2）车辆主管或相关人员凭审批的意见，到财务部借支或报账。

（3）备用金制度。司机入职时，可于财务部领取____元的车辆费用备用金。此备用金可用于紧急情况下的加油费、维修费，以及日常保养费、停车费、过路过桥费的支付。

2. 车辆费用报销

（1）油费报销。

① 油费报销需由司机在发票背面注明行车起始路程。

② 由行政部根据里程表、耗油标准、加油时间、数量、用车记录进行复核，经行政部经理签字验核。

（2）路桥费、洗车费报销。

路桥费、洗车费由司机每月汇总报销一次，由行政部根据派车记录复核，经行政部经理签字验核。

续表

方案名称	车辆费用控制方案	编　号	
		受控状态	

（3）车辆维修保养费报销。
①车辆维修保养前须提出书面报告，说明原因和预计费用。
②报销时在发票上列明详细费用清单，由行政部根据车辆维修情况复核，经行政部经理签字验核。
三、车辆费用额度规定控制
1．企业中、高层管理人员用车费用额度的规定
（1）企业中、高层管理人员用车费用额度，是指中、高层管理人员在办公常驻地的日常工作用车费用。
（2）中层管理人员每月用车额度为＿＿元，高层管理人员的每月用车额度为＿＿元。
（3）凭发票（加油票据、停车费、路桥费、维修费等）及企业的出车单核销，每月最后一天结算本月的费用，在额度内实报实销，超过部分个人承担。
2．各部门用车费用额度
路桥费、维修费、油费、停车费等相关费用包括在各部门用车费用额度内。各部门用车费用额度如下表所示。

用车费用额度控制表

部门名称	用车费用额度/元	备　注
营　销　部	＿＿元	票据齐全、经审核
客户服务部	＿＿元	票据齐全、经审核
采　购　部	＿＿元	票据齐全、经审核
生　产　部	＿＿元	票据齐全、经审核
质量管理部	＿＿元	票据齐全、经审核
人力资源部	＿＿元	票据齐全、经审核
行　政　部	＿＿元	票据齐全、经审核

3．用车费用额度的其他规定
（1）因公接待客户发生的用车费用，列入各部门的费用额度内。
（2）企业各部门因特殊情况产生的额度外用车费用，须提交申请，报行政部经理审核，交财务部经理审批，用车费用超过＿＿元，须交总经理审批。
四、车辆费用额度控制程序
本企业的车辆费用额度控制程序，如下图所示。
五、相关部门职责
1．行政部
行政部负责各部门用车费用的核算，进行费用汇总，每月最后一天在企业资金管理会议上，按部门报告本月的用车费用，并与财务部共同核定当期各部门用车费用的当月剩余额度。
2．各部门
（1）各部门自行制订自己的用车计划及费用预算，报行政部审核、备案。

续表

方案名称	车辆费用控制方案	编　号	
		受控状态	

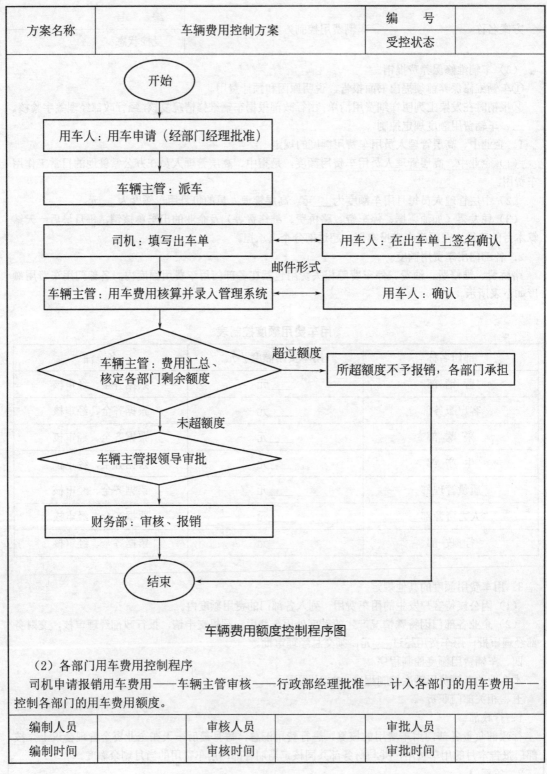

车辆费用额度控制程序图

（2）各部门用车费用控制程序

司机申请报销用车费用——车辆主管审核——行政部经理批准——计入各部门的用车费用——控制各部门的用车费用额度。

编制人员		审核人员		审批人员	
编制时间		审核时间		审批时间	

10.3.8 重大事故预防方案

重大事故预防方案如表10-12所示。

表10-12 重大事故预防方案

方案名称	重大事故预防方案	编　号	
		受控状态	

一、目的

为了积极应对可能发生的重大事故，有序地组织开展事故救援工作，最大限度减少人员伤亡和财产损失，维护正常的工作秩序，根据国家相关法律，并结合企业的实际情况，特制订本方案。

二、范围界定

本方案所称的重大事故主要是指可能导致重大人身伤亡或者重大经济损失的事故，如重大安全生产事故、重大火灾事故、重大砸伤事故、重大触电事故、重大爆炸事故等。

三、应急组织机构及职责

1. 应急指挥领导小组

（1）应急指挥领导小组的具体急救工作行政部统一组织。由行政部经理担任组长，行政主管担任副组长，具体成员为企业各部门经理。

（2）小组职责包括：组建应急救援队伍，组织预案的实施和演练；检查督促事故应急救援的各项准备工作；事故状态下按照应急救援预案实施救援。

2. 应急组织机构的应急小组

（1）应急组织机构由消防灭火组、警戒疏散组、抢险抢修组、物资供应组、交通运输组、医疗救护组、通信联络协调组7个应急小组组成。

（2）在发生重大事故时，各个应急小组的主要职责如下表所示。

应急小组职责说明表

小组名称	职责说明
消防灭火组	➢ 发生重大事故时，若火灾或其他重大突发事件时，立即赶到事故现场进行火灾扑救或应急抢险
警戒疏散组	➢ 负责布置安全警戒，维护现场秩序；实行交通管制，保证现场道路畅通；加强保卫工作，禁止无关人员、车辆通行；负责紧急情况下的人员疏散
抢险抢修组	➢ 负责设备维修、设备复位，制订安全措施，监督检查安全措施的落实情况
物资供应组	➢ 负责应急状态下应急物资的供应保障，如设备零配件、工具、沙袋、铁锹、消防泡沫、水泥、防护用品等
交通运输组	➢ 负责运输车辆的保障工作
医疗救护组	➢ 负责联系医疗机构；安排救护车辆及医务人员、器材进入指定地点；组织现场伤员抢救工作等
通信联络协调组	➢ 负责应急抢险过程中的通信联络，保证通信畅通，负责各小组之间的协调以及与外界的联系、协调

方案名称	重大事故预防方案	编　　号	
		受控状态	

四、应急程序

1. 报警

（1）当企业发生重大事故时，第一发现人立即拨打行政部报警电话，向值班人员说明重大事故地点、事故类型等概况。

（2）事故如发生在工作时间，报警人员可直接通过电话向应急指挥领导小组组长和副组长汇报事故情况。

（3）事故如发生在夜间或节假日，报警人员可向行政部值班人员报警，由行政部值班人员向应急指挥领导小组组长及副组长报告事故情况。

2. 接报

（1）值班人员、行政部值班人员、应急指挥领导小组组长及副组长为接报人员。

（2）接报人员应问清报告人姓名、部门、联系电话；问明事故发生时间、地点、事故原因；向上级有关部门报告；做好电话记录。

3. 组建救援队伍

（1）应急指挥领导小组组长及副组长接到报警电话后，应立即通知应急指挥领导小组所有成员到达事故现场。

（2）应急指挥领导小组各位成员接到通知后，应立即组织本组的工作人员携带抢险装备赶往事故现场，向现场组长报到，接受任务，了解现场情况，实施统一的救援工作。

4. 设立临时指挥部及急救医疗点

（1）各救援队伍进入事故现场后，选择有利地形设立现场指挥部及医疗急救站。

（2）各救援队伍尽可能靠近应急指挥领导小组，随时保持与应急指挥领导小组的联系。

（3）应急指挥领导小组、各救援组、医疗组均应设置醒目标志，悬挂旗帜，便于救援人员和伤员识别。

5. 抢险救援

进入现场的各支救援队伍要尽快按照各自的职责和任务开展救援工作。

（1）现场指挥领导小组的职责包括尽快开通通信网络；迅速查明事故原因和危害程度，制订救援方案；根据事故灾情严重程度决定是否需要外部援助；组织指挥救援行动。

（2）如发生重大爆炸或火灾事故时，消防人员穿戴好消防服后进行火灾扑救，如果火势过大，应将着火点分割，分片进行扑救。

6. 现场警戒

警戒疏散组根据划定的危害区域做好现场警戒，在通往事故现场的主要干道上实行交通管制。在警戒区的边界设置警示标识，禁止其他人员及车辆靠近。

7. 现场医疗急救

（1）医疗救护组在事故初起阶段就应与离本企业最近的医院联系，说明事故情况及人员伤亡情况，做好紧急救护的准备。

（2）医疗救护组必须在第一时间对伤员在现场进行处理急救，急救时按先重后轻的原则治疗。

（3）经现场处理后，迅速护送至医院救治。

（4）送医院时做好伤员的交接，防止危重病人的多次转院。

续表

方案名称	重大事故预防方案	编　号	
		受控状态	
8．疏散撤离 （1）事先设立安全区域。 （2）警戒疏散组组织和指挥引导事故区域人员撤离事故现场。			
编制人员		审核人员		审批人员	
编制时间		审核时间		审批时间	

参考文献

[1] 薛显东. 行政文秘工作从入门到精通. 北京：人民邮电出版社. 2018.
[2] 人力资源工作网. 行政管理工作手册. 北京：化学工业出版社. 2018.
[3] 孙宗虎. 行政办公后勤流程设计与工作标准. 北京：人民邮电出版社. 2020.
[4] 刘少丹. 行政办公工作流程与制度手册. 北京：人民邮电出版社. 2019.
[5] 王胜会. 行政部规范化管理工具箱. 第3版. 北京：人民邮电出版社. 2013.